ANITKABİR'İN ÖTESİ: ATATÜRK'ÜN MEZAR MİMARİSİ
ULUSAL BELLEĞİN İNŞASI VE SÜRDÜRÜLMESİ

KOÇ ÜNİVERSİTESİ YAYINLARI: 63   MİMARLIK | TARİH

Anıtkabir'in Ötesi: Atatürk'ün Mezar Mimarisi
Ulusal Belleğin İnşası ve Sürdürülmesi
Christopher S. Wilson

İngilizceden çeviren: Mehmet Beşikçi
Yayına hazırlayan: Kerem Kabadayı, Defne Karakaya
Mizanpaj ve kapak tasarımı: Gökçen Ergüven
Ön iç kapak görseli: Atatürk'ün naaşının Etnografya Müzesinden çıkışı, 10 Kasım 1953.
Arka iç kapak görseli: Anıtkabir'de Çanakkale'nin 100. yılı anması, 24 Nisan 2015.

Beyond Anıtkabir: The Funerary Architecture of Atatürk: The Construction and Maintenance of National Memory
© Christopher S. Wilson, Ağustos 2013
Bu kitabın çevirisi Ashgate Publishing Limited ile yapılan bir sözleşme çerçevesinde yayımlanmıştır.
© Türkçe yayın hakları: Koç Üniversitesi Yayınları, 2014 Sertifika no: 18318
1. Baskı: İstanbul, Haziran 2015

Bu kitabın yazarı, eserin kendi orijinal yaratımı olduğunu ve eserde dile getirilen tüm görüşlerin kendisine ait olduğunu, bunlardan dolayı kendisinden başka kimsenin sorumlu tutulamayacağını; eserde üçüncü şahısların haklarını ihlal edebilecek kısımlar olmadığını kabul eder.

Baskı: Yılmaz Ofset   Sertifika no: 15878
Nato Caddesi 14/1 Seyrantepe Kâğıthane/İstanbul   +90 212 284 0226

Koç Üniversitesi Yayınları
İstiklal Caddesi No:181 Merkez Han Beyoğlu/İstanbul   +90 212 393 6000
kup@ku.edu.tr • www.kocuniversitypress.com • www.kocuniversitesiyayinlari.com

Koç University Suna Kıraç Library Cataloging-in-Publication Data
Wilson, Christopher Samuel, 1967-
  Anıtkabir'in ötesi : Atatürk'ün mezar mimarisi : ulusal belleğin inşası ve sürdürülmesi / Christopher S. Wilson ; İngilizceden çeviren Mehmet Beşikçi.
  pages ; cm.
  Includes bibliographical references.
  ISBN 9786055250485
  1. Atatürk, Mustafa Kemal, 1881-1938--Death and burial. 2. Atatürk, Mustafa Kemal, 1881-1938--Tomb. 3. Anıtkabir (Ankara, Turkey). 4. Collective memory--Turkey. I. Beşikçi, Mehmet. II. Title.
  NA6177.W5520 2015

Anıtkabir'in Ötesi: Atatürk'ün Mezar Mimarisi

Ulusal Belleğin İnşası ve Sürdürülmesi

CHRISTOPHER S. WILSON

İngilizceden çeviren:
Mehmet Beşikçi

KÜY

*Bu kitabı
babam Samuel Warren Wilson (1932-92)
ve annem Carolyn Suzanne Frazer'a (1937-2015)
ithaf ediyorum.*

İçindekiler

Giriş	9
BİRİNCİ BÖLÜM **Mezar Mimarisi, Temsiliyet ve Atatürk**	15
Mezar Mimarisi	15
Atatürk ve Türkiye'deki Temsiliyeti	18
İKİNCİ BÖLÜM **Kimlik, Bellek, Milliyetçilik ve Mimari**	23
Kimlik	23
Bellek	25
Milliyetçilik	28
Mimari, Ulusal Kimlik ve Ulusal Bellek	30
ÜÇÜNCÜ BÖLÜM **Dolmabahçe Sarayı**	37
Dolmabahçe Katafalkı	43
İstanbul'dan Ankara'ya Nakil	48
DÖRDÜNCÜ BÖLÜM **Ankara Katafalkı**	57
Katafalktan Etnografya Müzesi'ne	70
BEŞİNCİ BÖLÜM **Etnografya Müzesi'ndeki Geçici Kabir**	75
Anıtkabir'e Nakil	81
ALTINCI BÖLÜM **Anıtkabir**	87
Mimari Yarışma	92
Kazananın Ödüllendirilmesi	111
Anıtkabir'in İnşası	116
Abidenin Abideviliği	124

YEDİNCİ BÖLÜM 127
Ulusal Belleği Sürdürmek

    Dolmabahçe Müzesi 130
    Atatürk'ün Dolmabahçe'deki Yatak Odası 131
    İkon Olarak Anıtkabir 132
    Atatürk Evleri ve Müzeleri 134
    Törenler ve Anmalar 137
    Eklemeler ve Çıkarmalar 145

Sonuç 159

Kaynakça 165

Dizin 173

Giriş

Bu kitap Mustafa Kemal Atatürk (1881-1938) hakkında değildir – en azından doğrudan. Kitap Atatürk'ün Osmanlı kenti Selanik'te (günümüzde Yunanistan'a ait) doğumundan bahsetmediği gibi, gümrük memuru bir babanın oğlu olarak geçirdiği çocukluğu hakkında da değildir. Bu kitap Atatürk'ün Osmanlı İmparatorluğu ordusunda kariyerinin daha başlarında gösterdiği başarıya odaklanmadığı gibi, imparatorluğun Birinci Dünya Savaşı'nın ardından işgal edilmesi karşısında duyduğu hoşnutsuzluğu da anlatmıyor. Kitabın konusu ne Atatürk'ün Kurtuluş Savaşı (1919-23) sırasında ve sonrasındaki liderliği, ne de onun Türkiye Cumhuriyeti'nin ilk cumhurbaşkanı (1923-38) olarak gerçekleştirdiği laikleşme ve Batılılaşma yönündeki reformlarıdır. Son olarak, her ne kadar hikâyemiz için girizgâh işlevi görseler de, bu kitap Atatürk'ün son günleri ve ölümü hakkında da değildir.

1.1. Atatürk'ün Dolmabahçe Sarayı'ndaki yatak odası (TBMM Genel Sekreterliği [Milli Saraylar] izniyle).

1.2. Dolmabahçe Sarayı'nın Muayede Salonu'ndaki Atatürk katafalkı (Genelkurmay İletişim Daire Başkanlığı'nın izniyle).

Mustafa Kemal Atatürk 10 Kasım 1938 tarihinde saat 9:05'te, eski dönemin Osmanlı payitahtı İstanbul'daki Dolmabahçe Sarayı'nın bir yatak odasında öldü (RESİM 1.1). Bir süredir ciddi ölçüde hastaydı ve yeni Türkiye'nin başkenti Ankara'dan ziyade, doktorlarının tavsiyesiyle, deniz seviyesindeki konumu ve ılıman iklimi nedeniyle İstanbul'da kalıyordu. Atatürk'ün ölümünün hemen ardından, on bir gün sonra Ankara'da gerçekleşmesi planlanan resmi cenaze töreni için hazırlıklar başladı. Törenin mimari açıdan odak noktasını teşkil edecek katafalkın tasarımı ünlü Alman modernist mimar Bruno Taut'a sipariş edildi. Bu arada Dolmabahçe Sarayı'nın Muayede Salonu'nda geçici ama muteber bir katafalk hazırlandı (RESİM 1.2). Atatürk'ün naaşının bulunduğu tabut 16 ile 19 Kasım günleri arasında bu yapının üzerinde durdu; ardından Türk bayrağına sarılı halde bir top arabasına bindirildi ve kortej eşliğinde İstanbul caddelerinde yol alarak Sarayburnu'na götürüldü. Tabut orada bir savaş gemisine [*Yavuz*] nakledilerek İzmit'e taşındı ve oradan da özel bir trene bindirilerek 20 Kasım 1938 sabahı Ankara'ya vardı.

Trenden indirilen tabut tekrar bir top arabasına kondu ve Ankara caddelerinden törenle geçirilerek, bugün İkinci Meclis binası olarak bilinen Türkiye Büyük Millet Meclisi'nin ön avlusunda bulunan, Taut'un tasarladığı katafalka yerleştirildi (RESİM 1.3). Naaş o günün sonuna değin, tabut içerisinde ziyarete açık olarak, orada

1.3. Türkiye Büyük Millet Meclisi (Ankara) binası önündeki Atatürk katafalkı (Genelkurmay İletişim Daire Başkanlığı'nın izniyle).

kaldı. Atatürk'ün resmi cenaze töreni ertesi sabah, 21 Kasım 1938'de gerçekleşti. Türk askerlerinin, yabancı şeref kıtalarının, dost ülke temsilcilerinin ve halkın geçit törenlerini içeren cenaze merasimi sona erdiğinde, Atatürk'ün tabutu yeniden bir top arabasına yüklendi ve Ankara caddelerinde kortej eşliğinde taşınarak Etnografya Müzesi'nde onun için hazırlanmış olan geçici kabre yerleştirildi (**RESİM 1.4**). Atatürk'ün naaşı bu lahitte tam tamına 15 sene kaldı ve nihayet 10 Kasım 1953'te daimi mozolesine, yani Anıtkabir'e taşındı; günümüzde de burada yatmaya devam ediyor (**RESİM 1.5**).

Yukarıda da ifade edildiği gibi, bu kitap Atatürk hakkında değildir. Kitabın konusu, Atatürk'ün ölümünden itibaren onun naaşını barındıran cenaze mimarisi örneklerine odaklanarak, Atatürk'ün temsilleriyle ilgilidir. Bu mimarinin örnekleri yukarıda listelenmişti: Atatürk'ün vefat ettiği Dolmabahçe Sarayı'ndaki yatak odası, Dolmabahçe Sarayı'nın Muayede Salonu'ndaki katafalk, Ankara'daki resmi cenaze töreni için Bruno Taut'un tasarladığı katafalk, Ankara Etnografya Müzesi'ndeki geçici kabir ve Anıtkabir. Atatürk'ün naaşının nakil törenleri de bu yapılarla ilişkilidir. Bu törenlerin listesini hatırlarsak: Atatürk'ün naaşının 1938 yılında İstanbul caddelerinden geçirilerek Ankara'ya nakledilmesi, yine 1938'de Taut'un katafalkından Etnografya Müzesi'ne götürülmesi ve 1953 yılında Etnografya Müzesi'nden Anıtkabir'e taşınması.

Bu dizilimdeki yapıların sonuncusu ve en büyüğü olan Anıtkabir aynı zamanda en bilinenidir. Her yıl yaklaşık 8 milyon Türk ve yabancı ziyaretçinin geldiği Anıtkabir Türkiye'nin ulusal anıtlarından biridir; bazılarına göre ise Türkiye'nin tek ulusal anıtıdır. Bununla birlikte, Atatürk'ün naaşının Anıtkabir'den önce yerleştirildiği yapılar da aynı derece önemlidir. Kitabın başlığının ilk anlamını da zaten bu tespit oluşturmaktadır: Bu mekânların ve törenlerin –sadece Anıtkabir değil– hepsi, çeşitli biçimlerde, Atatürk'ün mimari temsilleridir.

1.4. Atatürk'ün Ankara Etnografya Müzesi'ndeki geçici kabri (*Cumhuriyet Gazetesi*, 10 Kasım 1944, başsayfa).

1.5. Atatürk Mozolesi, Anıtkabir, Ankara (fotoğraf yazara aittir).

Atatürk bu temsilleri kendisi yaratmamıştır; eğer ölümünden önce planlamadıysa kişinin böyle bir şeyi ölümünden sonra yapması zaten mümkün değildir. Tersine, onun geride bıraktığı kişiler bu temsilleri meydana getirdi; sonraki kuşaklar da bunları muhafaza etti. Tek tek ele alındığında, bu temsiller farklı zamanlarda ve oldukça değişik koşullarda gerçekleşen ayrı ayrı anlardı; bazısı tesadüfi iken bazısı tasarlanmış idi ve bazısı geçici iken bazısı daimi idi. Hepsi birden ele alındığında ise bunlar, aşağıdaki bölümlerde daha ayrıntılı açıklanacağı gibi, kimlik, bellek, milliyetçilik ve mimarinin kesişmesinin sonucuydu ve hâlâ da öyledir.

Atatürk'e veya Türk milletine tek bir ulusal ya da kolektif bellek tayin edebilmek imkânsız gibi görünmekle birlikte, Mustafa Kemal Atatürk'le ilişkili cenaze mimarisinde görülen temsiller Türk milli ve kolektif belleğini şekillendiren temel faktörlerden biri oldu, olmaya da devam etmektedir. Bu da bizi kitabın başlığının ikinci anlamına getiriyor: Anıtkabir'in inşası, muhafazası ve kurumsallaşmasını müteakip gerçekleşen Türk ulusal kimliği ve belleğinin, halihazırdaki ya da gelecekteki şekillenme süreci. Bu kitabın amacı, gelecekteki "Anıtkabir'in ötesi"ni tahmin edebilmek için geçmişteki "Anıtkabir'in ötesi"nin anlatılmasıdır.

BİRİNCİ BÖLÜM

Mezar Mimarisi, Temsiliyet ve Atatürk

Mezar Mimarisi

Latincede gömmek anlamına gelen *sepelire* kelimesinden türetilerek "sepulkral mimari" de denen mezar mimarisi, ölü bir bedeni barındırmak ya da ihtiva etmek için inşa edilen mekânlarla ilgilidir. Bu mimari tipinin boyutları değişkendir ve mütevazı bir mezar taşından ya da basit bir mezar işaretinden büyük aile mezar odalarına ya da devasa mozolelere uzanır. Mezar mimarisinin diğer örnekleri arasında katafalk ya da tabut sehpası (ayaklı tabut altlığı), lahit (dekore edilmiş taş tabut), anıtmezar/kenotaf (içinde gerçek naaş olmayan temsili mezar), kolombaryum/güvercinlik (yakılmış ölülerin küllerinin konulması için nişleri olan mahzen), yeraltı mezarı/katakomp (mezarlık için gömmeleri olan tünelli yeraltı mezarlığı) ve mahzenmezar (yeraltında inşa edilen mezar odası) yer alır. On sekizinci yüzyılda Diderot ve Jean le Rond d'Alembert'in hazırladığı kapsamlı *Ansiklopedi* ya da *Bilimler, Sanatlar ve Zanaatlar Açıklamalı Sözlüğü*'ne göre, "Romalılar üç tür mezar tanımladılar: *Sepulchrum*, *monumentum* ve *cenotaphium*. *Sepulchrum* (sepulkral) vefat edenin naaşının konduğu sıradan mezardı. *Monumentum* (anıt) sıradan mezara kıyasla daha görkemliydi ve kişinin anısını muhafaza etmek üzere inşa ediliyordu" (de Jaucourt, 1967). Antik Yunancadaki kelime anlamı "boş kabir" olan *cenotaphium* (kenotaf), naaşları başka bir yerde bulunan kişi ya da kişilerin onuruna inşa edilmiş mezar mimarisi ürünüydü.

Mezar mimarisinin ne coğrafi sınırları vardır ne de tarihsel kısıtlamalara maruzdur. Tarih boyunca pek çok yerde ve pek çok zaman diliminde bunun örneklerine rastlamak mümkündür. Bu örnekler Kuzey Avrupa'da bulunan neolitik döneme ait diklemesine taş dolmen yapılarından (MÖ 4000-3000) Kamboçya'daki Angkor Wat Kompleksine (1113-50), Antik Roma'daki Hadrianus Mozolesi'nden (MS 135) –günümüzde Castel Sant'Angelo olarak bilinir– Hindistan'ın Agra kentindeki Tac Mahal'e (1631-54) kadar uzanır. Ancak mezar mimarisinin entelektüel sınırları vardır: Ölülerini hatırlamak isteyen toplumlarda ya da kültürlerde rastlanır.

Mezar mimarisinin belki de en meşhur örneği Mısır'da Kahire yakınlarında bulunan, Antik Mısır'ın Dördüncü Hanedan krallarından sırasıyla Keops, Kefren ve Mikorinos için MÖ 2570, MÖ 2530 ve MÖ 2500 dolaylarında inşa edilmiş olan Büyük Piramitler'dir. Yayıldıkları geniş alan ve devasa boyutlarından dolayı Büyük Piramitler, apaçık bir biçimde, barındırdıkları kralların sahip olduğuna inanılan ölümsüzlüğü cisimleştirmeyi hedefleyen bir girişimdir. Sadece Keops Piramidi'nin temel ölçüleri 230 x 230 m'dir; araştırmacıların tahminine göre bu piramit, toplam ağırlıkları 6,5 milyon ton civarında olan yaklaşık 2,3 milyon adet taş içermektedir. Bataille uzmanı Denis Hollier'nin (1992, 36) kuramsallaştırdığı üzere, böylesi bir abide ölüme karşı koyma girişimdir: "Abide ve piramit, bir yeri gizlemesi, ölümün geride bıraktığı boşluğu doldurması için oradadır. Ölüm görünmemeli, üzerini örten ve yerine geçen mezarlardan başka yeri olmamalıdır." Bu hissiyat mezar mimarisinin hem büyük hem de küçük örnekleri için aynı derecede geçerlidir; mezar mimarisi ölümü örtmek ya da, en azından, kaybı telafi etmek için vardır.

Halikarnas Mozolesi (Mausoleion) ölümün doğurduğu yapıların bir başka meşhur örneğidir ve gerek biçimi gerekse de bulunduğu yerden dolayı Mustafa Kemal Atatürk'ün mezar mimarisinin hikâyesi açısından önemlidir. Mausolus (MÖ 390?-353), Halikarnassós kenti (bugünkü adıyla Bodrum) ve çevresini kapsayan Karya bölgesinin valisiydi. Karyalılar etnik olarak Helen değillerdi ama Helen sanatı ve kültürünü benimsemişlerdi. Mezarı Mausolus'un ölümünün ardından dul eşi Artemis'in yaptırdığı rivayet edilmektedir. Genel olarak önemli bir kişinin naaşını barındıran abidevi bir yapı anlamına gelen İngilizcedeki *mausoleum* [mozole/anıtmezar] kelimesi bu isimden türetilmiştir. Halikarnas Mozolesi'nin 1404'ten önce vuku bulan depremlerde çöktüğüne inanılmaktadır; 1404'te Malta (Aziz Yuhanna) Şövalyeleri yapının enkazından aldıkları taşları Bodrum'da inşa ettikleri kale için inşaat malzemesi olarak kullanmıştır. Mozolenin asıl biçimi hakkında pek çok farklı tahmin bulunmakla birlikte, uzmanlar binanın 38 x 32 m ölçülerinde dikdörtgen bir temel kaidesi, İyonik sütunlu bir orta kısım ve dört atlı sürücülü bir savaş arabası heykeliyle taçlandırılmış kademeli piramit bir çatısı ve toplam yüksekliğinin yaklaşık 45 m olduğu konusunda genellikle hemfikirdir (Smith 1875: 744-55). Bu biçimin Atatürk'ün mozolesi açısından önemi aşağıda açıklanacaktır; Gize'deki Büyük Piramitler'le birlikte, Halikarnas Mozolesi'nin pek çok tasarımcıya abidevi ve heybetli mezar mimarisi için bir model oluşturduğunu söylemek şimdilik yeterli olacaktır.

Belli bir mezar mimarisi tipine adını vermiş olan bir diğer yapı, MS 125 dolaylarında inşa edildiği tahmin edilen, Roma'daki Pantheon'dur. Ancak, Pantheon ölü bedenlere ev sahipliği yapmak için yapılmamıştı. Kelime anlamı "bütün tanrıların tapınağı" demek olan panteon, Antik Roma'nın devlet dinindeki yedi gezegenin yedi tanrısına ibadet etme yeri olarak inşa edilmişti. Binanın silindir şeklindeki ana iç mekânında her biri bir tanrı için olmak üzere yedi niş bulunmaktadır. Pantheon MS 609 yılında kiliseye dönüştürüldü ve on altıncı yüzyılın başlarında mezar yeri olarak kullanılmaya başlandı. Rönesans'ın meşhur ressamı Raffaello ve mimarı Baldassare Peruzzi'nin yanı sıra, on dokuzuncu yüzyılın İtalyan kralları II. Vittorio Emanuele ve I. Umberto, Pantheon'da gömüldü. Antik Roma Pantheon'unun bu şekilde mezar olarak kullanılmasının bir sonucu olarak panteon kelimesi "bir milletin ölü kahramanlarının anısını yaşatan bir anıt ya da bina" anlamında kullanıldı, dolayısıyla "ulus olma halini kutlamak gibi güçlü bir siyasi amacı" da taşır hale geldi (Rugg 2000, 271). Çağdaş panteonlar seçilmiş kişilerin naaşları için özel olarak tasarlanan kolektif mezarlar oldukları için, panteonlara yapılan ziyaretlerin havası belli bir kişinin ölümü karşısında duyulan kederden ziyade, bir nevi hac ve hatta turistik mekân gezisi kıvamındadır. Batı dünyasındaki en meşhur panteonlardan biri, 1758 ila 1789 yıllarında inşa edilmiş ve her ne kadar başlangıçta Sainte-Geneviève'e adanmış bir kilise olması planlanmışsa da, bugün, ekseriya Panthéon olarak bilinen yapıdır. Kilisenin inşaatı tamamlandığında, Fransız devrimcileri bu yapının kendi ünlü ölüleri için bir mezar olarak kullanılacağını ilan ederek giriş kapısının üst kısmına "Vatan Büyük Adamlara Minnettardır" yazısını işlediler. Bu binanın içinde gömülü olan ünlü kişiler arasında filozof Voltaire (1694-1778 yılları arasında yaşamış ama Panthéon'a 1791 yılında defnedilmiştir), filozof Jean-Jacques Rousseau (1712-78, defin tarihi 1794), devrimci Jean-Paul Marat (1743-93), yazar Alexandre Dumas (1802-70, defin tarihi 2002), yazar Victor Hugo (1802-85), romancı Emile Zola (1840-1902, defin tarihi 1908), kimyager Marie Curie (1867-1934, defin tarihi 1995) ve görme engelli aktivist Louis Braille (1809-52, defin tarihi 1952) bulunmaktadır. Ölüm ve Panthéon'a defin tarihleri arasındaki sıkça rastlanan farklardan da –ki bazıları yüz yılın üzerindedir– anlaşılabileceği gibi, panteona kimin gömüleceği kararı ölüm anında değil, ulusun kolektif hafızasının şekillenmesine imkân tanıyacak belli bir zaman geçtikten sonra verilmektedir.

Mustafa Kemal Atatürk'ün mezar mimarisiyle, bilhassa da mozolesiyle ilintili diğer örnekler arasında Moskova'daki Kızıl Meydan'da Lenin Mozolesi (Aleksey V. Schusev, 1924-30), Hanoi'deki Ho Chi Minh Mozolesi (1975), Pekin'deki Mao Mozolesi (1977) ve Texas, Dallas'taki John F. Kennedy Anıtı (Philip Johnson, 1970) sayılabilir zira bu yapıların hepsi "büyük" devlet adamlarının vefatlarının ardından, kendilerine minnettar ulusları tarafından inşa edilmiştir. Bu örneklerin her biri, Mustafa Kemal Atatürk'ün mezar mimarisi bağlamında yeri geldikçe daha ayrıntılı tartışılacaktır.

Atatürk ve Türkiye'deki Temsiliyeti

1938 yılında vefat etmiş olmasına rağmen, Mustafa Kemal Atatürk Türkiye'de hâlâ sapasağlam ayaktadır. Atatürk'ün imgesine, adına ve hatta imzasına günümüz Türkiye'sinin deneyimi içerisinde neredeyse her yerde rastlamak mümkündür. Türkiye'nin en büyük üç kentinin (İstanbul, Ankara, İzmir) önde gelen meydanlarındaki görkemli heykellerinin yanı sıra (Gür 2001, Yalım 2001, Sargın 2004), daha küçük kasaba ve köylerin ana meydanlarında ve ister devlete ait ister özel olsun her ilkokul, ortaokul ve lisenin önünde de Atatürk büstlerine rastlamak mümkündür. Devletin resmi yayını olan *Tebliğler Dergisi*'nde 1928 yılında yayımlanan ve 14 Ocak 1981 tarihli, 282-81 numaralı Milli Eğitim Bakanlığı genelgesiyle daha da güçlendirilen yönetmeliğe göre, bütün okullar –hem devlete ait hem de özel– "okul bahçelerinde Atatürk büstü bulundurulması, bakımının yapılması ve korunması" ile yükümlü tutulmuştur. İlköğretim Kurumları Yönetmeliği'nin 145. Maddesi, her sınıfta yazı tahtasının üst kısmına bir Atatürk portresinin, ayrıca bir Türk bayrağı ve Atatürk'ün portresinin duruşuna göre sağına İstiklal Marşı ve soluna "Atatürk'ün Gençliğe Hitabesi"nin asılmasını zorunlu tutmaktadır. Aslında devlet binalarının birçok odasında, bu mekân ister ofis ister toplantı salonu isterse de kantin olsun, genellikle Atatürk portresi asılıdır; ki bu devlet binaları hastaneler, adliyelerle karakollardan evlendirme daireleri, kütüphaneler ve kamu üniversitelerine uzanan geniş bir yelpazedir. Dahası, geçmişin meşhur Türk şahsiyetlerinden hiçbirinin bu onuru elde etmesi mümkün değildir. Türkiye Cumhuriyeti Başbakanlık Arşivlerindeki bir belge bu uygulamanın münhasıran Atatürk'e ait olduğunu belirtmektedir: "Devlet daireleri ve resmi kurumlarda sadece Türkiye Cumhuriyeti'nin kurucusu Ulu Atatürk'ün portresi asılabilir."[1] Sıkça bu resimlere eşlik eden Atatürk vecizeleri de kent mekânına kelimenin tam anlamıyla –fikren ve madden– kazınmıştır. Bu imgeler ve alıntılar sıkça, bulundukları yerin mahiyetine göre uyarlanmıştır. Örneğin, bu kitabın yazarı, bir belediye evlendirme dairesinde Atatürk'ün bir düğünde dans ederken, bir çocuk parkında Atatürk'ün bir salıncak üzerindeyken ve bir göz doktorunun reklam amaçlı takviminde Atatürk'ün gözlüklüyken çekilmiş fotoğraflarını bizzat görmüştür; ayrıca, yerel bir taksi durağındaki Atatürk büstünün altında, Atatürk'ün Türk şoförlerinin terbiyeliliğinden bahseden bir sözü ["Türk şoförü en asil duygunun insanıdır"] bulunuyordu. Bu portreler ve sözlerin yanında Atatürk'ün imzasının röprodüksiyonlarına da sıkça rastlamak mümkündür; tabii aynı imzaya arabalara yapıştırılan çıkartmalarda, tampon üstlerinde, kadın ve erkeklerin kollarındaki dövmelerde de sıkça rastlandığını eklemeye gerek yoktur.

---

1 Grup Kodu 030-18-0-2, Ref: 124-92-6, Dosya: 3/12229, Tarih: 23/12/1950.

Resmi tatillerde Ankara ve diğer kentlerdeki hükümet binalarına, devasa Türk bayraklarının yanında yine devasa boyutlarda Atatürk resimleri asılır. Kemalist düşüncenin takipçileri sıkça üzerinde Atatürk resmi ya da profili olan rozetler takar, gerek devlete gerekse de özel sektöre ait televizyon kanallarının birçoğunda ekranın bir köşesinde küçük bir Atatürk profili yayınlanır. Günlük gazete *Hürriyet*'in her sayısında, ön sayfanın başlık kısmında bir Atatürk resmi, Türk bayrağı ve "Türkiye Türklerindir" şeklindeki milliyetçi slogan yer almaktadır. İlkokul öğrencileri için kırtasiyelerde satılan temel geometrik şablon cetvelleri, kare, daire ve üçgen gibi şekillerin yanı sıra, sanki geometrik bir şekilmiş gibi Atatürk profili de içermektedir.

Kent mekânlarına geri dönersek, Türkiye'deki çoğu kentin en azından bir caddesi ya da bulvarı Atatürk ismini taşır; Ankara'yı kuzey-güney ekseninde kesen ana protokol yolu Atatürk Bulvarı bunların en meşhurudur. Aslında, Ankara'nın kent merkezinde yer alan Kızılay kavşağı, Atatürk Bulvarı'yla Gazi Mustafa Kemal Bulvarı'nın (Atatürk soyadını almadan önce Mustafa Kemal'in tam resmi adı "Gazi Mustafa Kemal Paşa" idi) kesişme noktasıdır. Atatürk'ün adı, Ankara'da bulunan ve 1937 yılında hazineye bağışlamış olduğu Orman Çiftliğine (bugünkü adıyla Atatürk Orman Çiftliği) verildiği gibi, çok sayıda kültür merkezinde, spor tesisinde, konferans salonunda, hastanede ve benzer kamu ve özel sektör binalarında karşımıza çıkar. İlk yapıldığında inşa edildiği semtin adını taşıyan İstanbul Yeşilköy Uluslararası Havalimanının adı 1985 yılında Atatürk Uluslararası Havalimanı olarak değiştirilmiştir. 1990 yılında, Dicle ve Fırat nehirleri üzerinde 22 baraj içeren Güneydoğu Anadolu Projesinin en büyük barajına Atatürk Barajı adı verildi. Son olarak, 1952 yılından beri basılan tüm Türk liralarında (kâğıt ve madeni paralarda) ön yüzde Atatürk resmi yer aldığı gibi, zaman zaman paraların arka yüzünde de Atatürk resmi bulunmakta ve mevcudiyeti ikiye katlanmaktadır. Bu durum, paranın üzerinde o anki cumhurbaşkanının portresinin olması gerektiğini belirten 16 Mart 1926 tarihli ve 3222 numaralı kararnameye (30 Aralık 1925 tarihli ve 701 numaralı kanunu beyanen) rağmen böyledir.

Mustafa Kemal Atatürk'ün Türkiye Cumhuriyeti'nin kuruluşundaki ana faktörlerden biri olduğuna ve gerek kamusal gerekse de özel alanda anılması gerektiğine elbette şüphe yoktur; ancak her yerde karşınıza çıkan böylesi imgeler, büstler, portreler, imzalar ve cadde isimleri oldukça hükmedici olabilmektedir. Türkiye'deki kentsel mekânlarda her yerde rastlanan bu imgeler, yokluğunda Atatürk'ü temsil etme (yani onu yeniden sunma) ve bu imgelerle uyumlu olan Türk kolektif kimliği ve belleğini yaşatma işlevi görmektedir. Bu temsil doğa manzaralarına kadar uzanabilmekte, çeşitli yeryüzü ve dağ şekillerinde Atatürk silueti oluştuğuna inanılmaktadır. Balıkesir'in Gömeç ilçesi yakınlarındaki bir dağın yamacı ve Ardahan iline bağlı Gündeşli köyü yakınlarındaki bir tepeye düzenli olarak düşen gölge böylesi örneklerden sadece ikisidir. Bu doğal özelliklerin aslında Atatürk'ün suretine sadece benzediği konusunda bir anlaşmazlık olmamasına rağmen, "Atatürk'e benziyor" ifadesinin bu kadar kolay dillendirilebiliyor olmasının sebebi, Atatürk imgelerinin Türk kamusal alanını böylesine çok kaplamış olmasıdır. Yani böylesi imgeler kolaylıkla tanınabilmekte ve paraların üzerindeki resimlerle, okul bahçelerindeki büstlerle ve devlet dairelerindeki portrelerle mukayese edilebilmektedir.

Daireyi tamamlarsak, Atatürk'ün portresi ve/veya imzası sık sık, otoyollardan geçenlerin görmesi için çeşitli yörelerde dağ eteklerine ve yamaçlara işlenmektedir. Sanatçı Mustafa Aydemir, 1982 yılında zorunlu askerlik hizmetini yerine getirdiği sırada, böylesi imgelerin belki de en meşhurunu Erzincan'da yapmıştı. Kendi gibi zorunlu askerlik yapan 3.000 askerin yardımıyla –ki bu askerler 29 gün boyunca yöredeki kireçtaşını siyaha ve beyaza boyadılar– Aydemir 176 x 43 m boyutunda bir Atatürk portresi ve imzası ortaya çıkardı; bu imge sadece bölgeden geçen karayolundan değil, uydu görüntüsünden bile (39° 47' 23" Kuzey, 39° 47' 23" Doğu) seçilebilmektedir. Bu kitabın yazıldığı sırada, Atatürk temsillerinde yazarın gözlemlediği en yeni eğilim, yamaçlara çıkıntı yapacak şekilde büyütülmüş Atatürk portreleri inşa etmekti; aslında hasır tel ve püskürtme beton gibi hafif malzemeden inşa edilen bu imgeler, sanki yamaçtaki kayalıklardan oyulmuş gibi görünmektedir. Rushmore Dağı oymalarına benzetilen bu Atatürk temsilinin dikkate şayan iki örneğine, İzmir'deki Yeşildere Caddesi'nde (Buca Belediyesi tarafından inşa edilmiştir) ve D-650 Karayolu üzerinde Antalya sırtlarındaki tepelerde (Kepez Belediyesi tarafından inşa edilmiştir) rastlanabilir. Bu mega yapılar Atatürk'ün vecizelerini de içermektedir; tabii bunlar da doğal manzaranın üzerine hem yazım hem de ebat olarak büyük harflerle yazılmaktadır.

Antropolog Esra Özyürek (2004) Atatürk imgelerinin bireyler tarafından kişisel kullanımıyla Türk devletinin Atatürk imgelerini kamusal kullanımını mukayese etmiştir. Atatürk imgelerinin kişisel kullanımı ve tüketiminin rozetler, fotoğraflar ve posterler şeklinde genellikle ufak ya da "minyatür" bir ölçekte cereyan ettiğini, buna karşın Atatürk imgelerinin kamusal kullanımı ve teşhirinin ise gerçeğinden büyük ölçülerde heykeller ve pankartlar (bunlar, teşhiri yapan kurumun arzusuna göre Atatürk'ü askeri, cumhurbaşkanına özgü ya da sivil kıyafette göstermektedir) şeklinde genellikle çok daha büyük ya da "devasa" ölçekte gerçekleştiğini not eden Özyürek, Türkiye'deki Atatürk temsillerinin nötr objeler olmaktan çok uzak olduğunu tespit etmiştir. Bu imgeler kimlik, bellek ve milliyetçilik açısından çok çeşitli anlamlar ifade edebilmektedir: Bunlar "özgürlüğün koruyucusu" (Atatürk'ün Kurtuluş Savaşı'ndaki önder rolünden dolayı) ya da "güç delisi diktatör" (Atatürk'ün meydana getirdiği siyasi sistemin 1923'ten 1946'ya kadar bir tek parti rejimi olmasından dolayı) anlamına gelebildiği gibi, "İslamı baskı altına alan" (Atatürk'ün Osmanlı Müslüman kurumlarını sert biçimde kısıtlayan ve hatta bazı durumlarda onları lağveden laik bir devlet yaratmasından dolayı) anlamına da gelebilmektedir.

Atatürk imgesini kimlik, bellek, milliyetçi siyaset ve kentsel mekân ile tek bir örnekte birleştiren antropolog Kimberly Hart (1999), genç bir Türk kadınının elinde Atatürk fotoğrafı tutarak, Türk devlet okulları sisteminde öğrencilerin İmam Hatip liselerinde geçireceği yıl sayısını azaltmaya yönelik yeniden yapılanma önerisine karşı düzenlenen bir mitinge tepki gösterdiği bir sahneyi tasvir eder. Chantal Zakari adındaki bu genç kadın için Türk Basını "cesur kız" sıfatını kullanmıştı,[2] zira neredeyse tıpkı, şer olduğuna inanılan bir şeyle karşılaştığında elindeki haçı havaya kaldıran mümin bir Katolik gibi, bu genç kadın da elindeki Atatürk resmini protestoculara karşı havaya kaldırmaktadır (Navaro-Yashin 2002: 190). Her ne kadar daha sonra Zakari –ki İtalyan etnik kökeni, Yahudi-Amerikalı kocası ve uzun süre Amerika Birleşik Devletleri'nde yaşamasından dolayı protestocuların destekçileri tarafından "Türklüğü" sorgulanmıştı– oldukça sakin bir biçimde "Onlar görüşlerini yürüyerek gösterdi, ben Atatürk resmi gösterdim" dese de (Kantarcı-Öksüz 1997), kendini Türkiye Cumhuriyeti'ni şekillendiren Kemalizm ideolojisine sadık laik bir Türk olarak tanımlıyordu. Atatürk'ün resmini göstererek ona ait hafızayı –inkılâpçı, asker, siyasetçi ve cumhurbaşkanı– çağrıştırıyor, onu sadece bir ideolojinin yaratıcısı olarak değil, aynı zamanda tıpkı bir polis figürü gibi, o ideolojinin devam etmesini sağlayan bir kolluk kuvveti olarak hatırlatıyordu. Zakari'nin eylemi Atatürk'ü, kamusal değil özel alanda tutulması gereken dinin etkilerinden arındırılmış laik Türkiye Cumhuriyeti'yle özdeşleştiriyordu.

Atatürk hafızasını hatırlatan benzer özdeşleştirmeler onun mezar mimarisinde de yapılmıştır. Ancak, ilginçtir ki, bu yapılırken onun imgesini kullanma ya da ona benzetme yöntemine nadiren başvurulmuştur. Ama Atatürk'ün mezar mimarisinin tam hikâyesini anlatmaya başlamadan önce, kimlik, bellek ve milliyetçilik kavramlarının tanım ve kullanımlarının tam olarak açıklanmış ve anlaşılmış olduğundan emin olalım; sonraki bölüm bunu amaçlıyor.

---

2 Aynı zamanda aşağıdaki 1 Ağustos 1997 tarihli gazete makalelerine de bakınız: Metin Yıldırım ve Mustafa Oğuz, "İşte Cesur Kız," *Hürriyet*; Emine Kantarcı ve Cem Öksüz "İşte Cesur Kız – Atatürk ile Yaşıyor," *Sabah*.

İKİNCİ BÖLÜM

Kimlik, Bellek, Milliyetçilik ve Mimari

Kimlik

Kimlik genellikle bir şeyi –bu bir nesne, kişi ya da bina olabilir– tanınır veya bilinir kılan özellikler ve aynı zamanda benzer şekilde adlandırılmış diğer şeylerle aynı kılan nitelikler grubu olarak anlaşılır. Yani, bir şeye kimlik atfedebilmek için onun belirgin bir tanınırlık elde etmesine veya ötekinden ayırt edilmesine yetecek derecede, başka şeylerle aynılığa ihtiyaç vardır. Bu tanıma göre, kimlik atfetme (tanımlama) sürecinde aynılığın zıddına (farklılığa) da ihtiyaç vardır. Kimlik, ancak aynılık ve farklılık üzerinden şekillenmeye başlayabilir. Antropolog Kevin Hetherington'un ifadesiyle, "kimlik hem benzerlik hem de farklılıkla ilgilidir. Kimlik öznelerin temsiliyet içerisinde kendilerini nasıl gördükleriyle, o temsiliyet içerisindeki ve başkalarının temsilleri ile aradaki farklılıkları nasıl inşa ettikleriyle ilgilidir" (1998: 15). Benzer biçimde, kültür kuramcısı Stuart Hall'un ifadesine göre, kimlikler "özdeş ve doğal yollarla oluşmuş bir birliğin işareti olmaktan ziyade, farklılığın ve dışlanacak olanın tespit edilmesinin ürünüdür. [...] Herhangi bir kimliğin 'pozitif' anlamı ancak Öteki ile ilişkisine bakarak, o kimliğin ne olmadığıyla ve o kimlikte tam olarak neyin eksik olduğuyla ilişkilendirilerek inşa edilebilir" (1996: 4).

O halde kimlik, elle tutulabilen fiziksel bir nesne olmadığı gibi, bir nesnenin değişmez bir özelliği de değildir. Tersine, kimlik farklı zamanlar, durumlar ve koşullarla değişen, süregiden bir uğraş ya da pratiktir. Kimlik sürekli bir biçimde bizim zihinlerimizde şekillenen, her yeni tecrübeyle test edilen ve olumlanan bir niteliktir. Kişilik vasıflarının biyolojik olmayan bir açıklaması olarak kimliği ilk kuramsallaştıranlardan birisi Sigmund Freud idi; bu kuram onun "düşünülmüş kimlik" şeklinde ifade ettiği ve günümüzde genellikle kişisel ya da bireysel kimlik olarak bilinen kavramı ortaya çıkarmıştır (1913 [1900], 477). Psikolog Erik H. Erikson, Freud'un kimlik kuramının bu yönünü geliştirerek "ego-kimlik" olarak ifade ettiği kişisel kimliği tanımlamıştır: "Kişisel aynılığın ve sürekliliğin gözlemlenebilir bir niteliği" ve "bireyin ve toplumunun büyük ölçüde bilinçdışında olan, hayat boyu süren bir gelişim" (1959, 113). Başka bir deyişle, kişisel kimlik bir gecede meydana gelen maddi bir varlık değil, bireyin tüm hayatı boyunca süren tekrarlardan oluşan bir sürecin sonucunda ortaya çıkan karakteristiklerin bütünüdür.

Sosyolog Karl Mannheim (1952 [1928]) kolektif kimlik kavramını, belli bir birey grubunun kendini, hem başka bir birey grubuyla aynı (ona ait) hem de başka bir birey grubundan farklı (ona ait değil) olarak algılaması ve etiketlemesi şeklinde tanımlamıştır. Mannheim, temel grup olarak kuşağı ele almıştır ve kuşağa ait bireylerin gelişme çağlarında karşılaştıkları toplumsal ve siyasi olaylara dair önemli ortak deneyimlerin kuşaklara şekil verdiği sonucuna ulaşmıştır. Bu suretle, bir kuşağa ait olmak, herhangi bir etkin niyete bağlı olmaksızın, sadece doğuştan gelen bir durum olarak, kolektif kimlik açısından pasif bir üyeliktir. Öte yandan, daha aktif üyelik niteliği olan topluluklara örnek olarak mahalle dernekleri, sendikalar, loncalar, özel kulüpler, kamusal dernekler, mesleki kuruluşlar ve dini cemaatler verilebilir. Bu tür gruplar ihtimam ve idame gerektirir; fiziksel olarak düzenli devam edilmeli, parasal açıdan gerekli ücretler ödenmeli ve entelektüel olarak da kimin üye olup olamayacağını belirleyen kurallar konmalı ve uygulanmalıdır.

Dolayısıyla, kolektif bir kimlik sosyal olarak inşa edilmiş bir kavramdır; doğal olarak gerçekleşen bir olgu değil, toplum ve kültürün bir icadıdır (Berger ve Luckman 1966). Grupların kolektif kimliğinin tanımlanması ve şekillenmesi açısından önemli olan başka bir nokta da gerçek veya hayali tarihleridir. Tarihçi Eric Hobsbawm'ın dediği gibi, herhangi bir insan cemaatinin üyesi olmak, kişinin kendini geçmişine göre –sırf o geçmişi reddederek bile olsa– konumlandırması demektir" (1972, 10). Bu tarihler, tıpkı destekledikleri kolektif kimlikler gibi, söz konusu gruba dair hikâye aktaran birer toplumsal yapı veya anlatı olarak değerlendirilmektedir.

Yukarıda da belirtildiği gibi bireysel ya da kolektif kimlikler fiziksel varlıklar değildir. Tersine, onlar, bir şeyi net bir biçimde tanınır ya da bilinir kılan karakteristikler bütününe dayandırılan hikâyeler ya da anlatılardır. Bu açıdan bakıldığında, kimlikler daha büyük bir proje ve uygulama alanının bir parçası olarak görülebilir; bu bir tür itme ve çekme ya da görüşme sürecidir. Kültür kuramcısı Lawrence Grossberg'in kısa ve öz ifadesiyle "kimlikler her zaman ilişkiseldir ve eksiktir" (1996: 89). Türk kimliği örneğinde, Mustafa Kemal Atatürk'ün mezar mimarisi bu görüşme sürecinde büyük bir rol oynamaktadır; bu rol aşağıda daha ayrıntılı bir biçimde açıklanacaktır.

Bellek

Bellek genelde, geçmiş tecrübeleri akılda tutup hatırlamaya olanak veren zihinsel yetenek olarak anlaşılır. Psikologlar, bellek sürecinin üç aşamadan oluştuğu yönünde çoğunlukla hemfikirdir: Kodlayarak kaydetme, depolama ve geri çağırma (King, 2007: 226). Bellek kodlaması yönteminde, duysal deneyimler (duyma, görme, koklama, tatma, dokunma) işlenerek, nöronlar arasındaki elektriksel uyarılar yoluyla beyinde fiziksel olarak şifrelenir. Tekrarlanan uyarılar yoluyla şifreleme sürecinin, bellek depolama işlevi gören nöronlar arasında yerleşik yollar getirdiği düşünülmektedir. Bu yerleşik yollar, hafızaya kaydedilmiş bir bilginin daha sonraki bir tarihte geri çağrılmasına kolayca olanak sağlar; ya da daha bildik bir şekilde ifade edersek, hatırlama adını verdiğimiz süreç işte budur.

Bununla birlikte, bellek ve hatırlama sürecinin bu fiziksel açıklaması, toplum ve ona eşlik eden sosyal dinamikler gibi dış faktörlerin etkisini ve bunların iç zihinsel süreçlere hangi biçimle etkilediğini hesaba katmamaktadır. Psikolog Frederic C. Bartlett hatırlamayı, zihinlerimizde meydana gelen yapıcı bir eylem olarak tasvir etmiştir: "Hatırlama sayısız miktarda, sabit, cansız ve bölük pörçük izin yeniden uyarılması değildir. Hatırlama hayal gücüne dayanan bir yeniden kurma ya da inşadır; yapının harcıysa, tasnif edilmiş geçmiş tepki veya deneyimlerden oluşan yığın ile buna karşı sergilediğimiz tavır arasındaki ilişkidir" (1961 [1932], 213). Yani, bellek ve hatırlama süreci, bize, şimdiki zamanda varoluşumuz devam ederken geçmişi kavramsallaştırma olanağı tanır. Tarihçi John R. Gillis'in açıkladığı gibi, "anılarımız içinde yaşadığımız dünyayı anlamlandırmamıza yardım eder" (1994, 3).

Dolayısıyla bellek sadece geçmişle ilgili değildir. Bilakis, şimdiyi "anlamlandırma" ve geleceği şekillendirmede kullandığımız bir zihinsel yetenektir; bu yeteneğin ortaya çıkardığı sonuç, zihinlerimizde nereden geldiğimiz, nerede olduğumuz ve nereye gideceğimizden oluşan bir triptik gibidir. Ayrıca, hatırlama pasif değil aktif bir faaliyettir; kimlik atfetme süreci gibi o da sabit değildir ve yeni tecrübelerle uyaranlar ışığında sürekli bir revizyona tabidir. Bilgisayar analojisini kullanırsak bellek sadece bilgileri kopyalama ve bir yerde saklamakla yetinmez, onları daha sonra geri de çağırır. Ama bilgisayardan farklı olarak, bellek bilgiyi kullanır ve yeni durumlar ortaya çıktıkça bilgiyi yeni düşüncelerle birleştirerek değiştirir. Anıların bu şekilde toplanması doğrusal bir zamanda cereyan eden bir süreçtir, ama onlara erişim doğrusal bir tarzda gerçekleşmiyor gibidir. Aksine, sanat tarihçisi John Berger'in tanımladığı gibi, "Bellek hiç de tek çizgisel değildir. Bellek, bir merkezden yayılan ışınlar gibi aynı olaya gönderme yapan devasa sayıda özdeşleştirmeyle çalışır" (1991, 64). Ya da tarihçi James Fentress ve antropolog Chris Wicham'ın sözlerine kulak verirsek, "Belleğin düzeni fiziksel bir metin gibi değil, [...] düşünmenin kendisi gibidir. [Bellek] pasif bir hazne değil, tersine, aktif bir yeniden yapılandırma sürecidir ve bu süreçte çeşitli unsurlar muhafaza edilebileceği gibi, aynı zamanda yeniden düzenlenebilir ya da bastırılabilir" (1988, 40).

Tıpkı kimlik gibi, bellek de bireysel ya da kolektif olarak anlaşılabilir. Bireysel bellek, adından da anlaşılacağı gibi, teker teker bireylerin zihinlerinde meydana gelen hatırlama sürecine işaret eder, onların başkalarıyla etkileşimini hesaba katmaz. Bireysel bellek anısal (kişinin kendi betimlemesine anlamlı bir biçimde katkı yapan) olayları içerir, bilişsel (daha önce öğrenilmiş olguları ve bilgileri içerir) ya da işlemsel (alışkanlık ya da huy haline gelen kuralları ve düzenlemeleri içerir) olarak nitelenebilir. Nasıl sınıflandırırsak sınıflandıralım, bireysel bellek ve hatırlama özel bir eylemdir; yani kişinin kendi başına deneyimlediği, çevresindeki toplumsal ortamdan etkilenmeksizin gerçekleşen bir faaliyettir. Ancak, Mustafa Kemal Atatürk'ün mezar mimarisinin anlatısıyla ilgili olan, kolektif (veya toplumsal, kamusal, kültürel, tarihsel ya da resmi olarak da adlandırılabilecek) bellek kavramıdır. Modern sosyolojinin kurucularından olan Emile Durkheim, geleneksel sanayi öncesi toplumlarla modern sanayi sonrası toplumlar arasındaki farklılıklar üzerine 1863 ile 1912 yılları arasında kaleme aldığı yazılarında bunları birbirinden farklı kılanın söz konusu toplumların "kolektif bilinçleri" –ortak inançları ve ahlaki tavırları– olduğu sonucuna ulaşmıştır (Misztal, 2003: 112). Kolektif bilincin spesifik olarak "geçmişe" karşılık gelen bileşeni daha sonra kolektif bellek olarak bilinmeye başlayacaktır. Kolektif bellek tanımının belgelenmiş ilk kullanımı 1902 yılında, Avusturyalı romancı ve şair Hugo von Hofmannsthal'a aittir (Klein, 2000: 127). Ancak, bireysel değil de kolektif bellek kavramını ilk defa kuramsallaştıran, yirminci yüzyıl başlarında Fransız sosyolog Maurice Halbwachs olmuştur. Ona göre, insanların, bireysel anılara ek olarak aile, din ve sosyal sınıflara dayananlar başta olmak üzere çeşitli sosyal gruplardaki üyelikleri yoluyla anı edinme, bu anıları yerelleştirme ve sonradan hatırlama yetenekleri de vardı. Halbwachs kolektif bellek oluşumuyla tarih yazımı arasındaki farka dikkat çekerek kendi kolektif belleklerini oluşturan grupların, zaman içerisinde değiştikleri fikrine genellikle karşı çıktıklarını söyler; bu gruplar daima aynı olageldiklerine inanma eğilimindedirler (Halbwachs, 1992 [1925], 85). Buna karşılık, Halbwachs'ın ifadesiyle tarih, geçmişi her birinin başı, ortası ve sonu olacak şekilde titizlikle tanımlanmış dönemlere bölen değişimlerin bir kaydıdır.

O halde kolektif bellek, geçmiş hakkında toplumsal olarak inşa edilmiş bir fikir, bir grubun kendi geçmişini nasıl kavramsallaştırdığına dair kolektif olarak paylaşılan bir kanı şeklinde tanımlanabilir. Bireyi bir grup içerisine yerleştirmek amacıyla meydana getirilmiş ortak bir kamusal inşa ve "geçmişe dair ortak bir imge ve bu imgenin çerçevesini belirleyip olaylara tek bir açıdan bakarak dayanışma ve sürekliliği garanti altına alan grubun toplumsal kimliğinin yansımasıdır" (Misztal, 2003: 52). Kolektif bellek, halihazırdaki ihtiyaçlara, sorunlara ve meydan okumalara karşılık verebilmesi için sürekli yeniden onaylanan ve inşa edilen bir şey gibidir. Fransız filozof Henri Bergson'un ifade ettiği gibi, bellek "geçmişin şimdiki zamanda saklanması ve muhafaza edilmesidir" (1920: 8). Benzer biçimde, Fentress ve Wickham'ın tanımladığı gibi, "toplumsal belleğin yapısını oluşturan imgeler, alışkanlıklar ve nedensel motifler, şimdiki zamanın hatırlanan geçmiş üzerinden anlaşılabilmesine olanak sağlayan bir çerçeve sunarlar" (1992: 198). Böylece, halihazırda var olmaya devam ederken, ait olduğumuz grubun geçmişini –sadece seçilmiş parçalarını değil bütününü– kolektif bellek yoluyla kavramsallaştırabilmekteyiz. Sosyolog Barry Schwartz'ın dediği gibi, "hatırlamak geçmişten bir parçayı bugünün kavrayışları ve ihtiyaçlarının hizmetine sokmaktır" (1982: 374).

Tarihçi Eric Hobsbawm ve Terence Ranger, bu "şimdiki–zamandaki–geçmiş" kavramını, geleneğin icadı, ya da "alenen ya da zımnen kabul görmüş kurallarca yönlendirilen ve bir ritüele dayanan ya da sembolik bir tabiatı olan, geçmişten gelen bir sürekliliği çağrıştıracak şekilde tekrarlara dayanarak belli değerler ve davranış normlarını aşılamaya çalışan bir uygulamalar kümesi"nin altını çizerek netleştirmeye çalışmıştır. (1983, 1). Hobsbawm ve Ranger'ın tasvir ettiği, geçmişin bugünün baskın çıkarlarıyla uyuşması için bu şekilde kalıba sokulması süreci pek çok alanda gerçekleşmektedir; bu alanların arasında kamusal eğitim, kamusal törenler ve kamusal anıtlar sayılabilir; ki bunlar sonuç itibarıyla belli toplumsal gruplara kimlik bahşetmektedir. Tarihçi Benedict Anderson bu grupları "hayali" cemaatler şeklinde tarif etmiştir (1983, 6-7). Anderson'un "hayali" kelimesini kullanma nedeni böylesi cemaatlerin var olmaması değil, bu cemaatlerin üyelerinin tümünün birbirini tanımasının (en yakın aile ya da en ufak köy için bile) imkânsız olmasıdır. Böylelikle, hayali cemaati cisimleştiren ya da onu gerçek kılan şey, bir grubun kolektif kimliğini tanımlayan hikâyeler şeklinde betimlenebilecek olan kolektif belleğidir. Başka bir deyişle, kolektif bellekleri kıyaslayarak bireylerin aynı gruba ait olup olmadıklarını belirlemesi mümkündür.

Bu sebeple, tıpkı kimlik gibi bellek de –ister kolektif ister başka türlü– süregiden bir görüşme ve arabuluculuk sürecidir; bellek "pasif bir hazne değildir; tersine, aktif bir yeniden yapılandırma sürecidir ve bu süreçte çeşitli unsurlar muhafaza edilebileceği gibi yeniden düzenlenebilir ya da bastırılabilir" (Fentress ve Wicham 1992, 40); bellek "sadece bir bilgiyi geri getirme meselesi değildir, aktif ve yapıcı bir süreçtir" (Schwartz 1982: 374). Ayrıca, nasıl ki kimlik hem özdeşlik hem de farklılıkla ilgiliyse, bellek söyleminin, özellikle kolektif belleğin, başlıca noktalarından biri de neyin hatırlandığının yanı sıra, aynı zamanda neyin unutulduğudur. Yani, belleğin seçici bir süreç olduğunu söylemek mümkündür: hatırlayanlar sadece hatırlamak istediklerini hatırlarlar. Oyun yazarı Harold Pinter'ın özetlediği gibi, "hatırladığın, hatırladığını hayal ettiğin, hatırladığın konusunda kendini ikna ettiğin ya da hatırlıyormuş gibi yaptıklarındır" (Adler 1974, 462). Mustafa Kemal Atatürk'ün mezar mimarisinde görüşülen kolektif anılar (hatırlananlar ve unutulanlar) Türk ulusuyla ilişkili olanlardır. Bu nedenle, aşağıda milliyetçilik başlığı altında kısa bir keşif ve tanımlamayla devam edilecektir.

Milliyetçilik

Milliyetçilik, insan gruplarının siyasi olarak uluslar halinde örgütlenmesi gerektiği inancı şeklinde tanımlanabilir. Farklı kuramlar milliyetçiliği (insanlığın başlangıcından beri var olan) ebedi bir olgu, (tarih boyunca farklı biçimlerde var olan) daimi bir olgu ve (ancak Aydınlanma ve Sanayi Devrimi'nin sosyal ve kültürel altüst oluşlarının ardından boy gösteren) modern bir olgu olarak tarif etmiştir. Araştırmacılar, milliyetçiliğin ilk ne zaman başladığına bakmaksızın, insan gruplarının coğrafi, dini, etnik, dilbilimsel ve kültürel benzerlikler temelinde ortak bir bütüne ait olduklarını hissettiklerinde ulus olarak adlandırılan siyasi birimlerin ortaya çıktığı yönünde hemfikirdir.

Milliyetçiliğin ilk kuramcılarından biri olan Ernest Renan'ın ifadesine göre (1990 [1882], 19), "ulus bir ruhtur, manevi bir prensiptir," ortak ve zengin bir bellek mirasının yanı sıra "birlikte yaşama" ve "ortak bir hayatı devam ettirme arzusu" içerir. Dolayısıyla, Renan ulusu doğal bir birim olarak değil, tıpkı kimlik ve hafıza gibi, toplumsal bir inşa olarak tanımlar. Hans Kohn'un tanımına göre, milliyetçilik "tarihsel ideolojik bir kuvvet, bugünü uzak geçmişe bağlayan bir 'Büyük Fikir'dir;" Kohn aynı zamanda, tüm ulusların kendi varoluşlarını meşrulaştırmak için tarihi ve/veya geçmişi kullanmasından yola çıkarak, milliyetçiliği kimlik ve hafızayla ilişkilendirir (1944:10).

1990'lı yıllar boyunca ulus ve milliyetçilik kavramları modern çağın birer ürünü görüşünün yaygınlaşmasıyla beraber, bu alandaki akademik çalışmaların sayısında da bir patlama yaşandı. Eric Hobsbawm ulusu basitçe, "üyelerinin kendilerini bir 'ulus'un mensupları olarak gördüğü, yeter büyüklükte bir insan topluluğu" şeklinde tanımlamıştır; ona göre bu mensubiyet, o insan grubunun siyasi niyetlerine bakmaksızın, bilhassa yeni semboller, gelenekler ve törenler üzerinden gerçekleşmektedir (1990, 8). Anthony D. Smith ise daha sistematik bir tanım yaparak ulusun "tarihsel bir toprağı, ortak söylenceleri, tarihsel anıları, kitlesel bir kamu kültürünü, ortak bir ekonomiyi ve tüm üyeler için ortak hukuki haklar ve vazifeleri" paylaşan, adı konmuş bir insan nüfusu olduğunu söylemiştir (1991, 14). Smith tek bir kategoriye odaklanmak yerine coğrafi, etnik, dini, kültürel, ekonomik ve hukuki çerçeveleri hesaba katmıştır. Smith'in izinden giden John Hutchinson da, bilhassa bir devlet modernleşmesi sürecinin yaşandığı yerlerde ulusların gerçek ya da hayal edilmiş etnik temellerine dikkat çekmektedir (1994).

Liah Greenfeld'in "egemenliğin dayanağı, sadakatin asıl nesnesi ve kolektif dayanışmanın temeli olan bir 'halk' içerisindeki bireysel kimlik kaynağı" şeklinde ortaya attığı milliyetçilik tanımında da görüldüğü üzere, esasen, milliyetçilik konusunu, yukarıda bahsi geçen kimlik ve bellek konularından ayrı tutmak oldukça zordur. O halde ulusal kimlik, yukarıda da belirtilen dil, coğrafya, din, kültürel normlar, ekonomi ve hatta hukuk gibi ortaklıklar yoluyla, bir ulusa yüzünü ya da kişiliğini vermeye çalışan bir varlıktır. Ulus kimliğine eşlik edense, yurttaşları o ulusa bağlılık yemini ettirecek, onları renkli bez parçalarına selam verdirtip gerektiğinde yurtlarını terk etmeye ya da eşlerini ve çocuklarını, rakip ulusların mensuplarını öldürmeye yollamaya sevk edecek nitelikte bir aidiyet hissidir. Michael Pickering (2001, 89) milli kimliğin diğer kimlik türlerine nasıl sık sık baskın çıktığını ya da onları hükümsüz bıraktığını şöyle açıklamıştır: "Ulusal kimliği diğer ortaklaşma biçimlerinden ayrı ve üstün kılan cezbetme gücüdür. 'Biz'in kim olduğu hissi, farklı kolektif kimlik kategorilerinden oluşan bir yelpazeyle şekillendirilebilse de, kimliğin ulus adına celbindeki retorik, diğer kategorilere siyasi olarak ağır basar."

Bir milletin tüm mensuplarının aynı geçmişe dair aynı anılara sahip olması gerektiği varsayımından hareketle ulusal hafıza, ulusal kimliğin yaratılışında çoğunlukla büyük bir rol oynar. Fentress ve Wickham'ın (1992, 7) özlü bir biçimde ifade ettiği gibi "neyi hatırlıyorsak oyuz." Ancak, bu ulusal hatırlama, insanları bir ulusta birleştirme hedefinden sıkça saparak, James Wertsch'in (2002, 31) siyasi kimlik ihtiyaçlarına hizmet eden "kullanılabilir geçmiş" olarak nitelediği, bir otorite ve güç beyan etme aracı olmaya doğru kayar. Benzer biçimde, David Middleton ve Derek Edwards (1990, 10), bir topluluğun kimliğinin tanımlanması için elzem olduğunu iddia ettikleri "kurumsal hatırlama ve unutma"dan bahseder: "'Geçmişi kontrol eden geleceği de kontrol eder' ifadesi eksiktir; geçmişi kontrol eden bizim kim olduğumuzu da kontrol eder." Görülebileceği gibi, kendilerini ulus denen siyasi birim içerisinde bir araya getiren (gerçek ya da hayali) ortak bir geçmişe atıfta bulunarak kim olduklarını (ve kim olmadıklarını) anlamaya çalışan bireylerle grupların resmini sunmak için kimlik, hafıza, milliyetçilik, ulusal kimlik ve ulusal bellek konuları iç içe geçmekte ve üst üste binmektedir.

Mimari, Ulusal Kimlik ve Ulusal Bellek

Kimlik, bellek ve milliyetçilik gibi iç içe geçen kavramların Mustafa Kemal Atatürk'ün mezar mimarisine dair anlatıdaki önemi, mimari ve yapılı çevrenin, ulusal kimliği ve belleği belirleyen toplumsal görüşmelerin edilgen gözlemcisi değil, çoğunlukla aktif katılımcısı olmasından kaynaklanır. Ulusal kimlik ve belleğin belirlenmesi sürecinde pay sahibi olan temsiller elbette sadece mimari ve yapılı çevreden ibaret değildir. Sözlü anlatı (bağlılık taahhütleri ve sadakat yeminleri), müzik parçaları (vatanseverlik şarkıları ve milli marşlar), yazılı metinler (anayasa/kuruluş manifestoları ve resmi tarihler), görsel imgeler (resimler ve fotoğraflar) ve üç boyutlu objeler de (bayraklar, kıyafetler, banknotlar, pullar vs) bu sürece çoğunlukla katkıda bulunurlar. Öte yandan, etrafımızın mimari ve yapılı çevreyle kuşatılmış olduğu ve bunların bizden daha büyük oldukları gerçeği bu ikiliyi daha da güçlü kılar. Şehir araştırmacısı Lewis Mumford bunu şöyle ifade etmişti: "Yazılı kayıtlardan çok daha açık olan binalar, anıtlar ve kamusal yollar [...] cahillerin ya da vurdumduymazların bile zihinlerinde bir iz bırakır" (1938, 4).

Mimari ve yapılı çevre, sahip olduğu temsiliyet niteliği sayesinde ulusal kimlik ve belleğin oluşturulmasına katkıda bulunabilmektedir zira binalar ve diğer nesneler fikirleri, değerleri, kavramları, tarihsel olayları ve aynı derecede soyut başka varlıkları sembolize edebilirler. Sosyal psikolog Alan Radley'in (1990, 48) özetlediği gibi, "Maddi kültür olarak nesneler dünyası, hem toplumsal hem de bireysel olarak insanın gayretinin elle tutulur kaydıdır. Bu gayretin bir parçası olarak belli nesneler, bu nesneleri yapanların –ya da yapanlardan sonra gelenlerin– bir olayı, etkinliği ya da ilkeyi hatırlamalarına yardım edecek şeyler olarak bilinçli bir şekilde öne çıkarılırlar. Böylesi belirgin bir niyetle yaratılmamış bazı nesnelerse daha sonra kültürel mirasın bir parçası ya da bir kimseden yadigâr kalan özel varlıklar olarak tanımlanmalarını sağlayacak bir damgalanmaya maruz kalırlar." Yani, bazı binalar ya da nesneler soyut (elle tutulamaz) fikirleri ve kavramları temsil etmek üzere bilinçli ve aktif bir biçimde tasarlanırken, bu amaçla tasarlanmamış başka bina veya nesneler, yine tıpatıp aynı işlevi yerine getirmek üzere, zaman içerisinde edilgen bir biçimde toplum tarafından kendine mal edilebilmektedir. Mesela, birinin meşhur olduktan sonra sipariş ettiği malikâne muhtemelen o kişinin hayattaki büyük başarılarını temsil etmeye çalışacakken büyüdüğü daha ufak ve gösterişsiz aile evi, ömrünün mütevazı ilk safhalarını temsil etmek üzere toplum tarafından sahiplenilebilmektedir. Bu kendine mal etme süreci hakkında yorum yapan görüngübilimci mimar Juhani Pallasmaa, "Binalar ve kentler, gerçekliğin şekilsiz akışını belli bir yapıya sokmamıza ve hatırlamamıza, nihai olarak da bizim kim olduğumuzu tanımamıza ve hatırlamamıza olanak sağlar" demiştir (1996, 71). İster tasarlanmış isterse de toplum tarafından kendine mal edilmiş olsun, her iki durumda da bu kolektif kimlik ve bellek inşası sürecine katılan üç boyutlu mimari biçimdir.

Bellek kuramcısı Maurice Halbwachs kendi kolektif hafıza kavramını, "yerelleştirme" (lokalizasyon) olarak adlandırdığı kavramın gelişimi üzerinden mimarileştirmiştir. "Yerelleştirme" hatırlama sırasında geçmişe ait imgelerin bulunup belirli mekânlarda yerelleştirilmesi yoluyla nirengi noktaları veya "kolektif bellek alanları"nın ortaya çıkmasına yol açan bir süreçtir (1992 [1925], 175). Benzer bir izden yürüyen Fransız tarihçi Pierre Nora, "anımsama yerlerini" (*lieux de mémoire*) kolektif belleğin inşasında yer alan önemli bir etken olarak tarif etmiştir. Nora kendisine "bellek tarihçisi" demektedir ve ilgi alanı "Fransız kimliğini gerçekte ya da sözde meydana getiren" yerlerdir; bu durum bir kez daha kimlik ve bellek konularını birbirinden ayırmanın zorluğuna işaret etmektedir. Öte yandan, Halbwachs böylesi mekânların ancak zihinlerimizin içerisinde var olduğunu düşünürken Nora bunların, yapılı çevre biçiminde zihinlerimizin dışında da var olduğunu ileri sürmüştür (1996, 15). Nora kendi anımsama yerlerini, "doğası itibarıyla maddi olsun ya da olmasın, insan iradesinin veya zamanın işleyişinin bir sonucu olarak bir topluluğun bellek mirasının simgesel bir unsuru haline gelmiş olan her türden önemli yapı" şeklinde tanımlamaktadır. Nora'nın değindiği maddi olmayan anımsama yerleri arasında marşlar ve şarkılar, mutfak kültürü, söylenceler, hikâyeler ve yurttaş sorumlulukları (yazılı ya da yazılı olmayan) bulunmaktadır. Maddi anımsama yerleri ise sanat eserlerini, heykelleri, kentsel mekânları ve Eiffel Kulesi ya da Fransız Ulusal Medeniyetler Müzesi gibi bireysel yapıları içermektedir. Mustafa Kemal Atatürk'ün mezar mimarisinin ardındaki hikâye açısından önemli olan, bu tür maddi olan veya olmayan anımsama yerlerinin toplumlarca simgesel olarak kendileriyle ve ait oldukları grupla ilişkili bir geçmişi hatırlamak, o geçmişi yeniden inşa etmek (ya da temsil etmek) amacıyla kullanmalarıdır.

Nora'nın müze ve diğer önemli yapılara ek olarak, kolektif bellek ve kimliğin gerek inşasında gerekse de idamesinde sıkça öne çıkan aktörlerden bir diğeri de anıtlardır: *memorial* ve *monument*, bu ikisinin arasında aslında çok ince farklar vardır. İngilizcedeki *memorial* [anıt] kelimesinin kökü olan Latince *memoria*, bellek anlamına gelir ve kelimenin sözlük anlamı şöyledir: "Bir kişinin ya da şeyin anısını koruyan şey, genellikle bir olayı ya da kişiyi anmak üzere kurulmuş bir nesne ya da tesis edilmiş bir festival için kullanılır."[1] Benzer biçimde, İngilizcedeki *monument* [abide] kelimesinin Latince kökü *monere* hatırlatmak anlamına gelmektedir. Ancak, bu kelimenin İngilizcedeki sıfat hali olan *monumental*'in [abidevi] karşılığı olarak "büyük, sağlam, heybetli" verilmektedir.[2] *Monumentality* [abidevilik] kelimesinin ikinci bir anlamı da ("tarihsel olarak öne çıkan ya da dikkat çeken, kalıcı bir öneme sahip") monumental kelimesinin kastettiği şeylere gönderme yapabilmektedir.[3]

Sanat tarihçisi Alois Riegl erken yirminci yüzyıla ait abidelerin nasıl sadece yaş değerlerinden –bu tanımlama ona aittir– ötürü takdir edildiklerini tasvir etmiştir. Riegl'in açıklamasına göre yaş değeri, abidelerin akıp giden zaman kavramını çağrıştırma yetisinden ibarettir. Abidelerin önemi belli bir şahsiyetin, zamanın ya da olayın anısıyla ilişkili değildir; bu önem tamamen, abidelerin "seyredende bir yaşam döngüsü, özelin genelden çıkışı ve kaçınılmaz olarak tekrar genele dönüp içinde tedricen çözünmesine dair bir hissi tetikleyen vazgeçilmez birer katalizör olmasından" ileri gelir (1982 [1903], 24). Dolayısıyla Riegl'e göre, abideler (*monuments*) günümüzde var olan, geçmişin fiziksel temsilcileridir; belirli kişi ve olaylara gönderme yapan anıtların (*memorials*) aksine geçmişe gönderme yapmayı hedeflerler.

Riegl'den beri, bilhassa yirminci yüzyılın dehşete düşürücü dünya savaşlarının bir neticesi olarak, yapılı çevrede anıt ve abide inşasında bir artış meydana gelmiştir. Böylece anıt ve abide arasındaki farklılık daha net bir hal almıştır. Fransız teorisyen Michel Foucault "tarih, belgeleri abidelere dönüştüren şeydir" yorumunda bulunmuştu (1972, 7); bu tespitle abidelerin belli bir nesneye anlamlar ve anılar yansıtma yoluyla inşa edildiğini ima ediyordu. Yahudi Soykırımı'nın kamusal sanat ve anıtlarda nasıl dışa vurulduğunu araştıran James E. Young, tıpkı karenin bir dikdörtgen olup, her dikdörtgenin kare olmadığı gibi, anıt–abide ayrımını altkümelere göre yapmıştır: "Tüm anımsama yerlerini anıt, buralardaki plastik nesnelere de abide muamelesi yapıyorum. Bir anıt bir gün, bir konferans ya da bir mekân olabilir, ama ille de bir abide olması gerekmez. Öte yandan, bir abide daima bir anıt tipidir" (1993, 4).

Antropolog Michael Rowlands anıt ve abide arasındaki ince ayrımın, anıtların topluma sadece anılarını, çoğunlukla da derinlemesine düşünmeyi gerektiren acılı ve çözümlenmemiş olanlarını, anımsamaları gerektiğini hatırlatması olduğunu belirtmiştir (2001, 131-2). Tarihçi Erika Doss ise biraz daha detaya inerek şu açıklamayı

---

1 "memorial, adj. and n." OED Online, <http://www.oed.com/view/Entry/116351>, A.1 anlamı (erişim tarihi 5 Haziran 2012).

2 "monumental, adj. and n." OED Online, <http://www.oed.com/view/Entry/121854>, A.3 anlamı (erişim tarihi 5 Haziran 2012).

3 Agy., A.5 anlamı.

yapmıştır: "Anıt genellikle belirsiz, çözümlenmemiş ve muğlaktır. Taşıdığı anlam ne doğuştan ne de ebedidir; bu anlam süreçseldir. Çok çeşitli toplumsal ilişkilere bağlı ve ulusun çoklu kamusallığının değişken çıkarları ve geçici maneviyatına tabidir" (2010, 45). Başka bir deyişle, anıtın aksine abide çözümlenmiştir; kararlı ve azimlidir; çoğunlukla acı ve ızdırabı olumlu bir sonlanma hissine dönüştürür. Bu anlayışı Washington'daki Vietnam Gazileri Anıtı ve onun komşusu Lincoln Anıtı'na uygulayan Rowlands, ilkine neden doğru bir şekilde anıt dendiğini (çünkü Amerikan toplumunu 1960'lı ve 1970'li yıllardaki Vietnam çatışması hakkındaki acılı hatıralarını anımsamaya ve onları çözüme kavuşturmaya zorlamaktadır)ve ikincisine neden abide denmesi gerektiğini (çünkü Amerikan İç Savaşı'nın acılarını ve Lincoln'ın suikaste kurban gitmesini bir uyum ve birliktelik talebine dönüştüren, çözüme ulaşmış bir yapıdır) göstermiştir. Gerçi bu iki yapı arasındaki biçimsel farklar da kavramsal farklılıklarında bir rol oynar: Vietnam Gazileri Anıtı 75 m uzunluğunda, yüksekliği 20 cm ile 3 m arasında değişen parlak siyah granitten bir "V" şekliyken Lincoln Anıtı geniş bir kaide üzerinde yükselen antik Yunan ve Roma'ya ait klasik mimari biçimleri kullanan, beyaz mermerden yapılmış, kusursuz geometriye sahip bir tapınaktır. Ama bu biçim farklılığı meselenin sadece bir boyutudur. Bir diğer boyut, bahsi geçen olaylarla, bu yapıların inşa ediliş tarihleri arasında kaç yıl geçtiğidir: Lincoln Anıtı Lincoln'ın ölümünden 57 yıl sonra tamamlanmışken Vietnam Gazileri Anıtı'nın yapımı Amerika Birleşik Devletleri'nin Vietnam'dan çekildiğini resmi olarak ilan etmesinden sadece yedi yıl sonra bitmiştir ve yıllık ziyaretçileri arasında çok sayıda gazi yer almaktadır. Yani, Vietnam Gazileri Anıtı sanki bu acılı çatışmaya dair Amerika'nın sancılı anılarını çözüme kavuşturmaya yardım etmesi için savaşın bitmesinin hemen ardından çabucak yapılmıştı. İkinci Dünya Savaşı gazileri anısına Washington'da bir yapının inşa edilmesine dair ilk öneri 1993 yılında, savaşın bitişinden 50 yıl sonra, gündeme gelmiştir. Önerinin kabulünün ardından inşaatının bitmesinin 10 yıl daha sürmüş olması tıpkı Vietnam Gazileri Anıtı örneğinde görüldüğü gibi, bu yapının da Amerikan halkı böyle bir anıta ihtiyaç duyuncaya kadar ortaya çıkmadığı şeklinde yorumlanabilir.

Rowlands yaptığı tanımı, tekrarın hem anıtın hem de abidenin işlevi için ne denli önemli bir rol oynadığını açıklayarak geliştirir; buna, anıt ve abidelerde rastlanan tasarım öğelerinin ve çeşitli anıtlar ya da abidelerde ortaklaşa kullanılan benzer temaların tekrarı da dahildir. Deleuze'ün izinden giden Rowlands buna "Platonik tekrar" der. Öte yandan, Rowlands'a göre, anıt insanların hatırlamasına yol açarken, abide onları unutmaya sevk eder gibidir: "Elimizde unutmaya dair, birbirinden köklü biçimde farklı işleyen iki görsel biçim mevcut: biri belirsizliği besler ve insanları çekilen acının kurbanlar için ne anlama geldiğini mümkün olduğu kadar fazla hatırlamaya iter; diğeri ise acıyı etkin bir biçimde başka bir şeye, kişisel travmayı aşan kolektif bir tasdik biçimi"ne dönüştürür (2001, 132). Böylece, çözüme kavuşturulmamış anıları sürekli besleyen anıtlar "hatırlamak için asla unutmaz" iken çözüme kavuşturulmamış anıları sürekli bastıran abideler "hatırlamak için unutur" denilebilir. Sanat eleştirmeni Arthur Danto da Vietnam Gazileri Anıtı hakkında yazarken benzer bir yorumda bulunarak, "anıtlar hatırlananı ritüelleştirir ve sonuçların gerçekliğini imler [...], abideler hatırlanmaya değer olanı anar ve başlangıç söylencelerini cisimleştirir" tespitini yapmıştır (1985, 152). Bu tespiti bir kez daha Vietnam Gazileri Anıtı ile örneklendirmek gerekirse, anıt sanki Vietnam çatışmasının resmen sonlanışı (bir nevi "kapanışı") ve çatışmalar üzerine yeniden düşünüp savaşta hayatını yitirenleri hatırlama fırsatı olarak işlev görür. Buna karşın, Washington'daki yeni inşa edilmiş İkinci Dünya Savaşı Ulusal Anıtı, belirsiz "Avrupa" ve "Pasifik" takları dışında o savaşın saldırgan taraflarını hiç zikretmemekte ve sadeleştirilmiş Klasik üslubun Hitler ve Mussolini tarafından istihdam edilen faşist tasarımcıların da tercihi olduğu gerçeğini unutmaktadır. Bunun yerine, Doss'un ifadesiyle, "İkinci Dünya Savaşı Ulusal Anıtı ABD'nin meçhul bir düşmana karşı savaşı tek başına kazandığını ima etmektedir. Kitabesinde 'Amerikalılar fethetmeye değil kurtarmaya, özgürlüğü yeniden tesis edip zorbalığı bitirmeye geldiler' yazıyor olsa da [...] yapının kibirli estetiği bunun aksi bir izlenim uyandırmaktadır" (2010, 216). İkinci Dünya Savaşı Ulusal Anıtı sanki İkinci Dünya Savaşı'nı unutmuş gibidir; savaşın sona ermesinden neredeyse 60 yıl sonra açıldığı düşünüldüğünde bu pek de şaşırtıcı değildir.

Bu nedenle anıt ve abide, fiziksel nesneler ve yapılı çevre yoluyla bir kolektif kimlik ve bellek hissi oluşturma, yeniden oluşturma ve muhafaza etmenin araçlarıdır. Kelimenin tam anlamıyla, manevi olanı betonlaştırırlar. Bu ya geçmişe ait biçimlerden ödünç alınanların sembolik temsilleri ya da daha önce hiç yapılmamış fütürist biçimlerin üretimi yoluyla gerçekleştirilebilir; bu biçimler ya kullanıcılara geçmiş olayları hatırlatır ya da gelecekteki anılar için bir depo işlevi görür. Bu noktada, mimari ve yapılı çevrenin sadece bir geçmişi değil, geleceği de hatırlatma kabiliyetine sahip olduğu vurgulanmalıdır. Mimariyi bu kadar güçlü kılan da işte bu "ikili işleyiş"i, hem geriye hem de ileriye doğru çalışabilme yeteneğidir.

Bu kısa arka plan bilgisi, aşağıda aktarılacak anlatı için sahneyi hazırlamakta ve aynı zamanda birçok soruya da davetiye çıkartmaktadır. Bunlardan ilk akla geleni şudur: Atatürk'ün naaşı için hazırlanan beş mimari yapı ve bunlar arasındaki nakil törenleri Türkiye'nin hem ulusu hem de yurttaşları nezdinde ulusal kimlik ve ulusal hafıza inşasına ne ölçüde katkı yaptı? Ayrıca, kimlik ve hafıza süreçlerinin seçiciliği göz önüne alındığında, bu yapılarda Atatürk'ün hayatının ve Türk tarihinin hangi tarafları hatırlanmakta, hangi tarafları unutulmaktadır? Bu sorularla bağlantılı olarak sorulması gereken bir diğer soru da şudur: Bu yapılar Türkiye için birer ulusal kimlik ve bellek yaratmaya ne ölçüde girişti ve dahası ne ölçüde başarılı oldu? 1938'den bu yana, inşa edilmiş kimliğe ve belleğe meydan okuyan olaylar, koşullar ya da durumlar ortaya çıktı mı? Çıktıysa bunlar ne ölçüde başarılı ya da başarısız oldu?

Kitabın devamı işte bu iki parçalı sürece odaklanıyor: Hem Mustafa Kemal Atatürk'ün mezar mimarisinde ulusal kimlik ve belleğin inşası hem de ulusal kimlik ve hafızanın Mustafa Kemal Atatürk'ün mezar mimarisinde idame ettirilmesi.

ÜÇÜNCÜ BÖLÜM

Dolmabahçe Sarayı

Dolmabahçe Sarayı, Mustafa Kemal Atatürk'ün mezar mimarisi anlatısının başlangıç noktasıdır, çünkü Atatürk 10 Kasım 1938'de saat 9:05'te bu saraydaki bir yatak odasında vefat etmiştir. Saray, Padişah Abdülmecid'in saltanatı (1839-61) sırasında, 1847-56 yılları arasında inşa edilmiş ve ilk olarak 1856 ila 1876 yıllarında, daha sonra da 1909 ila 1922 yıllarında Osmanlı'nın resmi idare merkezi olarak hizmet görmüştü. Ebat, malzeme ve sergilediği zenginlik açısından, Dolmabahçe Sarayı'nın Osmanlı İmparatorluğu'nun on dokuzuncu yüzyıldaki mağrur heveslerini yansıttığını söylemek abartı olmayacaktır. Sarayda toplam 285 oda, 46 salon, 68 tuvalet ve 6 Türk hamamı bulunmaktadır; bodrum da dahil olmak üzere üç katın toplam alanı yaklaşık 45.000 m²dir. Sarayı çevreleyen bahçelerin toplam alanı yaklaşık 110.000 m²dir. Dolmabahçe Sarayı'nın inşasından sorumlu Osmanlı devlet adamı Altunizade İsmail Zühdi Paşa idi. Ancak, sarayın tasarımı ve inşasından gerçekte sorumlu olan kişilerin Garabet Balyan (1800-66) ve oğlu Nigoğayos Balyan (1826-58) olduğu konusunda genel bir fikir birliği mevcuttur. Balyan ailesi, Osmanlı İmparatorluğu'nda beş kuşak boyunca aralarından ünlü mimarlar ve yapı ustaları çıkmış Ermeni bir aileydi; ailenin üyeleri on sekizinci ve on dokuzuncu yüzyıllarda, çoğunluğu İstanbul'da olmak üzere çok sayıda saray, köşk, cami, kilise ve başka kamu binaları tasarlayıp inşa etmiştir.

Sarayın genel biçimi birbirinden ayrı idare ve ikamet kanatlarından oluşmaktadır; bu kanatlar merkezdeki büyük tören salonunda (Muayede Salonu) birleşir (RESİM 3.1). Bu ayrı kanatlar ve merkezdeki müşterek mekân, geleneksel Türk evinde bulunan haremlik, selamlık ve bu mekânları birbirine bağlayan sofa (orta salon veya hol) kısımlarına benzetilir. Öte yandan, Dolmabahçe'nin Barok, Rokoko ve diğer üslupların eklektik bir karışımından oluşan özenli süslemeleri "Doğulu" olmaktan ziyade "Batılı"dır. Sarayın dışı Neoklasik sütun ve saçaklıkları kartuşlar, madalyonlar, istiridye kabukları, gülbezekler, halkalar, çelenkler ve vazolarla harmanlar. Gerek yerel Marmara mermeri gerekse de Marsilya ve Trieste'den ithal edilmiş mermerlerin kullanıldığı iç mekânın tamamında ise zengin malzeme ve

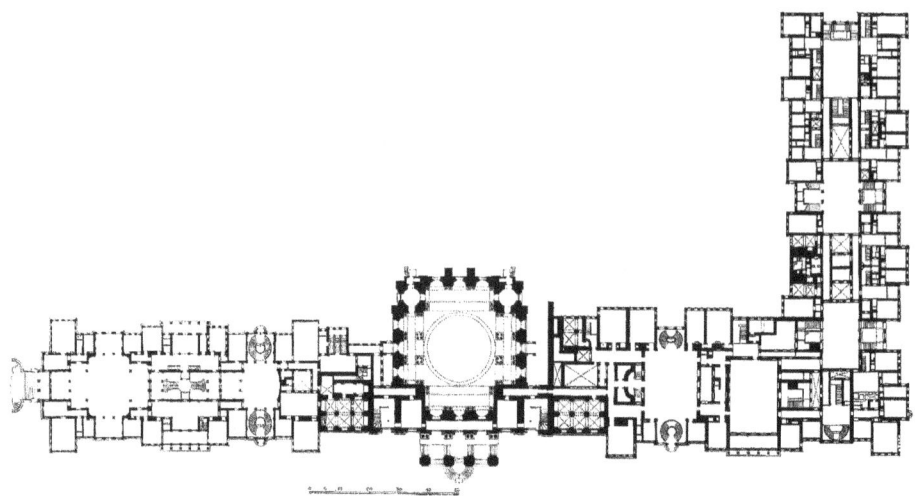

3.1. Dolmabahçe Sarayı, zemin kat planı (TBMM Genel Sekreterliği [Milli Saraylar] izniyle).

bezemeler ön plana çıkar. Padişah hamamının duvarlarını ve zeminlerini Mısır'dan getirilmiş kaymaktaşı kaplamaktadır. Diğer tüm zeminler, zamanı için lüks sayılabilecek masif ahşap parke döşelidir; bu ahşap malzemenin büyük kısmı meşe ağacı olmakla birlikte, ceviz, köknar, ıhlamur ve mauna da rastlanmaktadır. Son derece karmaşık ahşap tavanlar başta olmak üzere, binanın genelinde tahminen 14 ton civarında altın varak ve yaldız kullanılmıştır. Böylesi bir saray mekânına yaraşır bir biçimde, bazı tavanlar ve duvarlar, mimari devamlılık ilüzyonu yaratmak için *trompe l'oeil* resimler de içermektedir.

Britanya Kraliçesi Victoria'nın hediyesi olan ve Muayede Salonu'nun tavanına asılı avizenin dünyanın en büyük Bohemia kristal avizesi olduğu söylenmektedir. Söz konusu avizenin ağırlığı 4,5 tondur ve 664 lamba içermektedir.[1] Binanın idare kanadındaki ana merdivenin korkuluğunu taşıyan yüzlerce dikme ise Baccarat kristalinden yapılmıştır. Dolmabahçe Sarayı'nın iç mekânlarında, meşhur Hereke Fabrika-i Hümâyûnunda dokunmuş çok sayıda ipek ve yün halı bulunmaktadır; sadece Muayede Salonu'ndaki halının alanı 124 m²dir. Sarayda çeşitli boyutlarda 600'ün üzerinde yağlıboya tablo vardır. Rus Çarı II. Nikolai'nin hediye ettiği ayı postundan kilimler de dikkat çekmektedir. Son olarak, sarayda vazo, saat, tekli şamdan, kollu şamdan, piyano ve ayna gibi çok sayıda *objet d'art* bulunmaktadır;

---

[1] Birçok kaynak daha büyük ve yuvarlak bir sayı olarak 750 lamba olduğunu söylemektedir, ama Dolmabahçe Sarayı'nın resmi internet sitesi <http://www.dolmabahce.gov.tr> (erişim tarihi 5 Haziran 2012) avizenin İngiliz şirketi Hancock, Rixon ve Dunt tarafından 1853'te yapıldığını ve 664 lamba içerdiğini belirtiyor.

bunların birçoğu, Paris Operası'nın iç dekoratörü Fransız Charles Séchan tarafından seçilmiştir ve Séchan çabalarından dolayı Abdülmecid tarafından bir Osmanlı nişanıyla taltif edilmiştir. Görüldüğü gibi, sarayın inşasında ve dekorasyonunda hiçbir masraftan kaçınılmamıştır.

Atatürk, ne zaman yeniyetme başkent Ankara ya da diğer vilayetlerden herhangi birisi yerine İstanbul'da bulunması gerekse, Dolmabahçe Sarayı'nın harem bölümünde, İstanbul Boğazı'nı doğrudan gören üst kattaki bir yatak odasını ve bitişiğindeki çalışma odasıyla banyoyu kullanıyordu (**RESİM 1.1**). Günümüzde bu odalar Dolmabahçe Sarayı turunun bir parçası olarak ziyaret edilebilmektedir.[2] Yatak odası Atatürk'ün ölümü sırasında olduğu iddia edilen haliyle muhafaza edilmektedir; hatta saat bile tam olarak 9:05'te durmuştur.

Sarayın adı bugünün Türkçesiyle "dolgu bahçe" anlamına gelmektedir. Dolmabahçe Sarayı ve etrafındaki alana bu ismin verilme nedeni, sarayın yer aldığı alanın eskiden İstanbul Boğazı'ndan içeri kıvrılan küçük bir koy olmasıdır. Bu koy on yedinci yüzyılın başlarında, Padişah I. Ahmed, I. Mustafa ve II. Osman'ın saltanatları zamanında doldurulmuş ve ortaya çıkan alan sultan kasırları ve hanedan ailesi köşkleri için kullanılmıştır. Saraya adını veren "dolma bahçe" lakabının önemi, sarayın inşa edildiği konumun kendisinin aslında insan eliyle yapılmış –tabiattan çekip alınmış– olmasıdır; yani, konumun kendisi, üzerinde duran yapının aşırı yapmacıklığını eşleyen bir insan yapımı olma niteliği taşır. 1938 yılında saray, Türkiye Cumhuriyeti Cumhurbaşkanı'nın hastalıkta ya da sağlıkta ikamet etmesi için İstanbul'daki tek uygun yerdi. Dolmabahçe Sarayı aynı zamanda erken Cumhuriyet döneminde, Türk Tarih Kurumu ve Türk Dil Kurumu tarafından düzenlenenler çoğunlukta olmak üzere çeşitli konferans ve kongreler için de kullanılmıştır.

Dolmabahçe Sarayı'nın simgesel gücünün, yani geçmişte Osmanlı saltanatının ikametgâhı ve devletin idare merkezi olması gerçeğinin, Atatürk'ün 1938'deki cenaze öncesi katafalkını ziyaret edenlerin çoğu gibi, vefat ettiği odanın bugünkü ziyaretçilerinin de dikkatinden kaçması zordur. İster Atatürk'ün cumhuriyetçi inkılapçılarının doğru şeyi yaparak gösterişçi Osmanlı İmparatorluğu'nu devirmesinin bir simgesi, isterse de bir zamanlar Balkanlar'dan Arabistan Yarımadası'na kadar uzanan dünyayı kontrol eden bir imparatorluğun eski ihtişamının nostaljik bir simgesi olarak olsun, saraydaki lüks ve zenginliği fark etmemek çok zordur. Dolmabahçe Sarayı, İstanbul'da bulunan Topkapı Sarayı, Sultanahmet Camii ve Süleymaniye

---

2 Atatürk'ün yatak odası da dahil olmak üzere Dolmabahçe Sarayı'nın sanal turu için bkz. <http://www.3dmekanlar.com/en/dolmabahce-palace.html> (erişim tarihi 17 Mart 2013).

Camii gibi diğer binalarla birlikte, Osmanlı İmparatorluğu'nu temsil etmekte ve simgelemektedir; ancak, 1923'te Türkiye Cumhuriyeti'nin kurulmasının ardından, Dolmabahçe Sarayı kamu malı haline gelmiş ya da, Atatürk'ün 1 Temmuz 1927'de, Cumhuriyet'in kuruluş tarihinden beri İstanbul'a yaptığı ilk ziyaret sırasında halka hitaben yaptığı konuşmada dediği gibi, "milletin sarayı" olmuştu (Çağlar 1968, 171). Yine bu konuşmada, Atatürk Dolmabahçe Sarayı'nın çürümüş ve çökmüş Osmanlı İmparatorluğu'nun ya da saltanatın/hilafetin bir simgesi olarak artık görülmemesi gerektiğini de söylemişti. Bunun yerine, saray artık Türkiye Cumhuriyeti olarak bilinen yeni yönetim biçiminin bir simgesi olarak görülmeliydi. Zengince ve ayrıntılı bir biçimde süslenmiş mimari biçimlerin birbirinin tamamen zıttı olan yönetim yapılarını temsil edebiliyor olması, mimari simgeselliğin keyfiliğinin bir göstergesidir. Bununla birlikte genç Türkiye Cumhuriyeti, Osmanlı'nın mimari ve sanat mirasının diğer öğeleri gibi Dolmabahçe Sarayı'nı da reddetmemiş, aksine Türk'ün ihtişamının bir simgesi olarak kendine mal etmişti. Çoğu durumda "Osmanlı" sıfatı basitçe "Türk"e çevriliyordu. Eski imparatorluğun dört bir yanında rastlanan geleneksel Osmanlı evi geleneksel Türk evi haline gelmişti (Eldem 1954). Osmanlı sanat tarihi Türk sanat tarihi olmuştu (Arseven 1928 ve 1955). Milliyetçilik uzmanı Anthony D. Smith'in belirttiği gibi, geçmişin bu şekilde aynı anda reddedilmesi ve kabul edilmesi devrimci hareketler için o kadar da sıra dışı bir durum değildi, zira bunlar bir yandan kendi eski durumlarından kopmaya uğraşırken diğer yandan kendi tarihlerine başlamak için bir temele de ihtiyaç duyarlar: "Herhangi bir kolektif kültürel kimlik geçmişten tamamen kopmak suretiyle meydana gelebilir ve kendini devam ettirebilir mi? Geçmişin devrimleri, içinden fışkırdıkları toplumun daha önceki kuşaklarının değerleri, gelenekleri, simgeleri ve anılarından oluşan şablona kendilerini bir ölçüde uydurmak zorunda kalmadılar mı?" (1995, 32). Türk toplumu örneğinde, Dolmabahçe adı verilen büyük Osmanlı sarayı Türk sarayı olmuştu, özellikle de Atatürk orada vefat ettikten sonra.

Ülkenin başkentini 1923 yılında daha merkezi ve emniyetli (ve daha az Osmanlı) Ankara kasabasına taşıdıktan sonra, Atatürk İstanbul'a nadiren uğradı. Dolmabahçe Sarayı'nda vefat etmiş olması, tarihin –eski imparatorluğun ve payitahtının ifratının onun ölümüne neden olmuş gibi okunabilecek– garip bir esprisiydi. Hakikatte ise Atatürk, Ankara'nın sıcağı ve kuru havasından kaçmak için İstanbul'da istirahate çekilmişti. Bununla birlikte, Atatürk Dolmabahçe Sarayı'nda vefat ederek bu sarayı, ilgili kanunun gücünü de aşacak bir şekilde, ulusun ve Türkiye Cumhuriyeti'nin malı yapmayı başarmıştı. 3 Mart 1924 tarihli ve 431 sayılı kanun, Dolmabahçe Sarayı'nın yanı sıra tüm saltanat kasırları, köşkleri ve meskenleri de dahil olmak üzere Osmanlı padişahı ve hanedanının mal ve mülklerini Türk milli mirasının bir parçası ilan etti. Bu mekânın Türk ulusunun kolektif zihnindeki anısı geri döndürülemez biçimde ebediyen değişmişti, çünkü bu noktadan itibaren Dolmabahçe Sarayı, Kasım 1938'deki olayları bizzat yaşamamış sonraki kuşaklar için bile, derhal Atatürk'ün ölümüyle ilgili hatıraları canlandıracaktı. Kendini Türkiye'deki tarihi eserlerin korunmasına adamış Çelik Gülersoy'un sözleriyle ifade edersek, "Atatürk, Dolmabahçe Sarayı'nı inşa eden kişi değildi ama ona milli egemenlik damgasını vurmuştu" (1967, 37).

Bugün, resmi olarak 71 numaralı oda olarak bilinen Atatürk'ün yatak odası, sarayın harem bölümü turunun bir parçası olarak ziyaret edilebilmektedir. Aslında, saraylar idaresi (Milli Saraylar Daire Başkanlığı) bu odayı bir tür final, deyim yerindeyse ziyaretin zirve noktası olarak sunmaktadır. Yani, Atatürk'ün Dolmabahçe Sarayı'ndaki yatak odası, saray duvarlarının ardındaki gerçek dünyaya geri dönmeden önce görülmesi gereken son yerdir; ister Türk ister yabancı olsun, her bir ziyaretçi üzerinde kalıcı bir intiba bırakması beklenmektedir. Dolmabahçe Sarayı'na dair resmi literatür, binanın müsrif süslemeleriyle Atatürk'ün kaldığı yerin sadeliği arasındaki zıtlık üzerinden Atatürk'ün yatak odasının simgesel önemine vurgu yapmaktadır. Belli ki, Atatürk sarayın koleksiyonu içerisinden, göreli sadeliğinden dolayı koyu ceviz bir yatak odası takımı seçmişti. Odadaki tek ekstra dekorasyon, Rus ressam İvan Ayvazovski (1817-1900) tarafından yapılmış ve sarayın koleksiyonundan bizzat Atatürk'ün seçmiş olduğu birkaç ufak manzara resmi ve o tarihte Türkiye'nin Rusya büyükelçisi olan Zekai Apaydın tarafından Atatürk'e hediye edilmiş "Dört Mevsim" adlı tablodur. Bu suretle, Dolmabahçe'deki bu yatak odasını ziyaret edenler, Atatürk'ün hâlâ hayattayken sahip olduğu kişisel zevkleri ve ayırt edici özelliklerine göz atmak için ender bulunur bir fırsatı yakalayabilmektedirler.

İddiaya göre Atatürk'ün Dolmabahçe'deki yatak odası, vefat ettiği yatak ve yatağın diğer tarafındaki masa saati gibi Atatürk'ün ölümünü simgeleyen eşyalarla birlikte 10 Kasım 1938 sabahında nasılsa öylece muhafaza edilmektedir; saat sanki kendi yaşama isteğini de kaybetmişçesine, tam olarak 9:05'te durmuştur. Ayrıca yatağın yanı başında, Atatürk'ün ölüm anında son kez kullandığı ilaçları içeren bir komodin yer almaktadır. Yatak ziyaretçilerin ilgisini cezbetmektedir çünkü mecazen son istirahatgâhı olan, Ankara'daki Anıtkabir'in aksine Atatürk'ün asıl son istirahat yeridir, esas ölüm mahallidir. Atatürk'ün vefat ettiği anda ona saygı işareti olarak durdurulmuş olan saat, bu kitabın yazarı ile Dolmabahçe Sarayı yöneticileri arasındaki kişisel yazışmalara göre, Kroveze markalı, İsviçre ürünü bir masa saatidir ve sarayın bir başka kısmından alınmıştır. Yani, yaygın kanının aksine, bugün Atatürk'ün yatak odasında görülen saat Atatürk'ün kullandığı saat değildir ve onun ölüm anında sihirli bir biçimde durmamıştır. Metafizik bir düzeyde, bu saat Atatürk'ün ölüm anını hapsetmek ya da engellemeye yönelik nafile bir çabadır; aynı zamanda, edebiyat, resim, heykel ve mezar mimarisinde bir Batı geleneği olan, kişiye kendi faniliğini hatırlatan *memento mori* (Latince: "ölümünü hatırla") işlevi de görmektedir. Bununla birlikte, ilaç komodini Atatürk'ün, onu yavaş yavaş öldüren karaciğer hastalığı siroza karşı verdiği mücadelenin bir simgesi olarak durmakta, ölümünün ani değil, giderek takatten düşüren uzun komalar ve kötüleşmeler dizisi olduğu gerçeğini kuvvetlendirmektedir.

Bir önceki bölümde özetlenmiş olan, abideler ile anıtlar arasındaki farkı akılda tutarak bu yatak odasının orada ölen adama, birey ve insan olarak Mustafa Kemal Atatürk'e ait bir anıt olduğu söylenebilir. Burası, üzerinde yattığı gerçek yatak ayrıntısına kadar, ölümünün fiziksel mahalliydi ve öyle olmaya da devam etmektedir. Tüm ayrıntılar (yatak, komodin ve saat) bir bütün halinde, ziyaretçilere Atatürk'ün yaşamını değil, ölümünü hatırlatmaya yönelik bir tefekkür yeri işlevi görmektedir. Dolmabahçe'deki yatak odası boyutları açısından gayet evseldir; Atatürk'ün mozolesi (Anıtkabir) gibi abidevi değildir. Oda kişisel eşya ve mobilyalar içermektedir; fırfırlı perdeleri, duvar kâğıtları ve ufak "*tableau*" resimleriyle dekorasyonu da son derece evseldir. Bu itibarla, muhteşem Boğaz manzarasına ve Eldem'in (1986, 146-7) ölçümleriyle ortaya çıkmış kat planına göre yaklaşık 50 metre karelik alanıyla bir yatak odası için geniş olmasına karşın, bu yatak odası kişisel ölçekte evsel bir anıttır.

Atatürk ülke tarihinde ve kuruluşunda böylesine önemli bir figür olduğu için, ölümü ulusun kolektif belleğinde zaman zaman sancılı ve hâlâ tam çözülmemiş bir olay olarak durmaktadır. Dolmabahçe Sarayı'ndaki yatak odası, Atatürk'ün ölümünün burada, bu mekânda vuku bulduğunu ispat etmek işlevi görmektedir; Danto'nun (1985, 152) sözleriyle ifade edilirse, fiziksel olarak "sonların gerçekliğine işaret eder." ABD'nin doğusunda kolonyal döneme ait binalarda rastlanan ve kalın harflerle "George Washington Burada Uyudu" yazan tabelalar gibi, Dolmabahçe'deki yatak odası, içkin bir fizikselliği olmayan bir olayın –Atatürk'ün ölümünün– fiziksel manifestosudur. Dallas'ta bulunan ve Başkan'ın tam olarak vurulduğu yeri gösteren John F. Kennedy Anıtı gibi, Dolmabahçe yatak odası da gerek işlevsel gerekse manevi olarak, Atatürk'ün ölümünün önemini bize hatırlatma işlevini yerine getirmektedir. Bu kitabın yazarının başka bir yerde yazdığı gibi, Atatürk'ün Dolmabahçe'deki yatak odası "tarih kitaplarının doğruluğunu kanıtlar" (Wilson 2003, 322).

Dolmabahçe Sarayı'nın ardından naaşın uğradığı mekânlar ve bunlar arasındaki nakil koşullarının aksine yatak odası, Atatürk personasında belirginleşen

Türk ulusunun temsili olmaktan ziyade, Atatürk'ün bir insan (ve birey) olarak temsilidir. Bu okuma, Ernst Kantorowicz'in Britanya hukukundan yola çıkarak kralın iki bedeni arasındaki fark olarak tarif ettiği olguyla uyumludur: Kralın fiziksel "doğal bedeni," "doğal nedenler ya da kazara gelen tüm zaaflara açıktır," fanidir ve bir gün mutlaka ölecektir; kralın "siyasi bedeni" ise "siyaset ve yönetimi içerir; halkın idaresi ve kamu yararı için oluşturulmuştur" (1957, 7); bu gövde ölümsüzdür ve kanunlar, nizamnameler ve onu izleyenler yoluyla ebediyen yaşar. Benzer biçimde, Paris'teki Panthéon'da yeniden defnedilmenin kişiyi ölümsüzleştiren gücünü yorumlayan tarihçiler Avner Ben-Amos ve Eyal Ben-Ari şu gözlemde bulunmuşlardır: "[Fransız] cumhuriyetçi söyleme göre büyük insan, ölümünden sonra kaybolmuyordu; anısı kendisinden daha uzun yaşıyordu. Dolayısıyla, tekil bireyden farklı olarak kendisini ebedi ilan edebilecek tek varlığın –Cumhuriyet'in– hatırlatmaları yoluyla ölümsüzleşebilmekteydi" (1995, 168). 1921 yılında yaptığı bir konuşmadaki ifadesinde görülebileceği üzere, Atatürk de sanki bu mefhuma aşina gibidir: "İki Mustafa Kemal vardır. Biri ben, fani Mustafa Kemal; öteki milletin daima içinde yaşattığı Mustafa Kemal" (Karal 1956, 183).

Dolmabahçe Sarayı'ndaki yatak odasına dair son önemli nokta, orada ne olduğuyla değil, aslında ne olmadığıyla ilgilidir. Burası Atatürk'ün hakiki ölüm mahalli ve son nefesini verdiği yer olmasına rağmen, Atatürk'ü anma törenleri her 10 Kasım'da, saat 9:05'te Dolmabahçe'deki yatak odasında değil, Ankara'da Anıtkabir'deki mozolesinde yapılmaktadır. Bu aslında ilk bakışta gözüktüğü kadar aykırı bir durum değildir, zira Dolmabahçe'deki yatak odası bir mevcudiyetin değil, bir yokluğun mekânıdır. Yani, Dolmabahçe'deki yatak odasında gerçekleşen anmalar Atatürk'ün yokluğuna, artık orada olmadığı, daha doğrusu hiçbir yerde olmadığı gerçeğine odaklanmaktadır. Böylece, Atatürk anmalarını kontrol edenler (Türkiye Cumhuriyeti), aşağıda da tartışılacağı gibi, bu anmayı Atatürk'ün ölümü bağlamından çıkarmış, onu öldüğü odadan uzağa, Atatürk'ün, aşağıda da görüleceği gibi, yeniden inşa edildiği bir mevcudiyet yerine taşımıştır.

Dolmabahçe Katafalkı

Atatürk'ün ölümünden birkaç gün sonra, Dolmabahçe Sarayı'nın Muayede Salonu'nda, tüm hazırlıksızlığa rağmen ağırbaşlı bir katafalk hazırlandı. Katafalk kelimesi Latincede inşaat iskelesi anlamına gelen sözcükten türetilmiştir ve "ölmüş kişinin onuruna, tabutunun veya bir büstünün konulması için kilisede kurulan sahne ya da platform" şeklinde tanımlanmaktadır.[3] Tarihte böylesi katafalklar kraliyet ailesi üyeleri ve diğer seçkin kişiler için, onların cenaze törenlerinin bir parçası olarak yapılmıştır. Her ne kadar kelimenin tanımı katafalkların özel olarak kiliselerde kurulduğunu belirtse de, Londra'daki Westminster Hall ve Washington'daki Amerikan Kongresi gibi, dini nitelikte olmayan önemli kamu binalarında da katafalklar sergilenmiş ve teşhir edilmiştir. Katafalk örnekleri arasında en ünlü olanlardan birisi, Rönesans sanatçısı Michelangelo'nun 14 Temmuz 1564'te San Lorenzo Kilisesi'ndeki (Floransa) cenazesi için kullanılmış olan devasa piramit yapıdır; katafalkta, merhum sanatçının meslektaşları tarafından sırf bu yapı için yapılmış 8 adet resim ve aynı sayıda heykel vardır. Daha mütevazı bir başka örnek ise on altıncı ABD başkanı Abraham Lincoln için, suikasta uğramasının ardından aceleyle yapılmış, kaba çam kerestesinden imal edilip, üzeri kadife ile kaplanmış, 216 cm boyunda, 76 cm eninde ve 61 cm yüksekliğindeki katafalktır; 1865'te yapılmış olan bu katafalk bugüne kadar, aralarında on eski Amerikan Başkanı da olmak üzere toplam 28 ABD vatandaşının cenazesi için kullanılmıştır.

Daha önce de değinildiği gibi, Dolmabahçe Sarayı'nın iki yarısını birleştiren Muayede Salonu (**RESİM 3.2**), büyük kristal avize ve Hereke halısının da bulunduğu abidevi mekândır. Tavan yüksekliği 36 m olan salonun İtalyan ve Fransız sanatçılar tarafından resimlerle bezenmiş kubbesini Korent başlıklı 56 adet sütun taşımaktadır. Salon, Osmanlı İmparatorluğu zamanında önemli resmi etkinlikler için

3.2. Dolmabahçe Sarayı, Muayede Salonu (TBMM Genel Sekreterliği [Milli Saraylar] izniyle)

---

3 "catafalque, n." OED Online, <http://www.oed.com/view/Entry/28690>, 1. anlamı (erişim tarihi 5 Haziran 2012).

kullanılıyordu. Sultan Abdülmecid tarafından Kırım Savaşı'nın bitişini kutlamak için 13 Temmuz 1856'da düzenlenen büyük ziyafet, 23 Aralık 1876'da Kanun-i Esasi'nin ilanı ve 1918'de Avusturya–Macaristan İmparatoru I. Karl ve İmparatoriçesi Zita için verilen çarpıcı ziyafet bunlardan bazılarıydı. Ayrıca, Muayede Salonu Osmanlı İmparatorluğu'nda, en önemli iki dini bayram olan Şeker ve Kurban Bayramlarını resmi olarak kutladığı mekândı. Bu ihtişamlı etkinlikler sırasında, Topkapı Sarayı'nın hazinesinde bulunan altın taht sıklıkla buraya getirilir ve padişah tarafından kullanılırdı.

Atatürk'ün naaşı 16 ile 19 Kasım 1938 tarihleri arasında, Dolmabahçe Sarayı'nın Muayede Salonu'nda sergilenmiş ve tahminen 500.000 kişi tarafından ziyaret edilmişti. (Mango 1963, 210). Katafalk mütevazı boyuttaydı; Atatürk'ün Türk bayrağına sarılı tabutunu zemin seviyesinden bir basamak yükseklikte taşıyan, kırmızı kumaşla kaplı bir platformdu. Tabutun etrafında kılıçları çekili halde dört general ve tüfekleri omuzlarında asılı iki er nöbet tutuyor ve tabutu bekliyordu. Tabutun arkasında altı büyük şamdan ya da meşale yarım daire oluşturacak şekilde dizilmiş ve yanar halde tutuluyordu. Çelenkler, koyanların isimleri ziyaretçiler tarafından gözükecek biçimde, tabutun ayak kısmına yerleştirilmişti.

Dolmabahçe Sarayı'ndaki Muayede Salonu'nun –imparatorluğun resmi makamının Yıldız Sarayı'na taşındığı 1876 ile 1909 yılları arasındaki dönemde bile– ziyafetler, tebliğler, davetler ve bayram kutlamaları gibi önemli devlet törenlerine ev sahipliği yapmış olmasından dolayı, İstanbul halkının Atatürk'e saygısını sunabilmesi amacıyla, burada yine geçici bir katafalk inşa edilmişti. Katafalk salonun kuzeybatı duvarının önünde, Boğaz'a erişim sağlayan büyük kapının tam karşısına kurulmuştu. Burası tam olarak Osmanlı padişahlarının altın tahtının da eskiden durduğu yerdi. Böylece, Atatürk'ün naaşı eski Osmanlı padişahlarıyla aynı yere koyuluyor ve tabutunun önünden geçen ziyaretçiler de padişahların yabancı devlet erkânından ziyaretçileriyle mecazi olarak ilişkilendiriliyordu. Atatürk'ün geçici katafalkı, her ne kadar taban alanı daha büyük olsa da, padişahların tahtına kıyasla daha mütevazı bir boyuttaydı; yükseltilmiş bir platform ve arkasında altı meşaleden ibaretti ve Muayede Salonu'nun ayrıntılı süslemeleri bu mütevazı yapıyla zıt bir arka plan işlevi görüyordu.

Atatürk'ün tabutunun Dolmabahçe Sarayı'nın Muayede Salonu'nda, irticalen hazırlanmış bir katafalk üzerindeki sunumu, tabutun nakliye koşulları ve yerleştirildiği yapıların çoğunda da devam edecek bir dizi simge ya da motif içeriyordu. Birincisi ve en önemlisi, Atatürk'ün tabutunun arkasında ayrı ayrı duran altı meşale, aslında, hayatta olanların, ölmüş kişinin asla unutulmaması arzusunu temsil eden geleneksel bir cenaze merasimi simgesi olan ebedi ateşin yerini tutuyordu.

Meşalelerin sayısı (altı) doğrudan doğruya, Atatürk ve onun Cumhuriyet Halk Partisi tarafından ileri sürülen ve modern Türkiye Cumhuriyeti'nin ideolojisini oluşturan Kemalizmin ilkelerinin sayısından geliyordu: cumhuriyetçilik, laiklik, milliyetçilik, halkçılık, devletçilik ve inkılapçılık (*Ulus* 21/11/1938, 5). Bu suretle, meşaleler Atatürk'ün kendisinin asla unutulmaması arzusunu temsil etmekle kalmıyor, Atatürk'ün ideolojisinin ebediyete kadar yaşaması umudunu da yansıtıyordu.

Dolmabahçe katafalkında sunumu sırasında Atatürk'ün tabutu başında nöbet bekleyen dört general ve iki er de katafalk gelenekleriyle uyum içerisindeydi; bu geleneklerde, nöbet süresi boyunca ölen kişinin yakınları (aile üyeleri ya da arkadaşları) katafalkın her bir köşesinde ayakta durur ve tabuta "bekçilik" eder. Katafalklar genelde kare ya da dikdörtgen şeklinde olur, bu da çoğunlukla dört kişinin nöbet tutacağı anlamına gelir. Atatürk'ün katafalkındaki fazladan iki kişi de, tıpkı altı meşale gibi, muhtemelen Kemalizmin altı payandasını temsil ediyordu. Kesin olan şu ki, Dolmabahçe Sarayı'ndaki irticalen hazırlanmış katafalkın başında nöbet tutan dört general (Fahreddin Altay, Halis Bıyıktay, Cemil Cahit Toydemir ve Ali Sayit Akbaytogan) Kurtuluş Savaşı (1919-22) komutanları ve gazileriydi (Güler 2000, 66). Döneme ait filmlerde bu generallerin gözlerinden yaşlar aktığı görülmektedir. Diğer iki asker ise piyade erleriydi ve ilginç bir şekilde tören üniforması değil, kamalı, süngülü, uyku tulumlu ve fişeklikli tam muharebe teçhizatıyla donatılmıştı. Dolayısıyla, dört general muhtemelen Atatürk'ün Türk ulusunun bağımsızlık mücadelesindeki rolünü simgelerken, fazladan iki askerin mevcudiyeti, hem seçkin subaylar hem de askere alınan erler bir arada olarak tüm Türk toplumunun kolektif temsili şeklinde okunabilir.

Bayrağa sarılmış tabut bir diğer geleneksel cenaze merasimi uygulamasıydı; ölmüş kişinin, bilhassa o kişi ülkesi için bir savaşta ölmüşse, ülkesine büyük katkıda bulunmuş olduğunu temsil ediyordu. Devrimin lideri, ülkenin kurucusu ve ilk cumhurbaşkanı Atatürk'ün durumunda ise, Türk ulusunun ayrılmaz bir parçası olduğu için onu bu şekilde onurlandırmak muhtemelen son derece doğal addedilmişti. Son olarak, Dolmabahçe katafalkının ayak kısmına yerleştirilmiş beş çelenk de bir başka geleneksel cenaze merasimi uygulamasıydı; çelenkler hem kasvetli ortamı renklendirme hem de, koparılmış çiçekler birkaç günden fazla dayanmadığı için, bir *memento mori* işlevi görüyordu.

Dolmabahçe katafalkı sunumunda tabut açık olmamasına rağmen, Atatürk'ün tabutunun herkesin 16 ile 19 Kasım 1938 tarihleri arasında herhangi bir ücret ödemeden ziyaret edebileceği kamusal bir alanda sergilenmesiyle, Atatürk'ün gerçekten öldüğünü kanıtlayarak, onun ölümüne dair kamuoyundaki kaygı ve endişeleri hafifletmek hedeflenmiş gibidir. Hatırlamak gerekir ki, bu Atatürk'ün naaşının resmi tören için sahneye konması değil, sadece tabutunun bir sunumuydu; tabutun resmi törenle ziyarete açılışı bir hafta sonra, Ankara'da gerçekleşecekti. İstanbul bu tarihte Türkiye'nin başkenti değildi artık, ama en büyük kentiydi ve dolayısıyla da böylesi bir sunumla Türkiye toplumunun hatırı sayılır bir yüzdesine ulaşabiliyordu. Ne var ki, halkın endişelerini giderme ya da yatıştırma açısından, 17 Kasım günü öğleden sonra yaşanan ve Atatürk'ü göremeden kapılar kapanacak korkusuyla ileriye doğru yığılan kalabalıkta 11 kişinin ezilerek can verdiği olay tam ters bir etki yapmış gibiydi (*Cumhuriyet* 18/11/1938, 5).

Sıranın en önüne geldiğinde insanların ne gördüğü yukarıda tartışıldı. Bu temsillerin her birinin ne anlama geldiğine ise henüz değinilmedi. Bayrağa sarılı tabut, Atatürk'ü Dolmabahçe'deki yatak odasındaki birey olmaktan çıkarıp ulusun sahiplendiği biri haline getiriyordu. Bayrağa sarılı tabutun etrafında nöbet bekleyen generaller milletin korunması ve savunulmasında Türk ordusunun rolüne dair bir mesaj veriyordu. Altı meşale, Cumhuriyet Halk Partisi'nin ideolojisinin ulusun şekillendirilmesindeki rolünü açıkça ifade ediyordu. Son olarak, çiçek çelenkleri anonim değildi, isimleri belli özel bağışçılar tarafından sunulmuştu. Dönemin fotoğraflarında, diğer dördüne göre en merkezi konumda olan ve öne çıkan çelengin kurdelesinde "İnönü" yazılı olduğu görülebilmektedir; bu ayrıntı, Atatürk'ün ölü bedeninin Dolmabahçe'deki daha bu ilk kamusal teşhirinden itibaren, hürmet ve sadakat sunulmasında bir hiyerarşiyi çağrıştırıyordu. İsmet İnönü Kurtuluş Savaşı sırasında Atatürk'e en yakın paşalardan biriydi. Aynı zamanda Türkiye'nin ilk başbakanıydı ve Atatürk'ün ölümünün ardından cumhurbaşkanı olmuştu. Diğer dört çelenkten üçü dönemin başbakanı Celal Bayar, meclis başkanı Abdülhalik Renda, Genelkurmay Başkanı Mareşal Fevzi Çakmak'a aitti; bu kitabın yazarı dördüncü çelengin General Fahrettin Altay'ın olduğunu düşünmektedir çünkü Altay, Muayede Salonu'nda nöbet bekleyen askerlerin kumandanıydı ve Atatürk'ün naaşı Ankara'ya trenle nakledilirken ona bizzat eşlik etmişti (Çağlar 1955, 7).

Döneme ait fotoğraflarda, Atatürk'ün Dolmabahçe Sarayı'ndaki katafalkının boyutlarının yaklaşık 6 x 6 m olduğu görülmektedir. Katafalk aslında üzerinde tabutun, askerlerin ve meşalelerin durduğu bir platformdan ibaretti, ama katafalkın bulunduğu oda, yani Muayede Salonu, katafalkı barındırmak üzere özellikle tahsis edildiği için, bu yapının bir uzantısı olarak görülebilir. Muayede Salonu sarayın en büyük odasıdır ve plandaki alan ölçüsü yaklaşık 2000 metre karedir (Gülersoy 1967, 39; Eldem 1986 (2. Cilt), 146-7). Her ne kadar bu boyutta bir alan mahremiyeti çağrıştırmasa da, tabutun görülmesi gene de, kapalı bir iç mekânda gerçekleşen mahrem bir olaydı. Yani, Muayede Salonu insanların serbestçe ve rastgele dolaşabilecekleri büyük bir açık mekân değildi. Bilakis, iplerle ayrılmış alanlar insanların salona girişini, tabutun önünden geçişini ve sonra da salondan çıkışını katı bir biçimde düzenliyordu. Böylece, yatak odası kadar evsel bir ortam olmamakla birlikte, Dolmabahçe katafalkı tecrübesi Atatürk'ün naaşına kişisel bir ziyaret yapmayı isteyenler için bir şans sunuyordu. Katafalktaki biçim ve simgelerin, ziyaretçilerine ulusun Atatürk'teki yerini değil de, Atatürk'ün ulus içerisindeki yerini hatırlatmasından dolayı Dolmabahçe katafalkı, tıpkı Dolmabahçe'deki yatak odası gibi, bir abideden ziyade geçici de olsa bir anıt olarak da okunabilir. Yani, Türkiye'den çok Atatürk'e vurgu yaptığı için, Dolmabahçe katafalkı bir anıt olarak görülebilir. Zira, aşağıda da tartışılacağı gibi, bir abide Atatürk'ten çok Türkiye'ye vurgu yapardı.

İstanbul'dan Ankara'ya Nakil

20 Kasım 1938'de, Dolmabahçe Sarayı'nın Muayede Salonu'ndaki üç günlük görüşün ardından, Atatürk'ün naaşı devlet cenaze töreni ve geçici kabrine defin için Ankara'ya nakledildi. Bu seyahatin ilk kısmı, Dolmabahçe Sarayı'ndan çıkıp Haliç'i geçerek Sarayburnu'na varan bir geçit töreninden ibaretti. İkinci kısım deniz yoluyla İzmit'e geçiş, son safha ise İzmit'ten Ankara'ya tren yolculuğundan oluşuyordu

İstanbul'daki geçit törenine dair döneme ait fotoğraflar, Atatürk'ün üç çift atın çektiği (her bir çiftte tek bir biniciyle) bir top arabasında taşınan bayrağa sarılı tabutunu görmek için kaldırımları ve binaların çatılarını dolduran insan kalabalıklarını göstermektedir (RESİM 3.3). Tören alayı, yaygın adı "Cenaze Marşı" olan, Chopin'in "2 numaralı Piyano Sonatı"nın ritmiyle yol alıyordu. Tören alayının başında, Atatürk'ün –TBMM tarafından 1923'te takdim edilen– İstiklal Madalyası'nı koyu renkli kadife kaplı bir pano üzerinde sergileyen General İlyas Aydemir bulunuyordu. Tabut Dolmabahçe Sarayı'ndan 9:22'de ayrıldı (Çağlar 1955, 7-18'de saatler tam olarak veriliyor); ardından Tophane semtinde ilerledi, Galata Köprüsü'nü geçerek 12:26'da Sarayburnu'ndaki Gülhane Parkı'nın deniz kıyısındaki ucuna ulaştı (HARİTA 1).

Öğleden sonra saat 12:42'de Atatürk'ün tabutu Gülhane Parkı'ndan alınıp *Zafer* adlı torpidobota yüklendi ve Marmara Denizi açığında demirli bekleyen *Yavuz* zırhlısına taşındı. Ardından saat 13:40'ta, törene katılan Britanya, Sovyetler Birliği, Almanya, Fransa, Yunanistan ve Romanya'dan gelen gemilerden selamlamak için 101 pare top atışı yapıldı. Atatürk'ün tabutunun yüklendiği *Yavuz* daha sonra Marmara Denizi'ndeki liman kenti İzmit'e doğru yol almaya başladı. Saat 19:40'ta Atatürk'ün tabutu İzmit'te karaya çıkarılmak için yeniden *Zafer* torpidobotuna aktarıldı; karaya tam olarak saat 20:00'de çıktı ve oradan çiçekler, Türk bayrakları ve defne çelenkleriyle bezenmiş özel bir trene bindirildi. Bu tren, Atatürk cumhurbaşkanıyken yurt gezilerinde kullandığı trendi; günümüzde Ankara Tren Garı'nda, ücretsiz ziyaret edilen bir müze olarak ["Atatürk Vagonu"] muhafaza edilmektedir. İzmit'ten Ankara'ya tren yolculuğu gece yarısı yapılmış olmasına rağmen, yol üzerindeki istasyonlar (HARİTA 2) –Arifiye, Doğançay, Geyve, Pamukova, Mekece, Osmaneli, Vezirhan, Bilecik, Karaköy, Eskişehir, Beylikahır, Sarıköy, Biçer, Polatlı, Etimesgut, Gazi Orman Çiftliği ve Ankara Garı (Çağlar 1955, 13-5)– treni bir anlık da olsa görebilmek için gelmiş insanlarla tıka basa doluydu. Tren Ankara'ya sabah saat 10:00'da vardı ve Türkiye'nin yeni cumhurbaşkanı İsmet İnönü, milletvekilleri, askerler, polisler, memurlar ve normal vatandaşlardan oluşan bir temsil heyeti tarafından karşılandı. Tabut yeniden bir top arabasına yüklenerek Ulus Caddesi'nden (günümüzde adı Cumhuriyet Bulvarı olarak değiştirilmiştir) yukarı doğru, o zaman TBMM'ye ev sahipliği yapan binanın önündeki katafalka taşındı.

3.3. Atatürk'ün tabutunun İstanbul caddelerinde törenle taşınması, 19 Kasım 1938 (Genelkurmay İletişim Daire Başkanlığı'nın izniyle)

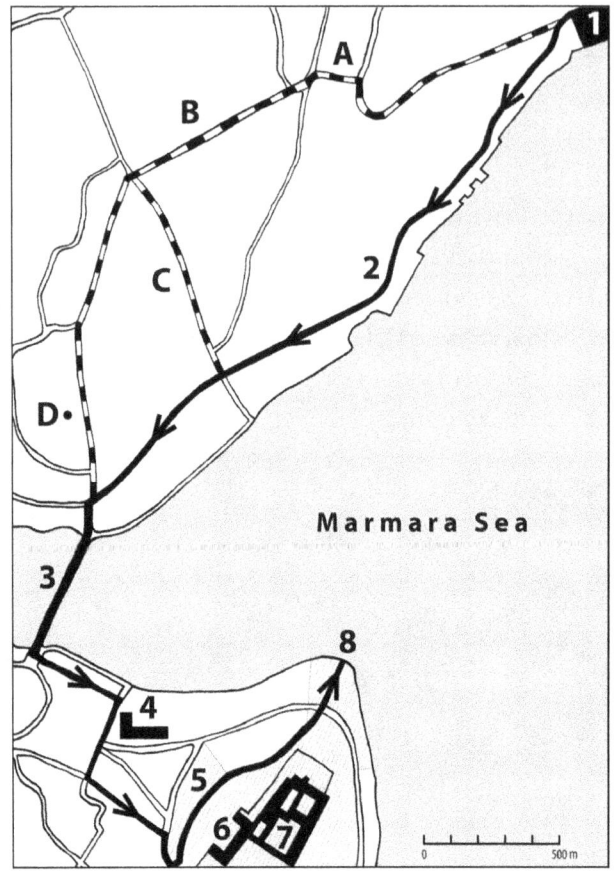

HARİTA 1 Atatürk'ün tabutunu taşıyan tören alayının İstanbul'da izlediği yol. Koyu renk çizgi takip edilen rotayı, kesikli çizgi yazarın tartıştığı alternatif rotaları göstermektedir. 1: Dolmabahçe Sarayı, 2: Meclis-i Mebusan Caddesi, 3: Galata Köprüsü, 4: Sirkeci Tren İstasyonu, 5: Gülhane Parkı, 6: Arkeoloji Müzesi, 7: Topkapı Sarayı, 8: Sarayburnu. A: Taksim, B: Pera, C: Beyoğlu, D: Galata Kulesi.

10 Kasım 1938'de ölümünün ardından Atatürk'ün İstanbul'a mı yoksa Ankara'ya mı gömülmesi gerektiği üzerine Türkiye'de genel bir tartışma başlamıştı. Erken Cumhuriyet Dönemi Türkiye'sinin gelişiminde İstanbul'un değil de Ankara'nın oynadığı rol hesaba katıldığında bu tartışma boş ve önemsiz görünmektedir. Hem yabancı işgalci güçlere hem de parçalanan Osmanlı İmparatorluğu'na karşı verilen Kurtuluş Savaşı sırasında Atatürk'ün kuvvetlerinin ana toplanma merkezi olarak kullanılan yer İstanbul değil Ankara'ydı. Atatürk'ün yeni cumhuriyetin başkenti olarak seçtiği yer İstanbul değil Ankara'ydı. Ve 1923'te Türkiye Cumhuriyeti'nin kurulmasının ardından, cumhuriyetin ilkelerinin üç-boyutlu bir kentsel örnek işlevi görmesi için imar ve kelimenin gerçek anlamıyla inşa edilen yer İstanbul

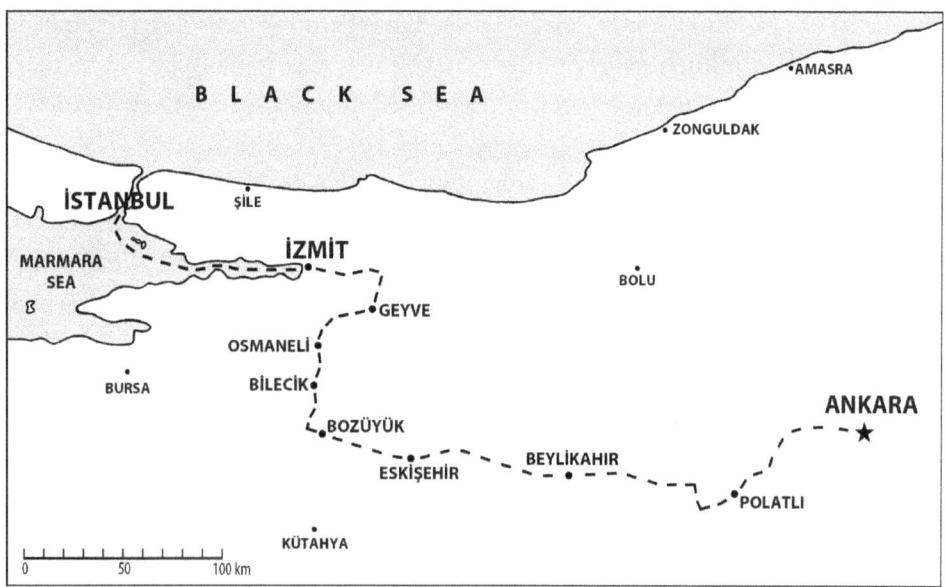

HARİTA 2 Atatürk'ün tabutunun İstanbul'dan İzmit'e denizden giderken izlediği rota ve İzmit'den Ankara'ya tren seyahati.

değil Ankara'ydı. Bu nedenle, Atatürk'ün, Türkiye'nin eski Osmanlı İmparatorluğu'nu, onun aşırılıklarını, laik ve demokratik olmayan yapısını en fazla temsil etmiş ve hâlâ da temsil etmekte olan kenti İstanbul'da gömülmesini önermek kesinlikle mantıklı bir seçenek değildi. İstanbul'un değil de Ankara'nın Türk ulusuyla bu şekilde özdeşleştirilmesi, Atatürk'ün cenaze töreninden bir gün sonra, 22 Kasım 1938 tarihli *Cumhuriyet* gazetesinde şu başlıkta ifadesini buluyordu: "Atamız Yurdun Kalbinde."

Atatürk'ün naaşı Ankara'ya sadece defnedilmek için değil, aynı zamanda başkentte resmi olarak teşhiri –tabut içerisinde ziyarete sunumu– için de getirilmişti. İstanbul caddelerinde bir geçit töreni yapma kararı Atatürk'ün tabutunun Dolmabahçe Sarayı'nda halka teşhiriyle ilişkiliydi. Türkiye Cumhuriyeti devleti naaşı sadece İstanbul'dan Ankara'ya nakletmeyi isteseydi, en kestirme yol doğrudan Dolmabahçe Sarayı rıhtımından kalkacak bir tekneyle olurdu; yolu uzatıp Boğaz kıyısından giderek Haliç üzerinden Gülhane Parkı'na varıp naaşı ancak orada gemiye yükleyerek değil. Bu geçit töreninin Atatürk'ün naaşının naklinin mümkün olduğu kadar çok insana sergilenmesine hizmet ettiği açıktı; o tarihte yaşayanlar için kesinlikle hayatta bir kez yaşanacak bir olaydı bu. Beklenebileceği gibi, geçit töreni bir kutlama değil, hürmet ve matem içeren bir olaydı. Ortamın ciddiyetine uygun bir biçimde, tören alayı çok yavaş ilerliyordu: 3 saat 4 dakikada yaklaşık 5 km ya da saatte 1,63 km. En fazla önem arz eden nokta geçit töreninin izlediği asıl rotadır; ya da tam aksine, tören alayının geçmediği yerlerdir. Tören alayı, günümüzde İstanbul'daki halk kutlamaları, protestolar ve yas tutma toplantılarının merkezi olan Taksim Meydanı'na çıkmamıştı. Taksim Meydanı'ndan sonra izlenebilecek mantıksal rota, Galatasaray Lisesi'ni geçip Tünel'e giden İstiklal Caddesi olabilirdi. Ancak, 1938'de İstiklal Caddesi'nin sonunda, durumun ciddiyetini yansıtmaya uygun genişlikte düz bir sokak bulunmuyordu. Bunun yerine, bugün de olduğu gibi, Galata Köprüsü'ne erişim sağlayan, bazıları merdivenli sadece bir dizi ufak sokak vardı. Buna bir alternatif olarak, tören alayı Galatasaray Lisesi'nden sola dönebilir ve oradan yokuş aşağı sahile inebilirdi, ama görünüşe bakılırsa Taksim Meydanı ve İstiklal Caddesi geçit töreninin ana hedefi asla olmamıştı. Kortejin son varış noktasının, naaşın gemiye yüklenmesi amacıyla deniz kıyısı olduğu açıktır, ama yol boyunca bu işlevi görebilecek birçok nokta bulunuyordu (**HARİTA 1**). Gülhane Parkı'nın yukarısında, Dolmabahçe Sarayı inşa edilmeden önce 400 yıl boyunca Osmanlı İmparatorluğu'nun idare merkezi olan Topkapı Sarayı bulunmaktadır; dolayısıyla geçit töreninin başlangıç ve bitiş noktaları eski Osmanlı devletinin idare merkezleriydi. Parkın içerisindeyse II. Abdülhamid'in saltanatı sırasında, 1881 yılında Osman Hamdi Bey tarafından kurulmuş olan İstanbul Arkeoloji Müzesi vardır. Erken Cumhuriyet Dönemi Türkiye'si, Türk ulusunun Osmanlı öncesi tarihinin altını çizmek için, Atatürk'ün de teşvikleriyle, arkeoloji disiplinini çokça kendi menfaatine kullanmıştır. Atatürk'ün kendisi toprağın altındaki ve tarih kitaplarındaki yerini almaya götürülürken, ölü bedeninin İstanbul'da en son olarak önünden geçeceği yapının bir arkeoloji müzesi olması, gayet yerinde gözükmektedir.

Öte yandan, Topkapı Sarayı ve İstanbul Arkeoloji Müzesi'nin bu rota üzerinde belirmesi belki de asıl öneme sahip görünen Gülhane Parkı'nın tesadüfi sonuçlarıydı: bu kıyı noktası, 16 Mayıs 1919 tarihinde Atatürk'ün, 19 Mayıs'ta Samsun'a o meşhur çıkışını yapmak için İstanbul'dan yola çıktığı yerdi; Atatürk bu olayı, 15-20 Ekim 1928'de okuduğu ünlü *Nutuk*'unda sadece Kurtuluş Savaşı'nın resmi başlangıç tarihi olarak değil, kendisinin de gayri resmi doğum günü olarak ilan etmişti. (Atatürk, kesin bir doğum tarihi olmamakla birlikte, sadece 1881 yılında, ilkbaharın sonlarında doğmuş olduğunu biliyordu; dolayısıyla, Türkiye Cumhuriyeti'nin doğumuyla çakışması için 19 Mayıs'ı simgesel doğum günü olarak benimsemişti). Ekim 1926'da, Atatürk'ün Avusturyalı heykeltıraş Heinrich Krippel tarafından yapılan bir heykeli, bu yerin Türkiye Cumhuriyeti'nin tarihindeki önemini vurgulamak amacıyla İstanbul Belediyesi tarafından Gülhane Parkı'ndaki bu noktaya dikilmişti. Hâlâ yerinde duran bu heykel, benzeri çok sayıda kentsel heykel temsillerinin ilkiydi. Bunların arasında Ankara Ulus Meydanı'ndaki Zafer Abidesi (Krippel, 1927), Ankara Etnografya Müzesi önündeki Atatürk Anıtı (Pietro Canonica, 1927), İstanbul

Taksim Meydanı'ndaki Cumhuriyet Anıtı (Canonica, 1928), İzmir Cumhuriyet Meydanı'ndaki Atatürk Anıtı (Canonica, 1932), Ankara'daki Emniyet Abidesi (Anton Hanak ve Josef Thorak, 1935) ve Konya (Krippel, 1926), Samsun (Krippel, 1932), Afyon (Krippel, 1936) ve Bursa (Nijat Sirel, 1937) gibi vilayetlerdeki örnekler bulunmaktadır. Gür (2001) bu heykellerin derinlemesine bir analizini yapmaktadır, ama Gülhane Parkı'ndaki bu spesifik Atatürk heykelinin önemi şudur: Dolmabahçe Sarayı'ndan yola çıkıp Atatürk'ün tabutunu bu noktadan bir gemiye bindirmek için Gülhane Parkı'na kadar gelen cenaze alayı aslında Türkiye Cumhuriyeti tarihindeki bir sahneyi yeniden canlandırıyordu – Atatürk'ün 1919'da İstanbul'da tam da bu noktadan Samsun'a meşhur yola çıkışı, yani Kurtuluş Savaşı'nın başlangıcı.

Atatürk bahriye değil kara ordusu subayı olsa da, tabut gemiye bindirildikten sonra gerçekleşen 101 pare top atışı Atatürk'ün kariyerinin askeri yönüne değiniyordu. Bu selamlama atışlarına iştirak eden devletlerin çoğu hem Birinci Dünya Savaşı sırasında hem de sonrasında Atatürk'ün düşmanlarıydı. İngiltere ve onun Anzak kuvvetleri Atatürk'ün Gelibolu'daki (1915) baş düşmanıydı; savaştan sonra da Yunanistan ve Fransa ile birlikte Osmanlı devletini işgal etmişlerdi. Bu yabancı gemilerin selamlama atışlarına katılması, Türkiye'nin kurucusunun yası tutulurken bir uzlaşma ve birlik jestiydi. Aynı yabancı gemiler *Yavuz* İstanbul'dan ayrılırken ona kısmen eşlik etmiş, İzmit'e ulaşmadan törenle ondan ayrılmıştı.

Dolmabahçe-Gülhane Parkı kara rotasının sorgulanmasına benzer biçimde, Sarayburnu'ndan İzmit'e giden bu deniz rotası da sorgulanabilir. Atatürk İstanbul'a Mayıs 1938'de, genelde yaptığı gibi, trenle gelmiş, İstanbul'un Anadolu yakasındaki Haydarpaşa Tren İstasyonu'nda inip Boğaz'ı tekneyle geçerek Avrupa yakasına ulaşmıştı. O halde Atatürk'ün tabutu Haydarpaşa Tren İstasyonu yerine neden İzmit'e kadar götürüldü? Bu sorunun cevabı muhtemelen, gerçekleştirilmesi açık denizde olmayı gerektiren 101 pare top atışında yatmaktadır. Bir kere açık denize çıktıktan sonra tekrar İstanbul'a ve Haydarpaşa İstasyonu'na dönmek doğuya doğru Ankara'ya devam etmek yerine tam tersi istikamette gitmek olacaktı. Marmara Denizi'nin en doğu noktasındaki liman İzmit'ti ve oradan Ankara'ya demiryolu bağlantısı vardı.

İstanbul'dan Ankara'ya seyahat, tıpkı Dolmabahçe katafalkı gibi, bazıları bilhassa Atatürk'le ve onun askeri kariyeriyle ilişkili bir dizi cenaze merasimi simgesi içeriyordu. Öte yandan, tüm geçit töreni boyunca Chopin'in "Cenaze Marşı"nın çalması ve top arabasının binicisiz atlar tarafından çekilmesi de ayrıca önemliydi, çünkü bunlar, Doğu kökenli uygulamalar olmaktan ziyade –ölümün yol açtığı yokluk ve böylesi kayıpların ciddiyetine dair– Batı'ya ait gelenekler olarak anılabilir. Osmanlı cenaze törenlerinde müzik olurdu, ama bunlarda Chopin çalınmadığı gibi binicisiz at da olmazdı (Ertuğ 1993, Eldem 2005). Atatürk'ün İstanbul caddelerinden geçen cenaze alayı için bu uygulamaların benimsenmesi, Türkiye Cumhuriyeti'nin, köhnemiş ve zamanı geçmiş görüldüğü için değersiz addettiği (bu durumda Osmanlı'dan kalma uygulamalar) geleneklerin değil de, öykünmeye değer gördüğü (bu durumda Batılı) geleneklerin ödünç alınması hususundaki genel tutumuyla tutarlılık içindeydi.

Tıpkı Dolmabahçe katafalkında olduğu gibi, Atatürk'ün bayrağa sarılı tabutu İstanbul caddeleri boyunca yol alan geçit töreninin de en öne çıkan parçasıydı. Bu defa tabut bir top arabasının üzerindeydi ve bu arabayı, silah arkadaşının kaybını simgeleyen geleneksel bir askeri cenaze mecazı olarak, üçü binicisiz altı at çekiyordu. Tören alayının en önünde Atatürk'ün İstiklal Madalyası'nın teşhiri, izleyenlere arkadan kimin ve neyin gelmekte olduğunu hatırlatıyordu: Kurtuluş Savaşı'nın önderi. Dolmabahçe katafalkında nöbet tutan dört generale ek olarak, Atatürk'ün tabutunun İstanbul caddelerinde yaptığı geçit töreninde sekiz general ve Türk ordusunun her kuvvetinden (kara, deniz, hava) bir asker daha vardı; bunlar Türk askeriyesinin tamamını temsil ediyor ve 15 Kasım tarihli *Cumhuriyet* gazetesindeki başyazıda belirtildiği üzere, Atatürk'ün akranları oluyordu: "Kara, deniz ve hava kuvvetlerimizin de iştirak edeceği merasim emsali görülmemiş bir ihtişamla yapılacaktır." Geleneksel olarak seçkin askerler için yapılan ve denizde gerçekleştirilen 101 pare top atışıyla selamlama da Atatürk'ün askeri kariyerinin bir diğer simgesiydi. Öte yandan, tıpkı Dolmabahçe katafalkında olduğu gibi, tüm bu askeri temsiller Türk ordusunun, ulusun korunması ve savunulmasındaki rolüne de gönderme yapıyordu. Sanki Türk milletine, Atatürk'ün temsil edilmesi tekelinin Türk ordusuna ait olması gerektiğine dair bir mesaj veriyorlardı; gelecekteki 27 Mayıs 1960, 12 Mart 1971, 12 Eylül 1980 darbelerinin ve aşağıda da tartışılacağı gibi Anıtkabir idaresinin kontrolünün 1981'de ele alınmasının habercisi gibiydiler.

Son olarak, Atatürk'ün naaşını Ankara'ya götüren çiçeklerle donatılmış tren bir *memento mori* (ölüm hatırlatıcısı) işlevini görürken, yine trenin süslemesindeki defne yapraklı çelenkler, defneyi arındırıcı bir bitki olarak gören eski Anadolu inançlarına göre, ölümsüzlüğü simgeliyordu (Keister 2004, 48). Tren seyahatinin kendisi de İstanbul caddelerindeki tören alayına çok benziyordu, zira tören alayı gibi tren de insanların etrafına toplanabildiği bir mekân yaratmıştı. Bu hem bir gösteri hem de bir mekân-üreteciydi, çünkü tren istasyondan ayrıldıktan sonra yerinde bir boşluk kalıyordu – hem fiziksel olarak tren artık orada olmadığı için hem de zihinsel olarak trenin gözüküp ardından gözden kaybolması Atatürk'ün artık hayatta olmadığını teyit ettiği için. Ankara'ya tren seyahati bir başka açıdan daha İstanbul'daki törene benziyordu. Türk hükûmetinin Atatürk üstündeki denetimini bu sefer ulusal ölçekte temsil ediyor ve bu denetimi İstanbul'dan tüm yurt sathına (ya da en azından büyük bir kısmına) yayıyordu: Sarayburnu'ndan İzmit'e kadar 111 km'lik gemi yolculuğuyla birlikte, İstanbul'dan Ankara'ya yapılan seyahatin tamamı yaklaşık 600 km'ydi, başka bir deyişle Türkiye'nin uzunluğunun yaklaşık üçte biriydi.

Tren İzmit'ten Ankara'ya giderken yol üstündeki kasaba ve köylerden geçip gitmedi; aslında yerel halkın üzüntülerini belirtmesi ve bunu bilhassa çiçekler sunarak göstermesine imkân sağlayacak biçimde, her istasyonda aslında yarımşar saat kadar durdu. Anadolu seyahati boyunca bu trende olan Şair Behçet Kemal Çağlar bu sahneleri şöyle tasvir etmişti:

> 1:51–2:29 Karaköy, hep böyle. Bazı köylüler, duraklıyan trene koşup "Bunu da alın, buna da yer bulun" diye yalvararak birer çelenk uzatıyorlar; rayların üzeri her istasyon yanında çiçekle doluyor [...] Sabah aydınlığında bir de bakıyoruz ki her kompartıman kapısının kolunda birer çelenk asılı: Bozöyük, İnönü, Levke, Küplü'nün gönlünden kopmuş. Evliya türbesine bez bağlar gibi bu çelenkleri ne yapıp yapıp oracığa takmaktan kendilerini alamamışlar. (1955: 14)

Anlatının bu noktasında Türkiye halkının ilginç bir şekilde, devletinden daha fazla, hatta neredeyse devleti gölgede bırakacak derecede katılım göstermesi dikkat çekicidir. Bu, Mustafa Kemal Atatürk'ün mezar mimarisinin hikâyesinde bir daha rastlanmayacak benzersiz bir rol değiş tokuşudur. Atatürk'ün tabutu sabah Ankara'ya ulaştığında, Türk devleti durumun kontrolünü yeniden ele geçirmeyi zorlukla başarmıştı; sonraki bölüm bunu konu ediniyor.

DÖRDÜNCÜ BÖLÜM

Ankara Katafalkı

Atatürk'ün tabutunu İzmit'ten alan tren Ankara tren garına 20 Kasım 1938 günü sabah saat 10:00 sularında vardı ve resmi bir temsil heyeti tarafından karşılandı. İstanbul'da olduğu gibi, tabut daha sonra, izleyenlerin görebilmesi için bir top arabası üzerinde, geçit töreniyle taşındı (**RESİM 4.1**). Bu tören alayı İstanbul'dakinden bile daha yavaş yol aldı; muhtemelen alınacak mesafe belirgin bir şekilde daha kısa olduğu için, saatte ancak yaklaşık 1,46 km hızla gidildi. Tabutun Ankara tren garından neredeyse 1 km'den daha az bir mesafedeki, Ulus semtinde bulunan TBMM binasının önünde kurulmuş Bruno Taut tasarımı olan katafalka gitmesi toplam 41 dakika (saat 10:32'den 11:23'e) sürdü (Çağlar 1955, 16).

4.1. Atatürk'ün tabutunun Ankara caddelerinde törenle taşınması, 20 Kasım 1938 (Genelkurmay İletişim Daire Başkanlığı'nın izniyle).

Ankara tren garı, Ulus ve ikisini birbirine bağlayan geniş caddenin (İstasyon Caddesi) önemi küçümsenemez. İlk olarak, Cumhuriyet döneminden önce, 1892 yılında demiryolunun Ankara'ya gelişi, şehrin Kurtuluş Savaşı'nın ardından 1923 yılında başkent olacağı nihai kaderin temelini hazırlamıştı. Bilhassa demiryolu sayesinde Ankara'nın bölgesel bir ulaşım ve iletişim merkezi olma konumu, savaş sırasında Ankara'nın toplanma yeri olarak seçilmesinin ardındaki en önemli etkendir. 1937 yılında, modernist uluslararası üslupta tasarlanmış yeni ve çok daha büyük bir garın inşa edilmesi buradaki ilk tren istasyonu binasını atıl hale getirmişti. Çoğu ziyaretçi bu dönemde Ankara'ya karayoluyla değil tren yoluyla geldiği için bu tren garı, yeni ve modern başkentin girişi işlevindeydi. Aslında bu yeni tren garı, "çağdaş pratiklere uyum sağlayan ve tüm halka medeni koşullar sağlayan bir prestij binası"ydı (Sak ve Basa 2012, 777). Başka bir deyişle, yeni ve modern tren garı, yeni ve modern başkent Ankara'ya uygun yeni ve modern bir girişti. Daha organik, plansız ve labirentvari olan eski Ankara dokusunun aksine, tren garını Ulus'a bağlayan cadde geniş kaldırımları ve ağaçlı refüjüyle aynı ölçüde görkemliydi. Aslında, Atatürk'ün tabutunun İstasyon Caddesi'nde törenle taşındığı tarihte, tren garıyla Meclis binası arasında henüz neredeyse hiç bina inşa edilmemişti (RESİM 4.2).

Ulus semti, adını Birinci TBMM binasından almıştı; bu bina Ulus ana kavşağının kuzeybatı köşesinde 1915'te inşa edilmiş ve başlangıçta, 1908'deki Jön Türk Devrimi'nin etkili siyasi örgütü İttihat ve Terakki Partisi'nin Ankara merkezi olarak kullanılmıştı. 29 Ekim 1923'te Türkiye Cumhuriyeti, ulus, Birinci TBMM

4.2. Gar Meydanı'ndan Ulus semtine doğru Ankara görünümü, 1930'lu yıllar (Ankara, SANTUR'un, izniyle).

4.3. Atatürk, Türkiye Cumhuriyeti'nin kuruluşunun 7. yıldönümünde meclise hitap ettikten sonra İkinci Meclis binasından çıkarken, 29 Ekim 1930 (Genelkurmay İletişim Daire Başkanlığı'nın izniyle).

binasında resmi olarak ilan edildi. 1924 yılında, ilkinin sadece iki parsel batısında ikinci bir Meclis binası inşa edildi; Taut'un tasarladığı katafalk da bu binanın önüne yerleştirilmişti. Bu bina mimar Vedat Tek tarafından tasarlandı ve Clemens Holzmeister'in 1938 tarihli, Ankara'nın Bakanlıklar semtinde inşa edilecek üçüncü bir Meclis binası projesinin 1963 yılında tamamlanmasına kadar Türkiye Cumhuriyeti'ne hizmet etti. Dolayısıyla, 1938 yılında İkinci TBMM binası Türkiye Cumhuriyeti'nin demokratik karakterinin temsilcisiydi. Ayrıca, Atatürk'ün ölümüne değin, onun çeşitli tören günlerinde bu binaya girerken ya da binadan ayrılırken çekilmiş birçok meşhur fotoğrafı Türk ulusunun belleğine işlenmiş, dolayısıyla Atatürk'le bu bina arasında görsel bir bağ kurulmuştu (**RESİM 4.3**). Cadde üzerinde, meclis binasının tam karşısında erken cumhuriyet dönemi Türkiye'si için önemli bir başka yapı olan Ankara Palas bulunuyordu. Vedat Tek'in Kemalettin Bey'le birlikte tasarladığı bu otel hem yerli hem de yabancı ziyaretçilere modern bir konaklama yeri temin etmek amacıyla 1924 ila 1927 yıllarında inşa edilmişti. Ankara Palas, merkezi ısıtma, oda içi banyo ve bina içi şebeke suyu tesisatıyla donatılmıştı. Ankara'da yaşayanların çoğunluğunun bu tarihte evlerini odun sobalarıyla ısıttığı, evlerin dışında yer alan tuvaletleri kullandığı ve/veya sularını çeşmelerden aldığı olgusuyla kıyaslandığında, otel kesinlikle bu tarihte Ankara'daki en modern konaklama yeriydi.

Yakında bulunan Ulus Meydanı'ndaki, Atatürk'ü atın üzerinde ve etrafında birkaç piyade askeri ve kadınla tasvir eden Zafer Abidesi'yle birlikte, Ulus bölgesi 1938 yılında erken cumhuriyet dönemi Ankara'sının, fiziksel olmasa bile psikolojik olarak merkeziydi (Yalım 2001). Bu olgunun vurgulanması gerekir, zira günümüzde Ankara'ya yapılacak bir ziyarette bu gerçek kolayca ortaya çıkmayabilir. 1938'den bu yana Ankara'nın merkezi giderek Ulus'tan güneye, Sıhhiye, Kızılay, Kavaklıdere ve Çankaya semtlerine doğru kaymıştır. Buna ek olarak, banliyöleri ile Ankara keskin bir biçimde batıya doğru (Bilkent-Çayyolu) ve yarı-banliyöler yoluyla da kuzeybatıya (Batıkent) doğru genişlemiştir. Bununla birlikte, 1938'de Ulus bölgesinin, sadece modern Ankara'nın değil, muhtemelen modern Türkiye'nin de merkezi olduğu, dolayısıyla onun kurucusunun resmi devlet cenazesi için doğal bir mekân olduğu söylenebilir.

Tören alayının İstasyon Caddesi'nden yukarıya Bruno Taut'un katafalkına doğru gidişi, İstanbul'daki geçit törenindeki mecazların aynılarından ibaretti: binicisiz atların çektiği top arabasında taşınan bayrağa sarılı tabut, Atatürk'ün İstiklal Madalyası'nın bir general tarafından teşhiri ve askeri bir bandonun çaldığı Chopin'in "Cenaze Marşı." Öte yandan, Atatürk'ün naaşının tabut içerisinde resmi ziyarete açılışı ve resmi cenazesi için kullanılan Taut katafalkı, Atatürk'ün mezar mimarisi hikâyesine yeni öğeler ve karakterler sokuyordu.

Taut'un tasarımını tartışmadan önce, bu denli meşhur bir Alman mimarın 1938'de Türkiye'de ne aradığını belirtmek yerinde olur. Taut 1933 yılında Nazi Almanyası'ndan önce kısa süreliğine İsviçre'ye kaçmış, 1936'da Türkiye'ye gelene kadar Japonya'da kalmıştı. İstanbul'daki Devlet Güzel Sanatlar Akademisi Mimarlık bölümünün başkanıydı ve aynı zamanda Milli Eğitim Bakanlığı için sözleşmeli olarak okul binaları tasarlıyordu. Taut Almanya'da ilk mimari ününe 1914 yılında Leipzig'deki Çelik Endüstrisi Pavyonu ve Köln'deki Cam Pavyon ile kavuştu; adlarından da anlaşılacağı gibi bu yapıların inşasında ağırlıklı olarak çelik ve cam gibi yeni modern malzemeler kullanıldı. Taut aynı zamanda, sanatçının vazifesinin toplumun kurtuluşu için biçimler ortaya koymak olduğuna inanan, Paul Scheerbart önderliğindeki "Cam Zincir" [*Die Gläserne Kette*] adlı sanatçı grubuna katılmıştır. Taut'un 1919 tarihli *Alp Mimarisi* adı verilen suluboya dizileri, cam fasetalardan oluşan ve büyük kristal dağları andıran bir mimari öneriyordu. 1920'li yıllarda Taut cam mimarisinin bu dışavurumcu eğilimlerinden uzaklaşarak kendisinin "yeni nesnellik" adını verdiği, kulağa oldukça işlevselci gelse de aslında "tasarımlarındaki tek tipleşmiş ve kendini tekrarlayan biçimlere, saygınlık aurası ve komünal bir ruh aşılama peşinde" başka bir yöne kaymıştır (Curtis 1997, 251). Mimari yoluyla komünal bir ruh aşılamaya yönelik bu arzu Taut'un 1937 tarihli, Ankara Üniversitesi Dil ve Tarih-Coğrafya Fakültesi binasında güçlü bir şekilde kendini belli eder. Muhtemelen Taut'un Türkiye'deki en meşhur eseri olan bu bina, Osmanlı'ya özgü kütle düzeni ve inşaat ayrıntılarını modern biçimler içerisinde soyutlamaktadır. Taut 1938 tarihli bir kitabında Japonya ve Türkiye'deki tecrübelerinden hareketle, geçmiş biçimlerin bu şekilde soyutlanması üzerine şunları yazmıştır: "Yüzeysel bir taklitten kaçınmak önemlidir. Aksi halde bu eğilim duygusal bir romantizm ve yanlış anlaşılmış bir milliyetçiliğe yol açabilir ve kıymetsiz bir sanat eseri (kiç) ortaya çıkarabilir" (Bozdoğan 2001, 270).[4] Taut, 1930'lu yılların Türkiye'sinde Sedad Hakkı Eldem'in savunduğu türden "kodlanmış, tekrarlanabilir, tanınabilir ve resmi olarak tasdik edilen bir 'milli mimari'ye," tıpkı genelde modern mimarinin üslup açısından indirgenmesine karşı olduğu gibi, şiddetli bir şekilde karşı çıkıyordu (Bozdoğan 2001, 270). Bu tutum Taut'un kariyeri boyunca görülebilir zira eserleri, tek bir üslup etiketiyle değil, ancak yapılış amacına –rasyonel, işlevsel ya da ekonomik– özgü biçimlerin bir derlemesi olarak değerlendirilebilir. Bu bilhassa Taut'un Atatürk'e hazırladığı katafalk için doğrudur; bunu tasarlamayı bir onur olarak görmüş ve hizmeti karşılığında ücret almayı şu sözlerle reddetmişti: "Zamanımızın en büyük şahsiyetlerinden birinin vefatı dolayısıyla bana verilmiş olan bu vazifeyi yerine getirdiğim için para kabul edemem" (Batur 1998, 21) ve "Bu parayı almam imkânsız. Bana tahsis edilmiş olsa da, Atatürk gibi, en büyük devleti kuran bir kahraman için bir katafalk yapmak ödüllerin en yücesidir!" Ödeme yerine Taut sadece bir şükran mektubunda ısrar etmiş ve ilginç bir şekilde bu mektup ona, Türk hükümeti tarafından değil Ankara belediye başkanı Nevzat Tandoğan tarafından verilmiştir (Altar 1994, 76).

Aslında Atatürk için bir katafalk tasarlama işi Taut'tan önce, 1934 ila 1938 yıllarında Türkiye'de bir banka ve mezarlık projesi üzerinde çalışmış Alman mimar Martin Elsaesser'e teklif edilmiş, ama onun sunduğu öneri reddedilmişti. Taut, İstanbul Güzel Sanatlar Akademisi Mimarlık Bölümü (bu tarihte Türkiye'deki tek

---

4 Taut'un kitabı Almanca yazılmıştı ve başlığı *Architekturlehre: Grundlagen, Theorie und Kritik, Beziehung zu den anderen Künsten und zur Gesellschaft* idi; kitap Adnan Kolatan tarafından Türkçeye *Mimari Bilgisi* adıyla tercüme edildi. Kitap tam haliyle İngilizceye çevrilmedi, ama İngilizce başlığı genellikle, birebir tercümesi olan *Architectural Education: Fundamentals, Theories and Criticism Related to the Other Arts and to Society* şeklinde değil, Lectures on Architecture olarak bilinmektedir.

mimarlık okulu) başkanı olduğu için, Atatürk için bir katafalk tasarlanmasında muhtemelen ilk seçenek olarak görülmüştü, ama işin önce Elsaesser'e teklif edilmesinin nedeni büyük ihtimalle, Atatürk'ün vefat ettiği tarihte Taut'un kendisinin de oldukça hasta olmasıydı. Gerçekten de Taut Atatürk'ten yaklaşık altı hafta sonra, 24 Aralık 1938 tarihinde öldü ve bu katafalk hayatının son projesi oldu. Taut ilk olarak, 15 Kasım 1938 tarihinde bir ön eskiz hazırladı (RESİM 4.4) ve Türk hükümeti bunu tasdik etti. Batur'a (1997, 21) göre, Taut, Atatürk'ün cenazesine törenine üç gün kala, Türk mimar Mahmut Bilen'in yardımlarıyla on adet uygulama projesini hazırlamak için Ankara'daki, artık yıkılmış olan Bellevue Palas Oteli'nin birinci katında bulunan üç odada, belli ki bütün gece boyunca çalışmıştı. Bu sırada Taut'un ihtiyaçlarını karşılamak için görevlendirilmiş olan Türk memur Cevad Memduh Altar, bu çizimlerin daha sonra Taut tarafından kendisine verildiğini ve kendisinin de bunları Milli Kütüphane Arşivine bağışladığını iddia etmiştir (1994, 74), ancak bu kitabın yazarı bu belgeleri bulamamıştır. Altar aynı zamanda, Taut'un katafalk projesinin Selahattin Refik Mobilya ve Kumaş Şirketi tarafından inşa edildiğini belirtmişti; katafalkın sahneye benzeyen ve geçici karakteri düşünüldüğünde bu, duruma çok uygundu.

Taut'un katafalkı (RESİM 1.3), tıpkı Dolmabahçe katafalkı gibi, bir platformdan ibaretti; Atatürk'ün bayrağa sarılı tabutunun konduğu bu platform bu kez yerden 2 m kadar yüksekteydi ve çevresinde yine dört general ve iki er nöbet tutuyordu. Platformun üzerinde dikey olarak asılan devasa boyutta ikinci bir Türk bayrağı onu gölgede bırakıyordu. Bayrağı 14 m yüksekliğinde sarmaşık kaplı sütunlardan oluşan bir iskelet taşıyordu; bu iskelet Atatürk'ün tabutu etrafında kübik bir mekân oluşturuyordu. Bu kübik mekânın beyaz kumaştan arka planında sarmaşıklar, sütunları sarmalayanlardan daha seyrek bir biçimde, dikey vaziyette yerleştirilmişti; sütunlardaki sarmaşıkların altında da yeşil bir örtü bulunuyordu. Arka plandaki beyaz kumaş yukarıya doğru devam ediyor ve tabutu içeren kübik mekân için bir tavan ya da çatı teşkil ediyordu.

Tüm bunlar, geride duran Meclis binasının girişinin tam önünde ve girişle aynı hizada kurulmuştu. Caddenin tam karşısındaysa yukarıda bahsi geçen ultra-modern Ankara Palas Oteli bulunuyordu. Kübik mekânın her iki yanından Meclis'in giriş kapısına geçit vardı, ama arada 7 m yüksekliğinde ve L-şekli yapacak şekilde birbirine 90 derece açıyla yerleştirilmiş çiçeklerle kaplı duvarların ayırdığı bir alan bulunuyordu. (RESİM 4.5). Kübik mekânın köşelerindeki dört sütunun ve iki kenar duvarının sütununun üzerinde, içinde belirsiz bir maddenin yandığı toplam altı geniş ağızlı büyük vazo vardı. Taut'un bu tasarım için yaptığı eskiz (RESİM 4.4) Atatürk'ün cenaze töreninde çekilen fotoğraflardakiyle tamı tamına aynı görünmektedir,

4.4. Bruno Taut'un Atatürk katafalkı eskizi, pastel, 15 Kasım 1938 (Genelkurmay İletişim Daire Başkanlığı'nın izniyle).

dolayısıyla onun tasarımındaki hedefler gerçeğe dönüştürülmüş gibi gözükmektedir. Katafalk 20-21 Kasım 1938'de kullanıldıktan sonra sökülmüştür ve akıbeti bilinmemektedir.

Daha önce de belirtildiği gibi, Atatürk'ün cenazesinin İstanbul'da değil de Ankara'da yapılması kararının ardındaki esas etken, yeni başkentin dini olmayan tabiatıydı; İstanbul dini ve teokratik eski Osmanlı İmparatorluğu'nu temsil ederken, Ankara laik ve demokratik Türkiye Cumhuriyeti'ni temsil ediyordu. Atatürk'ün katafalkının dini bir binanın değil de Meclis binasının önüne yerleştirilmesi de bu düşünce hattını takip ediyordu. Bu yerleştirme, Batı'da ünlü bir kişinin cenazesinin tabut içerisinde ziyarete açılması için kamusal mekânların kullanılması geleneğiyle uyum içerisindeydi. Böylece, tıpkı Atatürk'ün kendisi gibi, katafalkının konumu da Türkiye'yi, herhangi bir "Oryantal" ya da "Doğulu" (İslami olarak okuyun) Osmanlı geleneğinden ziyade Avrupa ve Batı kültürü içerisine sağlamca yerleştirmeye çabalıyordu. Bugün Türkiye'de, Ankara'daki Kocatepe Camii'nde gerçekleştirilen önemli devlet cenazelerinden farklı olarak, Atatürk'ün katafalkının yeri, insani ölüm sürecinde herhangi bir örgütlü dinin rolünü tasdik etmiyordu. Taut'un katafalkıyla alakasız olmakla birlikte, bu tutumla ilişkili bir başka nokta, Atatürk'ün naaşının tahnitlenmesinde kullanılacak kimyasal karışım hakkında Türkiye Cumhuriyeti Başbakanlık Arşivlerinde bulunan 11 Kasım 1938 tarihine ait bir belgeydi.[5] Bu belgenin tarihi –Atatürk'ün ölümünün sadece bir gün

---

5 23/9/1953 tarihli, 31079 sayılı, dosya no. 6/2882, sıra no. 3057 olan belgeye ilave; K-2/10502 kodlu kutuda bulunmuştur.

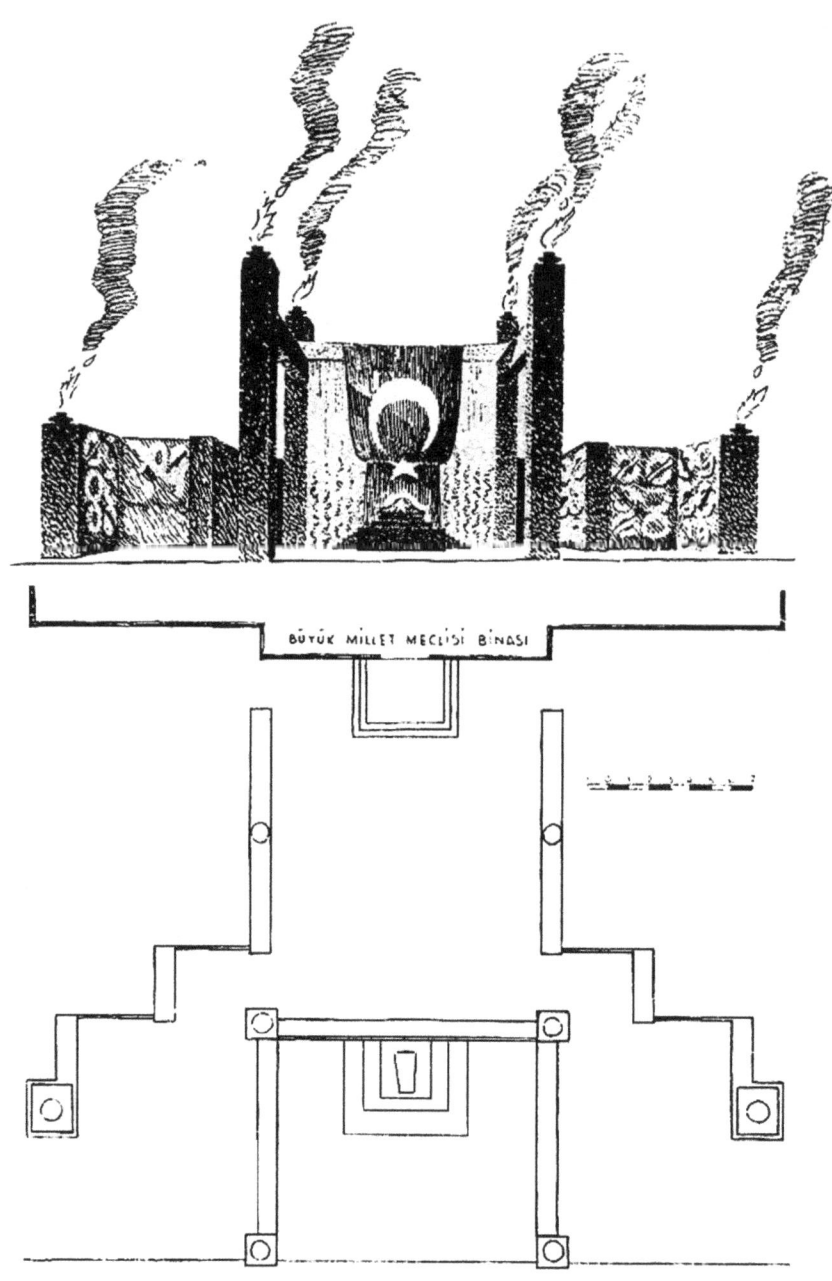

4.5. Bruno Taut'un Mustafa Kemal Atatürk için hazırladığı katafalkın planı ve cephesi; ölümünden sonra basılan *Lectures on Architecture [Architekturlehre] (Mimari Bilgisi)* kitabındaki (1938) haliyle; 79-80.

sonrası– Atatürk'ün naaşının uzun bir süre muhafaza edilmesi için Türk hükümetinin aldığı ani bir karara işaret etmektedir; bu karar, ölüyü mümkün olan en kısa sürede, tercihen ölümden sonra üç gün içerisinde gömmeye çalışan Türkiye'deki yaygın İslami uygulamayla belirgin bir tezat teşkil ediyordu. Türk hükümeti, Atatürk'ün naaşının tahnitlenmesi için hemen karar almakla sadece Atatürk'ün kendisini değil, onun laik devlete olan inancını da muhafaza ediyordu (zira hükümet herhangi bir İslami uygulamaya bulaşmaktan aktif bir biçimde kaçınıyordu).

Atatürk'ün tabutu Taut'un katafalkında 20 Kasım 1938 tarihinde bütün gün ve gece boyunca kaldı ve tıpkı 16-19 Kasım tarihleri arasında Dolmabahçe Sarayı'nda olduğu gibi, tabutu Türk ulusunun ziyaretine açıktı. Atatürk'ün devlet cenaze töreni 21 Kasım sabahı, saat 9:30'da Cumhurbaşkanı İsmet İnönü, Başbakan Celal Bayar ve diğer milletvekillerinin katılımıyla yapıldı. İlk olarak, tabut katafalktan alınarak tekrar top arabasına yüklendi. Daha sonra İngiliz, Alman, Rus, Yunan, İranlı ve Yugoslav şeref kıtaları, bu sırayla geçerek resmi bir biçimde tabutu selamladı. 34 dost ülkenin temsilcileri (büyükelçiler, maslahatgüzarlar, ataşeler ve diğer diplomatlar) selamlama törenini caddenin karşısından, Ankara Palas Oteli merdivenlerinden izledi.

Bruno Taut'un katafalk tasarımı Dolmabahçe katafalkında mevcut olan mezar mimarisi öğelerinin birçoğunu aynen devam ettiriyordu: platform, bayrağa sarılı tabut, nöbetçi askeri personel ve altı meşale. Yukarıda da tartışıldığı gibi, bu meşalelerin sayısı Kemalizmin altı payandasını temsil ediyordu; ama Taut'un Atatürk için hazırladığı resmi katafalkta bu payandaların simgeselliği tasarımın tümüne uygulanmış gibiydi. Otoriter bir monarşi ya da saltanat yerine en iyi yönetim biçimi olarak demokratik bir cumhuriyetin savunulması olarak tanımlanabilecek ilk payanda, yani cumhuriyetçilikten başlanırsa, Atatürk'ün tabutunun teşhiri –hem açık ziyaret hem de cenaze töreni sırasında– bir sır değil, kamuya açık bir olaydı. Türkiye Cumhuriyeti yurttaşlarına ve yabancı devletlerin temsilcilerine açık ve onların katılımıyla gerçekleşmişti. Açık havadaydı ve caddeden görülebiliyordu. Katafalkı görmek için özel bir izin gerekmiyordu ve katafalkın halka açık konumu nedeniyle, Atatürk'e ve onun Türk toplumuna getirdiği köklü değişikliklere karşı olanlar bile törene serbestçe katılabilirdi. Platform üzerinde Atatürk'ün tabutu başında nöbet bekleyen üniformalı altı askerin, hem seçkinleri hem de kitleleri olmak üzere tüm Türk toplumunu temsil ettiğine yukarıda değinilmişti. Anı kaydeden gazete fotoğraflarında tabutun sol tarafında tripod üzerinde bir kamera görünmektedir; bunun işlevi muhtemelen cenaze törenini kayda almaktı ve gerçekten de tüm olay baştan sona filme çekilmişti.[6] Tekrar belirtmek gerekirse, bu gizli ya da mistik bir tören değildi; caddeden geçen herkesin, herhangi bir özel güvenlik noktasından geçmeden ya da günümüzde görmeyi beklediğimiz başka emniyet tedbirlerine maruz kalmadan görebileceği halka açık bir etkinlikti (Ökten 2007). Atatürk'ün cenazesine, kelimenin tam anlamıyla sokaktaki insanlar katılmıştı.

Atatürk'ün katafalkının Meclis binasının önündeki konumu, cumhuriyetin demokratik niteliğini temsil etmesi açısından yukarıda tartışılmıştı. Bundan daha önemlisi, katafalk Meclis binasına girişi engellemiyordu: Yan kanatları binaya girişe hâlâ imkân sağlıyordu. Böylece, caddeye mümkün olduğu kadar yakın konumu ve Meclis'e girişi kapatmamasıyla, Taut'un katafalkının konumunun, demokrasi sürecinin devam edeceğini, engellenmeyeceği ya da kesintiye uğramayacağını ilan ederek Atatürk'ün ölümünün ardından oluşan havadaki belirsizliğe bir cevap olduğu söylenebilir. Ayrıca, Meclis binasına girişin açık kalması, millet yas tutuyor olsa da Atatürk'ün trajik ölümünden dolayı meclisin tamamen duraklamadığını ve duraklamaması gerektiğini sembolize ediyordu. Bununla belirgin bir zıtlık içerisinde, günümüzdeki Atatürk'ün ölümünü anma törenlerinde, 10 Kasım günü saat sabah 9:05'te nerede olunursa olunsun –hatta araba sürerken bile– durulup bir dakikalık saygı duruşu yapılmaktadır. Elbette, bu anma sadece bir dakika sürmektedir –ardından normal hayat devam eder– ve Atatürk'ün vefatının üzerinden 70 sene geçtiği için, böyle bir anma töreni ulusun uzun süre önceki kaybını hatırlatma işlevi görmektedir. Başka bir deyişle, anma pratiklerinin, esas olayla aradaki tarihsel mesafe açıldıkça ve o tarihten beri ortaya çıkan farklı koşullardan dolayı değişime uğramış olması gayet doğaldır.

Atatürk'ün katafalkının dini bir binanın değil de bir devlet binasının önüne yerleştirilmiş olması, Kemalizmin ikinci payandası, yani laikliğin –din işlerinin devlet işlerinden ve kamu eğitiminden ayrılması gerektiği fikri– temsili açısından yukarıda ele alınmıştı. Buna ek olarak, Taut'un Ankara katafalkı hiç şüphesiz dini değil laik bir devlete özgü bir tasarımdı. Atatürk'ün kız kardeşi Makbule Atadan'ın ricası üzerine, Atatürk için İslami cenaze duaları 19 Kasım 1938'de, Dolmabahçe katafalkının önünde, o tarihteki Diyanet İşleri Başkanı Şerefeddin Yaltkaya tarafından okunmuştu (Kutay 1981, 190; Yazman 1969, 412); ancak ne İstanbul'daki geçit töreni ne Ankara'ya tren seyahati ne de Taut'un tasarımı ya da sonra ortaya çıkan başka tasarımlar Atatürk'ün ölümü ve cenaze töreninin bu dini yönünü takip etmedi. Taut'un katafalkı, İslama ya da başka bir dine ait herhangi bir dini

---

6   Atatürk koleksiyoncusu Sayın Necmettin Özçelik'e, Atatürk'ün 1938'deki cenazesi ve 1953'teki Anıtkabir'e nakledilmesi hakkındaki filmlerin kopyalarını görmeye izin verdiği için bilhassa teşekkür ederim.

sembol ya da imge içermiyordu (gerçi hilal tek başına ele alındığında aslında İslami bir simgedir; ancak Türkiye'de bir yıldızla bu şekilde birlikte kullanıldığında bir Türk için öncelikli anlamının Türk bayrağı olduğunu belirtmek gerekir). Bunun yerine Taut'un katafalkı milliyetçi bir yapıydı; tabutun yukarısındaki devasa Türk bayrağının hâkimiyeti altındaydı ve mecazi bir biçimde Atatürk'ün naaşını simgesel olarak en az on kat büyütüyor ve kompozisyonun odak noktası işlevini görüyordu. Dolayısıyla, Kemalizmin üçüncü payandası olan milliyetçiliğin –insan gruplarının ulus denen siyasi birimler içerisinde örgütlenmesi gerektiği inancı– temsili açısından, Taut'un Atatürk katafalkı tasarımı, Türk ulusunun en temel ve soyut simgesini, yani Türk bayrağını kullanarak yas için milliyetçi bir sahne düzeni yaratmayı başarmıştı. Bu sahne hem gerçek anlamıyla yaratılmıştı, zira katafalk bir sahneydi, hem de simgesel olarak teşkil edilmişti çünkü Atatürk'ün resmi cenaze töreni gibi ulusal bir olay bu katafalka odaklanmıştı. Netice itibarıyla, Taut'un Atatürk katafalkı tasarımında baskın unsur olarak büyük bir Türk bayrağı kullanması, milliyetçi bir tasarım sorununa verilmiş bilinçsiz bir tepkiden ziyade Atatürk'ün, onun Cumhuriyet Halk Fırkası'nın ve genç Türkiye Cumhuriyeti'nin milliyetçi inançlarına onayın ifadesiydi.

Kemalizmin dördüncü payandasının, yani halkçılığın –avamın hak ve yetkilerini imtiyazlı seçkinlerden üstün tutan siyasi doktrin– temsili açısından, Taut'un Atatürk katafalkı onu ne imtiyazlı bir hükümdar ne de bir Osmanlı padişahı gibi yüceltiyordu. Türkiye'nin Cumhurbaşkanı olarak Atatürk doğrudan devleti kişileştiriyordu. Gel gelelim Taut'un tasarımı Atatürk'ü bir birey olarak temsil ediyordu. Büyük Türk bayrağı Türk ulusunu temsil ederken, Atatürk'ün Dolmabahçe Sarayı'ndan beraberinde taşınan kendi bayrağı vardı. Benzer biçimde, pek çok çelenk içeren L-şekilli arka plan duvarları, sanki bu çelenkleri Atatürk'e çok çeşitli bireyler ve kurumlar sunmuş izlenimini yaratıyordu; oysa bireyler tarafından bırakılan çelenkler katafalkın önüne yerleştirilmişti, ki bu bireyler sadece Cumhurbaşkanı İsmet İnönü, Mareşal Fevzi Çakmak ve Başbakan Celal Bayar'dı (**RESİM 1.3**). Katafalkın arka planındaki L-şekilli duvarların dizaynı, bireysel gibi görünen çelenkleriyle birlikte Atatürk'ü, ulus-devleti sembolize eden despot bir yönetici olarak değil, birçok kişinin takdirini kazanmış bir birey olarak temsil ediyordu.

Kemalizmin beşinci payandası olan devletçiliğin –merkezi yönetimin iktisadi plan ve politikaları belirlemesini öngören uygulama ya da doktrin– temsilini ise Taut'un hazırladığı katafalkın kendisinde değil, Atatürk'ün naaşının Ankara'ya nakledilmesi, katafalkın inşası ve olayı aktaran yabancı gazetecilere sağlanan koşullar için gerekli planlama ve paranın miktarında görmek mümkündür. *Cumhuriyet* gazetesinin aktardığına göre, 15 Kasım 1938'de, TBMM'de yapılan dört saatlik müzakerelerin ardından, cenaze masrafları için 500.000 liralık bir ödenek ayrılması kararlaştırılmıştı. Bu para sadece 15 yıl önce vermiş olduğu kendi Kurtuluş Savaşı'nın iktisadi yaralarını iyileştirmeye uğraşan genç Türkiye Cumhuriyeti için değil, İkinci Dünya Savaşı'nın eşiğinde her ulus için çok büyük bir meblağdı: 1938 yılında yaklaşık 400.000 Amerikan dolarına ya da 2012'de 5,5 milyon Amerikan dolarına eşitti. Aynı meblağ 2004 Haziran'ında, ABD hükümetinin eski başkan Ronald Reagan'ın cenaze töreni için harcadığı tahmin edilen paraya eşitti; bu da 1938 Türkiye'sinde Atatürk'ün sahip olduğu yüceltilmiş mevkiye dair bir işarettir. (Ronald Reagan'ın 2004'te ABD hükümeti gözünde sahip olduğu itibar eşitti). Atatürk'ün cenazesi için karşılanan masrafların boyutuna bir başka gösterge de o tarihteki yeni Cumhurbaşkanı İsmet İnönü tarafından imzalanan ve Atatürk'ün cenazesi için yapılan harcamaların hangilerinin Türk hükümeti tarafından karşılanacağını belirten bir tezkereydi.[7] Bu belge, Atatürk'ün tabutunun İstanbul'dan Ankara'ya nakli (2. kalem), çiçek ve çelenk masrafları (7. kalem) ve Taut'un katafalkının inşaat maliyeti (17. kalem, ama nihai ya da beklenen maliyet verilmiyor) gibi beklenen maliyetlerin yanında, yabancı gazetecilerin İstanbul'dan Ankara'ya ulaştırılmasına ek olarak Ankara'daki barınma ve telgraf masrafları (3. ve 22. kalemler) gibi oldukça şaşırtıcı giderleri de ayrıntılandıran toplam 23 kalemlik inanılması güç bir listeydi. Bu son iki kalem masraf hem bu olayın haberlerinin dünyayla paylaşılmasının Türk devleti için ne kadar önemli olduğunu hem de genç başkent Ankara'nın bu tarihte ne denli silik kaldığını (zira yabancı gazeteciler başkent Ankara'da değil İstanbul'da yerleşik durumdaydı ve muhtemelen Atatürk'ün cenazesine katılmak için masraflarına karşılık devletten ödenek teşviki bekliyorlardı) gösteriyordu. Bütün seçenekleri açık tutmak amacıyla, bu kapsamlı liste "Diğer bilumum müteferrik cenaze masrafları" kalemiyle sona eriyordu; dolayısıyla bu liste cenaze töreninin devlet için ne denli önemli olduğuna işaret etmektedir.

Kemalizmin altıncı ve son payandasının, yani inkılâpçılığın –kesintisiz inkılâp durumu– temsilinde Taut'un, Atatürk'ün tabutu çevresinde ayrıntılı biçimde kullandığı yeşillikler etkin görünmektedir. Her biri doğrudan içinde ateş yanan birer vazonun altında duran toplam altı yeşillik sütunu bulunuyordu. Defne ve sarmaşık dallarıyla kaplı her bir sütunun (Batur 1997, 21) Atatürk'ün temelini attığı Türkiye Cumhuriyeti'nin kuruluşunu (hem simgesel hem de kelime anlamıyla payandalarını) simgelediği gayet açıkken, Atatürk'ün tabutunun arka kısmındaki beyaz kumaşın üzerinde yerden yukarıya tırmanan yeşilliğin işlevi o denli açık değildir. Bu bulmacanın çözümüne yönelik ipuçlarından biri, sütunların tamamen yeşillikle

---

7 Türkiye Cumhuriyeti Başbakanlık Arşivleri, Belge Grup Kodu: 030-18-01-02, Referans no.: 86-18-16, Tarih: 9/3/[1]939.

sarılıyken ve hatta muhtemel boş noktaları kapatması için bitkilerin alt kısmı yeşil bir malzemeyle kaplanmışken, Atatürk'ün tabutunun arka kısmındaki yeşilliklerin seyrekçe düzenlenmiş olmasında saklıdır. Bu seyrekçe düzenlenmiş yeşilliğin katafalk platformundan başlayıp Atatürk'ün tabutunun arka kısmında yukarıya doğru tırmanması da önemlidir; bu düzenleme sanki bu bitkilerin bizzat Atatürk tarafından ekildiğine, şimdi artık onsuz büyüyeceklerine ve halkın ve gelecek nesillerin bunlarla ilgilenmesi gerektiğine işaret ediyordu. Böylece, Atatürk, ulusun yetiştirip olgunlaştırması gereken tohumları eken kişi olarak temsil edilmektedir, ki bu bizzat Atatürk'ün çeşitli vesilelerle dile getirdiği bir fikirdi. Atatürk 30 Ağustos 1924 tarihinde, Kurtuluş Savaşı'nın Dumlupınar Meydan Muharebesi'nin yapıldığı yerde gerçekleştirilen "Zafer Bayramı"nda Türk gençliğine hitaben, "Ey yükselen yeni nesil! İstikbal sizindir. Cumhuriyet'i biz tesis ettik, onu yükseltecek ve idame edecek sizlersiniz!" cümleleriyle seslenmişti (Çağlar 1968, 140). Bahçıvanlık mecazına daha yakın bir ifade olarak, Atatürk 17 Mart 1937'de Ankara Palas Oteli'ndeki bir sohbet esnasında şunları demişti: "Herkesin kendine göre bir zevki var. Kimi bahçe ile meşgul olmak, güzel çiçekler yetiştirmek ister. Bazı insanlar da adam yetiştirmekten hoşlanır" (Melzig 1942, 142). Atatürk'ün psikolojik-biyografisinin yazarı Vamık Volkan bu ifadeyi "kendine açık bir gönderme" olarak görmüştür. "Burada [Atatürk] kendini insanların 'yaratıcısı', onlara hayat verebilen ve hatta onları büyütebilen biri olarak görüyordu" (1981, 315). Dolayısıyla Taut'un katafalk tasarımındaki bitkiler Türkiye Cumhuriyeti'nin toplam nüfusunu kolektif bir biçimde oluşturan ve Atatürk'ün sağladığı başlangıç sayesinde onun devamı ve büyümesinden sorumlu olan bireyleri, başka bir deyişle kesintisiz inkılap halini temsil ediyordu.

Dolmabahçe katafalkıyla kıyaslandığında, Taut'un katafalkı Atatürk'ün mezar mimarisi anlatısı içerisinde, Atatürk'ün bir birey olarak bellekleştirilmesinden uzaklaşılıp, Atatürk ve Türk ulusunun abideviyeleştirilmesi doğrultusunda bir geçiş anı olarak görülebilir. Bir yandan, Atatürk'ün tabutunun arkasındaki seyrek bitkiler ve çelenkli arka plan duvarları Atatürk'ü bir birey olarak temsil etmeye ve yaptıklarını bellekleştirmeye (ya da zorla anımsatmaya) çalışıyordu. Yani Atatürk, toprağıyla ilgilenen bir bahçıvan gibi, Türk ulusunu şekillendiren bir birey olarak temsil ediliyordu; ama (henüz), Atatürk'ün mezar mimarisinde daha sonraki safhalarda karşımıza çıkabileceği gibi, ulusun bizzat kendisiyle tamamen eşit tutulmuyordu. Diğer yandan, Taut'un katafalkını taşıyan podyum, Dolmabahçe Sarayı'ndakinden belirgin bir biçimde daha yüksekti; dolayısıyla Atatürk'ün tabutunu, cadde seviyesindekilere göre daha yukarıda sunuyordu. Mimari tasarımın önemli kısımlarını mezar mimarisine özgü olmayan bir şekilde zemin seviyesinden daha yukarıda kullanmak, hiyerarşi oluşturmak için dikey boyuttan faydalanan tipik bir tasarım hamlesidir. Taut'un katafalkı örneğinde ise, yüksek sahne Atatürk'ün Türk toplumu için önemini yansıtıyor ve temsil ediyordu. Sahneyle birlikte, tabutunun yukarısındaki devasa bayrak da, tabutunun üzerindeki daha küçük ve insani boyuttaki bayrağa nazaran çok daha fazla bir biçimde, Atatürk'le Türk milleti arasında bir denklik yaratıyordu.

Büyüklük de bu geçiş anında bir etmendi. RESİM 4.5'i bir rehber olarak kullanırsak, yan duvarlar hariç olmak üzere Taut'un katafalkının ana kübik hacmin alanı yaklaşık 165 m²ydi (11 x 15 m). Bu ölçüler L-şekilli duvarlara uzatılırsa, Taut'un yapısının toplam alanı neredeyse 725 m²ye çıkıyordu. Tıpkı Atatürk'ün Dolmabahçe'deki katafalkının Muayede Salonu'nun iç hacmini tamamen kapsaması gibi, Taut'un katafalkı da algılama açısından fiziksel sınırlarının dışına taşıyor ve TBMM binasının o tarihte alanı 1.000 m² olan avlusunu tamamen işgal ediyordu (İstasyon Caddesi daha sonra genişletildiği ve kaldırım binaya doğru çekildiği için, günümüzde bu avlu 1938'de olduğundan daha küçüktür). Taut'un katafalkının sütunlarının yüksekliğinin 14 m olduğu bilinmektedir (Batur 1997, 21). Bu boyutların Dolmabahçe'nin Muayede Salonu'nun 2000 m²lik alanı ve 36 m'lik yüksekliğiyle boy ölçüşmesi hiçbir şekilde mümkün değilse de, Taut'un katafalkının bina içine değil açık havaya yerleştirildiği hatırlanmalıdır; konumu sayesinde algılanışı sadece yapılı kısımların yüksekliğiyle sınırlanmıyor, açık havada sahneleniyor olmasını kendi yararına kullanıyordu. Son olarak, anıttan abideye bu geçiş sürecine dair, Ankara'daki katafalkın TBMM binası önünde sahnelenmesinin laik ve demokratik Türkiye Cumhuriyeti'ni simgelediğinden yukarıda bahsedilmişti. Ancak Taut'un katafalkının konumu –Meclis binasının önü– örgütlü din ile Türk milletinin seçilmiş hükûmet yetkilileri arasındaki ayrımın altını çizerek, kişisel olandan (yani Atatürk'ten) çok milli olana (yani Türkiye'ye) dair bir beyanda bulunuyordu.

Katafalktan Etnografya Müzesi'ne

Atatürk'ün tabutu 21 Kasım 1938 günü saat 10:45'te Ankara Etnografya Müzesi'ne doğru yola çıktı; bu defa 96 Türk askeri tarafından çekiliyordu ve yine Chopin'in "Cenaze Marşı" eşliğinde yürünüyordu (RESİM 4.6). Tören alayı izlediği rota üzerinde önce İstasyon Caddesi'nden aşağıya inmiş, tren garının önünde sola dönmüş, Ankara Sergi Sarayı'nı geçmiş ve Halkevi/Türk Ocağı binasının arkasından sağa dönerek saat 13:10'da Etnografya Müzesi'nin önüne varmıştı (Çağlar 1955, 17-18). Cenazenin neden bu yolu izlediği çok açık değildir, çünkü yukarıya doğru Ulus Meydanı'na çıkıp, oradan Bankalar Caddesi'ne (bugünkü Atatürk Bulvarı) doğru sağa dönüp Ankara Sergi Sarayı'nın önünden geçen daha kısa ve düz bir rota ile de Etnografya Müzesi'ne ulaşılabilirdi (HARİTA 3). Eğer daha kısa olan bu yol izlenseydi, o tarihte Türkiye'de işletilmekte olan tüm bankaların (İş Bankası, Sümerbank,

Ziraat Bankası, Osmanlı Bankası ve özellikle de Türkiye Cumhuriyeti Merkez Bankası) bu cadde üzerindeki varlığı Atatürk'ün ölümüne rağmen Türkiye'nin mali istikrarının sarsılmamış olduğunu temsil edebilirdi. Tren garına doğru geri inip uzun bir yoldan dolaşan rotanın Atatürk'ün cenaze alayını daha kısa olan rotaya kıyasla en az yüzde 50 uzattığı açıktır; bu durum, cenazeyi düzenleyenlerin –devletin– hızlı bir nakil değil de genişletilmiş ve süresi uzatılmış bir alayı tercih ettiklerine işaret etmektedir. Bu tercih, cenaze alayının hızında da kendini belli etmektedir. Atatürk'ün tabutunun sadece 2,2 km'lik bir yolu tamamlaması 2 saat 25 dakika sürmüştü; başka bir deyişle saatte 1 km hızla ilerlemişti. Bu hız, daha önceki İstanbul ve Ankara törenlerindeki yürüyüş hızlarından (sırasıyla saatte 1,63 ve 1,46 km) belirgin bir biçimde daha düşüktü.

Atatürk'ün cenaze alayının Etnografya Müzesi'ne giderken önünden geçtiği Ankara Sergi Sarayı, Şevki Balmumcu tarafından uluslararası üslupta tasarlanmıştı ve erken Cumhuriyet'in başlıca propaganda araçlarından biriydi. 1933 yılındaki açılışından 1946 yılında Paul Bonatz tarafından bir tiyatroya dönüştürülmesine kadar, Sergi Sarayı Türkiye'yi ve Türk modernitesini tanıtan birçok ulusal ve uluslararası sergiye ev sahipliği yapmıştı (Ergut 1999). Dolayısıyla, cenaze alayı Sergi Sarayı'nın önünden geçerek, bilerek ya da bilmeyerek, bu binanın modern Türk milliyeti, kimliği ve belleğinin inşasındaki rolünü ta sdik ediyordu.

Atatürk'ün tabutunun Taut'un katafalkından Etnografya Müzesi'ne taşınması sırasında kullanılan cenaze merasimi simgeleri, İstanbul'dan Ankara'ya nakledilirken kullanılanlardan pek de farklı değildi. Yine de dikkat çekici bir istisna vardır. Atatürk'ün tabutunun yüklendiği top arabası binicisiz atlar tarafından çekilmiyordu. Onların yerine, 11 sıra piyade askeri arabayı önden çekiyor, 5 sıra piyade askeri de arkadan itiyordu. Her sırada 6 asker olmak üzere toplam 96 asker görevlendirilmişti. Atatürk'ün hayatındaki olaylarda sıkça rastlanan belli bazı sayılar hakkında, bilhassa da 9 ve 19 sayılarına dair, pek çok popüler teori mevcut ise de (Boran 2003, Muhtar 2006), buradaki toplam asker sayısının simgesel bir gerekçesi olduğu şüphelidir. Büyük bir olasılıkla, bu sayı tören için gerekli beygirgücünü sağlamak için görevlendirilen bölükteki asker miktarını yansıtmaktadır (Türk ordusunda tipik bir bölüğün mevcudu 80 ila 225 olabilmektedir). Tabut için görevlendirilmiş bu 96 askere ek olarak, at üstünde 11 kişilik bir asker grubu, yaya olarak 10 askerden oluşan bir sıra ve törenin her iki yanına eşlik eden 20 subaylık bir grup daha vardı ve genel asker sayısı toplamı 178'i buluyordu. Görülebileceği gibi, İstanbul'daki ve Ankara tren garından başlayan daha önceki törenlerdeki asker sayısı daha sınırlıyken, Taut'un katafalkından Etnografya Müzesi'ne giden bu resmi cenaze alayına eşlik eden asker sayısı belirgin bir biçimde artmıştı.

4.6. Atatürk'ün tabutu kortej eşliğinde Ankara caddelerinde taşınarak Etnografya Müzesi'ne götürülürken, 21 Kasım 1938 (Genelkurmay İletişim Daire Başkanlığı'nın izniyle).

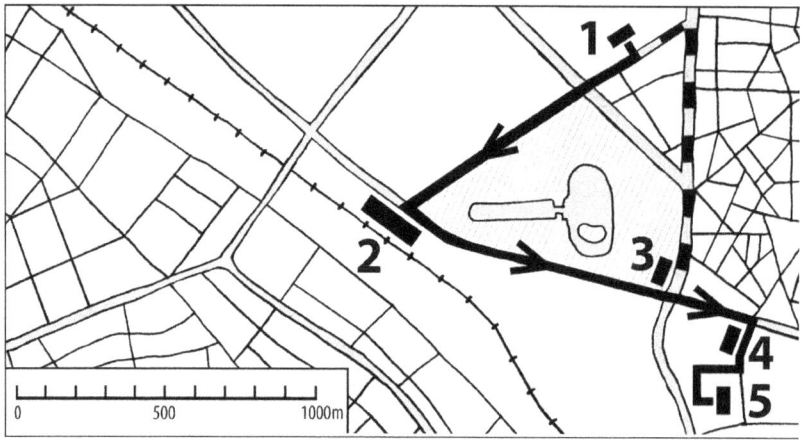

HARİTA 3 Atatürk'ün cenaze alayının geçtiği Ankara caddeleri 1938 (günümüze ait bir Ankara haritasının üzerine eklenmiştir). Koyu renk çizgi izlenen rotayı, kesikli çizgi yazarın tartıştığı alternatif rotayı gösermektedir. 1: TBMM binası, 2: Gar, 3: Sergi Sarayı, 4: Halkevi/Türk Ocağı, 5: Etnografya Müzesi.

Atatürk'ün cenaze alayı için asker kullanımı, daha önce İstanbul'daki törende gerçekleşen, Atatürk'le askeri personelin özdeşleştirilmesiyle uyumluydu. Öte yandan, buna ek olarak, bu kadar fazla sayıda asker kullanılmasına yönelik lojistik karar, anıt fikrinden yani Atatürk'ü birey olarak hatırlamaktan uzaklaşmaya başlayıp Türk ulusu gibi çarpıcı ve kalıcı olma işlevi gören abide fikrine doğru kayıyordu. Benzer biçimde, İstanbul/Ankara törenlerine eşlik eden asker sayısıyla Atatürk'ün geçici kabrine doğru giden bu törene eşlik eden asker sayısı arasındaki fark, formel cenaze törenlerinin –tabutun ziyaret için teşhiri, nutuklar, selamlamalar– artık sona erdiği ve Atatürk'ün ölümünün kabullenilmesinin, yani psikologların yas ya da yakınını kaybetmekten dolayı matem safhası dediği anın başladığı gerçeğine işaret ediyordu. Yas safhalarının sayısını uzmanlar üç ila yedi olarak tahmin etseler de (Aiken 1991, 308), bütün yas teorilerinin ortak yönü ilk safha (inkar, şok) ile son safhalarıdır (kabullenme/yeniden yapılanma). Sosyolog Tony Walter, bir yakının kaybını "şimdiki zaman, geçmiş ve kayıp bir gelecek arasında sıkışıp kalma durumu" olarak tanımlamıştır (1999, 10). O geleceğe doğru yol alan süreci Walter şöyle tarif eder: "Eğer değişime bir anlam vermek ve gelecekle yüzleşmek isteniyorsa, yeni şimdiki zamanın anlamlı kılınması için geçmişin yeniden yazılması hayati bir öneme sahiptir." Türk ulusunun bu tarihte içine düştüğü durum tam da buydu. Atatürk'ün ölümünün üzerinden on bir gün geçmişti. Bu on bir gün boyunca tabutu sergilemiş ve hem öldüğü kentte hem de Türkiye'nin başkentinde törenlerle taşımıştı. Büyük bir resmi tören tertip etmiş ve şimdi, kargaşa ve duygu dolu bir haftayı, geçici kabre doğru son bir geçit töreniyle dinginleştiriyordu. Atatürk'ün naaşının Etnografya Müzesi'ne bu şekilde nakledilmesi, Atatürk'ün vefatının on bir gün önce duyulduğunda gösterilen ilk reaksiyonla –şok– ölümünün kabullenilmesinin son safhası arasında bir geçiş anıydı; ki bu son safha mimari açıdan en yüksek noktasına 15 yıl sonra Atatürk'ün Anıtkabir'inde ulaşacaktı.

BEŞİNCİ BÖLÜM

Etnografya Müzesi'ndeki Geçici Kabir

Ankara'daki Etnografya Müzesi (**RESİM 5.1**) Mimar Arif Hikmet Koyunoğlu (1888-1982) tarafından tasarlanmış ve 1925 ile 1928 yılları arasında inşa edilmişti. Koyunoğlu İstanbul'da eğitim görmüş ve Osmanlı İmparatorluğu'nun son yıllarında mimar olmuştu. Birinci Dünya Savaşı'ndaki askerlik hizmetinin ardından Ankara'ya geçmiş, Şeriye ve Evkaf Vekâleti İnşaat ve Tamirat Heyet-i Fenniyesi ile çeşitli tarihi eser restorasyonu projelerinde çalışmıştı. Bundan birkaç sene sonra, Türkiye Cumhuriyeti'nin ilk yıllarında, kendi mimarlık ofisini açtı; bugün "Birinci Ulusal Mimarlık" akımı olarak adlandırılan üslupta, Ankara'nın ilk kamu binalarının bazısına imzasını atacaktı. Çoğunlukla Osmanlı İmparatorluğu ve Türkiye Cumhuriyeti arasında bir köprü kuran Koyunoğlu gibi mimarlar tarafından uygulanan bu üslup, geleneksel Osmanlı motiflerini; *Beaux-Arts* ekolünün simetri, eksensellik ve abidevilik gibi plan ilkelerinden derin bir biçimde etkilenmiş tasarımlara aşılamak suretiyle, mimaride Türklük kavramını temsil etme denemesiydi. Her ne kadar kökeni Osmanlı İmparatorluğu'nun 1908'de başlayan İkinci Meşrutiyet dönemine kadar geri götürülebilse de, bu üslup Türkiye Cumhuriyeti'nin ilk yıllarının, yeni devlet için mimari bir kimlik yaratmaya girişen mimarları nezdinde son derece popüler hale geldi. Hem Taut'un Atatürk için hazırladığı katafalkın arkasındaki Meclis binası hem de caddenin tam karşısındaki Ankara Palas Oteli, Birinci Ulusal Mimarlık akımı etkisinde inşa edilmişti. Koyunoğlu'nun Etnografya Müzesi de aynı üslupta inşa edilmişti; bunu mimarın kullandığı sivri kemerlerde, bu kemerlerin etrafındaki çini işlemelerinde ve binanın kubbesinde görmek mümkündür.

Ankara'da bu üslupta inşa edilmiş diğer önemli binalar arasında, Etnografya Müzesi'nin komşusu Halkevi/Türk Ocağı binası (mimarı yine Koyunoğlu idi, 1927-30), birinci Dışişleri Bakanlığı binası (Koyunoğlu, 1927), Vakıf Apartmanı (Kemalettin Bey, 1928-30), İnhisarlar (Tekel) Başmüdürlük binası (Giulio Mongeri, 1928) ve Osmanlı Bankası, İş Bankası ve Ziraat Bankası (Mongeri, 1926, 1928 ve 1929) sayılabilir. Yaklaşık bir kilometrelik bir yarıçap içerisinde yer alan bu binaların

5.1. Ankara Etnografya Müzesi: Atatürk'ün geçici kabrinin yeri, 1938-53 (Vehbi Koç ve Ankara Araştırmaları Merkezinin [VEKAM], Ankara, izniyle).

hepsi Ankara'nın, önceki bölümlerde Erken Cumhuriyet Dönemi Türkiye'sindeki önemine değinilmiş olan Ulus semtinde bulunmaktadır. Birinci Ulusal Mimarlık üslubunda yapılmış binalar Türkiye'nin İstanbul ve İzmir gibi diğer şehirleri ve daha ufak vilayet merkezlerinde de bulunabilmesine rağmen bu üsluba en yoğun olarak Ankara'da ve özellikle de Ulus semtinde rastlanmaktadır. Bu nedenle, Atatürk'ün geçici kabrine ev sahipliği yapması için seçilen bina (Etnografya Müzesi) aslında, Ankara merkezinde yoğunlaşmış ve genç Türkiye Cumhuriyeti'nin mimari temsilini yaratmayı amaçlayan daha geniş çaplı bir üslup deneyinin parçasıydı.

Etnografya Müzesi'nin kubbesi ve giriş basamakları binanın dış görünümündeki baskın unsurlardır. İç mekân ise, Birinci Ulusal Mimarlık akımının kimliğiyle uyumlu olarak, çok simetrik bir plana sahiptir. Bu simetrik plan, folklorik ve geleneksel sanat eserleri, kostümler, müzik enstrümanları, ev araç gereçleri, tekstil ürünleri ve özü itibarıyla Türk olduğu addedilen özel durumlar ve gündelik yaşamdan kesitlerin kurgulandığı mankenli diyoramaların sergilendiği birbirine bağlı bir galeriler dizisinden oluşuyordu. Mimarinin ve inşa edilmiş çevrenin milli kimliğin inşasındaki aktörler olarak yetenekleri akılda tutulduğunda, Ankara Etnografya Müzesi genç Türkiye Cumhuriyeti tarafından, Türklerin Osmanlı öncesi hikâyesini/tarihini anlatmaya yardım etmek üzere kurulan ve inşa edilmiş bir dizi kamu binası ve kültür kurumundan sadece bir tanesiydi. Aynı amaçla

Ankara'da meydana getirilen diğer binalar ve kurumlar arasında komşu Türk Ocağı binası ve Hitit Müzesi (günümüzde Anadolu Medeniyetleri Müzesi) bulunuyordu. Halkevleri olarak da bilinen Türk Ocakları; kısa kurslar, atölyeler ve sanat gösterileri gibi eğitsel ve kültürel programlar yoluyla Türklerin toplumsal, ekonomik ve kültürel düzeyini yükseltmeyi amaçlayan yarı resmi, milliyetçi bir dernekti. Türk Ocakları şubeleri aynı zamanda, yerel halka toplanma mekânı ve destekleyici olanaklar sağlayan toplum merkezleri işlevi görüyordu. Faaliyetlerinin zirve noktasına ulaştığı 1930'lu yıllarda Türk Ocaklarının Türkiye'de 260'ın üzerinde şubesi bulunuyordu, ama o tarihten beri bunların çoğu kapandı ve halihazırda sadece 77 şube faaliyetini sürdürmektedir. Anadolu Medeniyetleri Müzesi ise 1921'de kurulmuş, kamuya ait bir arkeoloji kurumudur; Türkiye'nin bugünkü sınırları içerisinde kalan Cumhuriyet öncesi kültürlere (Taş Devri, Bakır Devri, Bronz Devri, Asur yerleşimleri, Hititler, Frigyalılar, Urartular, Lidyalılar, Helenistik dönem, Romalılar, Bizanslılar, Selçuklular, Osmanlılar) ait buluntuları toplamakta ve sergilemektedir. Türk Ocağı binaları ve arkeoloji müzeleri Türkiye'nin başka şehirleri ve vilayetlerinde de inşa edilmiştir ama ana şubeleri Ankara'dadır.

Etnografya Müzesi'nde teşhir edilen parçalar Türkiye'nin dört bir yanından toplanmıştır; bunlar arasında dini loncalardan ve Atatürk'ün Türkiye Cumhuriyeti kurulduktan sonra kapattığı tekkelerden eşyalar; nakış, halılar, ebru ve hat gibi geleneksel el sanatı ürünleri; zirai araç gereçler ve Türkiye'deki köy hayatına özgü eşyalar bulunmaktadır. Çoğu durumda, sergilenen nesneler vitrinlerde sunuldukları gibi geçip gitmiş bir çağdan kalma terk edilmiş kalıntılar değildi; bunlar –ahşap ziraat aletleri, kalaylı mutfak aletleri ve sedef kakmalı rahleler gibi– gündelik hayatta hâlâ kullanılmaktaydı ve sahiplerinden alınıp müzeye yerleştirilmişti. Bu basit sergileme eylemiyle bu nesneler şimdiki zamandan ziyade geçmişin içerisinde konumlandırılmıştı. Türkiye Cumhuriyeti, vatandaşlarının modern olmasını, mekanize tarım aletleri kullanıp fabrika üretimi porselen tabaklarda yemek yemesini ve okları değil ateşli silahları olan bir ordu tarafından korunmasını arzuladığı için sergilenen eşyalar sadece Etnografya Müzesi'nin sınırları içerisinde kullanışlı sayılıyordu. Ancak, Türkiye Cumhuriyeti tarafından yürütülen amacı belli bir kampanyanın aksine, Atatürk bu süreci modernleşmenin doğal bir sonucu ve milletin bir sorumluluğu olarak açıklıyordu: "Halkımızın güncel hayatında şimdiye dek kullandığı geleneksel eşyalarını, aygıtlarını, giyimlerini, el işlemelerini, tüm sanat eserlerini toplama zamanı artık gelmiştir. Çünkü, reformlar yanında (ve onların bir sonucu olarak yeni şekiller alacak güncel yaşamımızda) kaybolması mukadder kültürel mirasımızın örneklerini, unutmayalım. Yeni çağın akımlarına uyarken, geleneksel kültürün halk sanatı örneklerini de müzelerde toplayalım, sergileyelim. Bu, kişiliğimizin ve çağımızın gereğidir" (Tansuğ 1990, 659).

Bu eşyaların teşhiri her ne kadar onları bugünden koparıp geçmişe itelemiş olsa da, toplu halde sergilenmeleri aynı zamanda ironik bir biçimde ulus için bir kimlik, bir Türklük tanımı, sağlıyordu. Hepsi bir arada tek bir yerde görüldüğünde, bu eşyalar "milletin resmi tarihinin maddi temsili" anlamına geliyordu (Kezer 2000, 103). Atatürk'ün geçici kabrinin (**RESİM 1.4**) Ankara Etnografya Müzesi'nin içine yerleştirilmesiyle kabrin hatırlamaktan çok unutma işlevi gördüğü ileri sürülebilir. Gündelik hayattan nesneleri, yitip gitmiş bir zamandan arta kalan eşyalar şeklinde muhafaza ederek Türk milletinin köylü ve İslami geçmişini unutturmaya adanmış bir kurum olan bu müze içerisinde bulunan kabrin konumu Atatürk'ün ölümünün unutulup yaşamı ve Türkiye'ye katkılarının hatırlanması gerektiğinin ilamıydı. Kabrin Atatürk'ün cenaze töreninin yapıldığı tarihte geçici olacağı bilindiği için, aynı lahit Meclis binası ya da benzer başka bir devlet binasına da kolayca yerleştirilebilirdi. Ama Etnografya Müzesi muhtemelen tam da bu sergileme işlevi yüzünden seçilmişti. Ayrıca, Atatürk'ün geçici kabrinin Etnografya Müzesi'ne yerleştirilmesiyle, sanki Atatürk'ün kendisi, yani Türklerin babası, Türklüğün aynı binadaki bir başka sergisi haline geliyordu. Sonuçta, Türklerin belleğini, tarihini ve kimliğini örneklemenin, ulusun kurucusu ve yaratıcısını ana sergi elemanı olarak sunmaktan daha iyi bir yolu olabilir miydi?

Aslında Atatürk Etnografya Müzesi'ne defnedilmek için hiçbir zaman bir istekte bulunmamış olmasına karşın, Türk arkeolog Remzi Oğuz Arık anılarında, Etnografya Müzesi'nin inşası sırasında bir gün Atatürk'ün binayı gezdikten sonra müzenin kubbesi, uzun koridorları, ışığı engelleyen kafes işi perdeleri ile mermer ve mozaiklerin mekâna hâkimiyetinden çok etkilenerek Arık'a "Burası bir türbeye benziyor!" dediğini rivayet etmiştir (Kutay 1981, 173). Atatürk'ün geçici kabri Etnografya Müzesi'nin tam ortasında, binanın eksenlerinin birbiriyle kesiştiği noktada, eskiden açık olan avluya yerleştirildi. Lahit bazı yazarların iddia ettiği gibi kubbenin altına konmadı (Özel 1973, 25; Kezer 2000, 114). Kubbeli alan binanın sadece bir giriş mekânıydı ve onun ötesinde bulunan açık avlunun üstü Atatürk'ün naaşının gelişiyle kapatıldı. İçinde Atatürk'ün tabutu ve bir miktar toprak bulunan lahdin kendisi yaklaşık bir metre yüksekliğinde mermerden sade bir dikdörtgen prizmaydı; etrafındaysa altı adet uzun ve ince, metalden yapılma ayaklı lamba bulunuyordu. Bugün bu noktada mermer bir levha vardır ve üzerinde kalın büyük harflerle şu yazı bulunmaktadır: BURASI, 10.XI.1938'DE SONSUZLUĞA ULAŞAN ATATÜRK'ÜN 21 KASIM 1938'DEN 10 KASIM 1953'E KADAR YATTIĞI YERDİR. Atatürk'ün geçici kabrini Etnografya Müzesi'ne koyma kararı çok çabuk alınmış gibi görünmektedir. Hem *Cumhuriyet* hem de *Ulus* gazeteleri bu kararı 16 Kasım 1938 günü duyurmuştu. Bu tarihlerde yayınlar için son teslim zamanının nasıl işlediği hatırlanırsa, bu karar gazetelere muhtemelen en az bir gün önce bildirilmiş olmalıydı; bu da kararın Atatürk'ün ölümünün ardından geçen dört gün içerisinde verilmiş olduğu anlamına gelir.

Atatürk'ün geçici kabrinin Etnografya Müzesi'nde kaldığı 15 yıl boyunca, müzedeki diğer sergiler de sadece kabrin ziyaret edilebildiği sınırlı saatlerde açıktı; bu da kabri müzenin esasen tek varoluş nedeni haline getiriyordu (Ülkütaşır 1972, 48). Başka bir deyişle, 1953 yılında Atatürk'ün Anıtkabir'deki mozolesine taşınmasına kadar, müze esas olarak Atatürk'ün kabrinin durduğu yer olma işlevi gördü. Ayrıca, Atatürk'ün geçici kabrini ziyaret etme kuralları oldukça katıydı:

1- Ziyaretler, ya herhangi bir teşekkül veya siyasi şahsiyetler tarafından veyahut halk tarafından ifa edilir.

- Herhangi bir teşekkül tarafından ifa olunduğu takdirde ziyaret için [Ankara] Valiliğ[in]e resmen tahriren 24 saat evvel müracaatta bulunmak lazımdır.
- Bu vaziyetlerin "14:00-16:00" arasında yapılması icap eder.
- Halkın ziyaretlerine Pazar günleri tahsis edilmiştir. Pazar günleri de ziyaretleri bu saat içinde yapmak icap eder.

2- Birinci maddenin birinci fıkrasında gösterilen şekilde teşekküller bu müracaatı, ecnebilere ait olduğu takdirde Dışişleri Bakanlığına da yazılmak üzere Etnografya Müzesi Müdürlüğüne bildirir.

3- Müze dahilinde geleceklerin kabullerine ve ziyaretlerine ait hususlar Etnografya Müzesi Müdürlüğünce, yabancılara ait ziyaretler hakkında da Dışişleri Bakanlığınca icap eden tedbirler alınacaktır.[8]

Bu kurallara 1951 yılında yapılan bir ekleme ziyaretlerin dini bayramlarda ve resmi tatillerde de saat sabah 09:00 ile öğlen 12:00 ve öğleden sonra 14:00 ile 17:00 arasında yapılabileceğini belirtse de bu kurallar, Atatürk'ün Anıtkabir mozolesinin ziyaret saatleri ve kurallarıyla kıyaslandığında gene de çok daha sıkıydı. Anıtkabir haftanın yedi günü her gün saat sabah 9:00 akşam 5:00 arası her milletten insana açıktır ve tatillerde kapanmaz.

Danto ve Rowlands'ın tanımladığı biçimiyle anıtlar ve abideler arasındaki fark hatırlanırsa Etnografya Müzesi'ndeki geçici kabir, tıpkı bir abide gibi nihai,

---

8 Türkiye Cumhuriyeti Başbakanlık Arşivleri, Grup Kodu 030-10-0-0, Ref: 15-85-18, Dosya: 13110, Tarih: 25/05/1951. Burada alıntılanan kısmın tarihi 8 Haziran 1950'dir, ama arşivdeki belgenin tarihi 25 Mayıs 1951 olarak verilmektedir; bu tarih, bir sonraki paragrafta tarif edilen "Ek Yönetmelik"in tarihidir.

kendinden emin ve kararlı idi. Öte yandan bu geçici lahit, devasa boyutlar, büyük jestler ya da heybetli bir sağlamlık hissi gibi alışılageldik araçlar yoluyla herhangi bir abidevilik hissi sergilemiyordu. Aksine, burası Atatürk'ün naaşının istirahate çekildiği çarpıcı ama sade ve insani ölçülerde bir nesneydi. Ebatları ele alınırsa, hem lahde hem de diğer sergilere erişimin kısıtlı olduğu göz önünde tutulduğunda, alanı yaklaşık 1.250 m² olan (Çuha 1989, Resim 16) müzenin tamamı Atatürk'ün geçici kabrinin devamı olarak da görülebilir; bu alan Meclis binasının önünde Taut'un katafalkının yerleştirildiği alandan yüzde 25 daha büyüktür ve bu durum Etnografya Müzesi'ndeki geçici lahdi abidevi kılar.

Atatürk'ün Ankara Etnografya Müzesi'ndeki geçici kabri olan esas nesne (RESİM 1.4) o denli minimalisttir ki, herhangi bir şeyi temsil ettiği veya simgelediğine inanmak zordur. Lahit basitçe iki ana parçadan oluşuyordu: Beyaz bir mermer blok ve altı adet elektrikli meşale. Mermer blok, 1 m yüksekliği, 2 m uzunluğu ve 50 cm derinliği olan basit bir dikdörtgen prizmaydı. Üst kısmın etrafındaki yaklaşık 10 cm yüksekliğindeki ufak bir kemer birkaç santimetre içeri girintiliydi; kabrin üzerindeki tek dekorasyon kare kesim ve gelişigüzel eklem yerlerindeydi. Bu soyut nesne, etrafını çevreleyen Etnografya Müzesi'yle onun Osmanlı ve Selçuklu öykünmeli mimari ayrıntıları, resim ve çini süslemeleriyle büyük bir tezat halindeydi. Tıpkı Dolmabahçe Sarayı ve Ankara katafalklarındaki altı meşalenin Kemalizmin altı payandasını simgelemesi gibi, Etnografya Müzesi'ndeki geçici kabirdeki altı adet ince metal direk de, uçlarında elektrik ampulleri ve buzlu camdan abajurlarıyla Kemalizmin altı payandasını simgeliyordu. Bu elektrikli meşaleler yaklaşık 2 m uzunluğundaydı ve kabrin iki kısa kenarına üçer adet düşecek şekilde yerleştirilmişti. Bu meşaleler Dolmabahçe ve Ankara katafalklarındakilerle kıyaslandığında farklılık çarpıcıdır: içinde ateş yanan abartılı büyüklükte, yüksek ve kalın, dikey öğelerken, Etnografya Müzesi'ndeki geçici kabrin meşaleleri, tasarımın bütününde hâkim minimalizme uygun olarak, sadece minimal düzeyde ateş, yani elektrikli lamba ışığı yayan son derece ince dikey öğelerdi.

Görünen o ki, Atatürk'ün Etnografya Müzesi'ndeki geçici kabrinin minimalizmi esasen simgeselliğidir. Yani, lahitteki ayrıntı yoksunluğu geçici bir duruma yönelik aceleyle üretilmiş bir çözüm olarak değil, lahdin yaratıcısının maksatlı bir hamlesi olarak okunmalıdır. Lahitten sorumlu mimar olan Hüsnü Tümer, kamu görevinden önce, Birinci Ulusal Mimarlık akımının önde gelen Levanten mimarı Giulio Mongeri ile Bursa'da Çelik Palas Oteli (1930-32) projesinde birlikte çalışmış yetenekli bir tasarımcıydı. 1930'lu yıllardan sonra Tümer, Bayındırlık Bakanlığı'nda çeşitli görevlerde hizmet etmiş, hatta Kudüs'teki Kubbetü's-Sahra'nın Osmanlı çinilerinin tamirinde çalışmış ve bu da onu, ince ayrıntılı ve süslemeli mimari uygulamaları konusunda son derece ehil kılmıştı.⁹

21 Kasım 1938'deki cenaze törenleri için, boyanarak mermer gibi görünmesi sağlanan, geçici bir ahşap lahit hazırlandı. Mart 1939'da bunun yerini aynı lahdin mermerden yapılanı aldı (Taylak 1998, 16). Eğer Tümer daha süslemeli bir yapı arzu etseydi, bu ara dönemde bu kolayca gerçekleştirilebilirdi, ama yapılmadı. Dolayısıyla, Etnografya Müzesi'ndeki kabrin minimalizminin bir geçicilik düşüncesi ya da zaman sıkıntısının bir ürünü değil, Atatürk'ü sade ve mütevazı bir biçimde temsil etmeyi amaçlayan tasarımcının bilinçli bir kararı olduğu sonucuna varılabilir. Mezar mimarisi alanında, böylesi bir sadelik acının maskelenmesinden (Ragon 1983, 148) genel anlamda ölümün sükûnetine (Curl 1980, 15) ve ölenin bulduğu huzura (Colvin 1991, 354) uzanan bir dizi kavramı temsil edebilir. Atatürk'ün geçici kabrinin Türk ulusunun yas sürecinde, Atatürk'ün Anıtkabir mozolesinde doruğa ulaşacak kabullenme safhasının başlangıcı olduğu akılda tutulduğunda, bu anlamların hepsi durumla son derece ilintili ve yerindedir.

Anıtkabir'e Nakil

Ankara Etnografya Müzesi'ndeki lahit Atatürk'ün mezar yeri olarak 15 yıl hizmet gördü. Bu süre zarfında, Türk hükümeti daimi bir mozole, yani Anıtkabir için bir mimari yarışma düzenledi; bu sürenin sonunda devlet kazanan projeyi temel alarak bir abide inşa edecekti. Bir sonraki bölümde Anıtkabir'le ilgili tüm bu olaylar ayrıntılı bir şekilde anlatılacak, ama oraya geçmeden önce, anlatıda biraz ileriye atlayarak, Atatürk'ün naaşının son kez nakline –Etnografya Müzesi'ndeki geçici kabirden Anıtkabir'e– değinmek isabetli olacaktır; çünkü, Atatürk için bir nevi ikinci cenaze töreni işlevi gördüğü için bu nakil kategorik olarak daha ziyade 1938 yılındaki cenaze törenlerinin yanına aittir.

Etnografya Müzesi'nden Anıtkabir'e yapılan geçit töreni (**RESİM 5.2**) Atatürk'ün ölümünden tam olarak 15 yıl sonra, 10 Kasım 1953'te gerçekleşti. Tıpkı 1938'de olduğu gibi, 1953 yılındaki geçit töreninde de Türk askerleri tarafından çekilen ve itilen bir top arabası kullanıldı. İzlenen rota (**HARİTA 4**) Bankalar Caddesi'nden

---

9 Tümer'in çeşitli memuriyet görevleri aşağıdaki arşiv belgelerinde görülebilir: Türkiye Cumhuriyeti Başbakanlık Arşivleri, Grup Kodu (hepsi için aynı) 030-18-01-02: Ref: 99-77-19, No: 2/18647, Dosya: 156-153, Tarih: 25/08/1942; Ref: 106-66-15, No: 3/1531, Dosya: 20-14, Tarih: 30/09/1944; Ref: 111-41-12, No: 3/4323, Dosya: 20-14, Tarih: 10/06/1946; ve Ref: 111-57-15, No: 3/4647, Dosya: 20-14, Tarih: 06/09/1946. Tümer'in Kudüs'e atanmasıyla ilgili bilgi için bkz. Grup Kodu: 030-01-00-00, Ref: 61-379-18, Dosya: E4, Tarih: 27/12/1955.

5.2. Atatürk'ün tabutunun Ankara caddelerinde törenle taşınması, 10 Kasım 1953 (Genelkurmay İletişim Daire Başkanlığı'nın izniyle).

Ulus Meydanı'na çıkıyor, Atatürk'ün Taut'un katafalkındaki cenaze töreninin gerçekleşmiş olduğu İkinci TBMM binasını geçerek yine Atatürk'ün tabutunun 1938'de Ankara'ya ilk ulaştığı yer olan tren garına doğru devam ediyordu; daha sonra tren raylarından geçip Tandoğan Meydanı'na gidiyor ve öğlen 12:15'te Anıtkabir'in kapısına, ardından da 12:50'de şeref holünün önündeki merdivenlere varıyordu (Taylak 1998, 73). Tören alayı yaklaşık 4,5 km'lik yolu 45 dakikada, saatte 1,2 km'lik bir hızla almıştı; bu 1938'de Taut'un katafalkından Etnografya Müzesi'ne saatte 0,91 km hızla giden cenaze alayından az daha hızlı olmakla beraber, İstanbul ve Ankara'daki diğer geçitler kadar hızlı değildi.

1938'de olduğu gibi, Etnografya Müzesi'nden Anıtkabir'e gitmek için seçilen rotanın da uzatılmış bir yol olduğu söylenebilir. Tıpkı 1938'deki gibi bu uzun rota da sorgulanabilir, çünkü Anıtkabir'e daha kestirme bir yol olarak Opera binası (eski Ankara Sergi Sarayı) önünden düz devam edilip, Talat Paşa Bulvarı boyunca ilerlenebilirdi. Ne var ki, Atatürk'ün cenazesi için yapılan daha önceki geçit törenlerinin hepsinde görüldüğü gibi, rotaların belirleyicisi hız ve zaman değildi; Atatürk'ün naaşının nerelerden geçeceğine ve ne kadar hızla yol alacağına karar veren merasimin kendisiydi. Bu defa, 1938'deki geçit törenindeki aynı nedenlerden ötürü, olayı düzenleyiciler için, simgesel öneme sahip belli başlı bazı yapıların önünden geçmek ve seyircilerin tören alayını görmesi için daha fazla fırsat sağlamak Anıtkabir'e çabucak gitmekten daha önemliydi. 1953'teki tören alayı, yukarıda bahsi geçen Talat Paşa Bulvarı'ndan yukarıya çıkan kısa rota yerine Bankalar Caddesi'nden yukarı çıkarak Gençlik Parkı'nın –burası 1938'de imara açılmamış, boş bir bataklıktı– yanından ilerleyip Ulus Meydanı'nı aşarak Anıtkabir'e yönelmeden önce İkinci TBMM binasının önünden geçmişti (HARİTA 4).

Gençlik Parkı 1940'lı yılların başında inşa edildi ve 1943 yılında, hem Atatürk'ün doğum günü hem de Ulusal Gençlik [ve Spor] Bayramı olan 19 Mayıs'ta açıldı. Atatürk'ün Ankara'nın bu bölgesinde bir park önerisinde bulunduğu söylenmektedir. Dolayısıyla 1930'lu yıllar boyunca birçok plan hazırlanmış, ama inşaat onun vefatından sonra tamamlanabilmişti. Mevcut bataklık kurutularak kenarlarında yürüyüş patikaları olan teknelerin yüzebileceği insan yapımı bir göle dönüştürülmüştü. Modernist mimar/mühendis Robert Maillart'ın 1900'lerin başından itibaren İsviçre'de inşa ettiklerine benzeyen, zarif bir betonarme köprü gölün iki yakasını birbirine bağlıyordu. Gölün ve patikaların yönü, Ankara'nın Osmanlı geçmişinin simgesi olan Ankara Kalesi'ni doğrudan görecek şekilde ayarlanmıştı; böylece ziyaretçilerin eski, yani Osmanlı Ankara'sı ile modern Cumhuriyet Ankara'sını kıyaslamalarına ve bu kıyas üzerine düşünmelerine olanak sağlıyordu. Park, Ankara'nın modern yurttaşlarının, modern yaşam tarzıyla gelen yeni keşfedilmiş aylaklığın tadını çıkarırken, Cumhuriyet öncesinden bu yana hayatlarında gerçekleşmiş ilerleme üzerine de düşünebildikleri bir kamusal alan olarak yaratılmıştı. Nakil törenini düzenleyenler, Etnografya Müzesi'nden Anıtkabir'e götürülürken Atatürk'ün tabutunu Gençlik Parkı'nın önünden geçirip daha kestirme rotayı izlemeyerek sanki parkı törene dahil etmek istemiş ve hem izleyicilere park üzerinden Atatürk'ün hayatındaki en önemli başarısını (Türkiye Cumhuriyeti) hatırlatmak hem de muhtemelen, sanki hâlâ hayattaymış gibi Atatürk'e parkı göstermek istemişlerdi. Aslında tören alayı Gençlik Parkı'nı iki kez geçmişti; ilki Ulus'a doğru çıkış yolunda, ikincisi ise tren garına doğru iniş yolunda (HARİTA 4). Buna, gerek modern Ankara'nın gerekse de modern Türkiye'nin merkezini temsil eden yerler olarak yukarıda tartışılan Ankara'nın Ulus semti, Ulus Meydanı, Meclis binası, Ankara Palas Oteli ve Ankara Tren Garı da eklenirse, Atatürk'ün 1953'teki cenaze alayının rotasının, Türkiye Cumhuriyeti'nin kuruluşu ve kısa tarihi açısından önemli bir dizi kentsel yapının –binalar, meydanlar, caddeler ve parklar– önünden geçecek şekilde tasarlandığı görülür.

Atatürk'ün ölümüyle naaşının Anıtkabir'e taşınması arasında geçen 15 yılda Türk ulusu kaybıyla yüzleşmeye ve onsuz bir gelecek şekillendirmeye, atasız kalan bir ulus olarak olgunlaşmaya başlamıştı. 1940'lı yıllar boyunca, Atatürk'ün eski sağ kolu ve o tarihlerde Cumhurbaşkanı İsmet İnönü sayesinde Türkiye İkinci Dünya Savaşı'nın en sonlarına kadar savaşın dışında kalmayı başardı. Birinci Dünya Savaşı'nda kaybeden tarafla kurulan ittifaktan dersini almış olan İnönü, Müttefikler safına katıldığı 23 Şubat 1945'e, yani Nazi Almanya'sının teslim tarihinden sadece 74 gün öncesine kadar Türkiye'nin tarafsızlığını korumayı başardı. Türkiye Cumhuriyeti'nin 1938 ile 1953 yılları arasındaki olgunlaşma süreci için bir başka önemli olay 1946'da yapılan ilk çok partili genel seçimlerdi. Ayrıca, Atatürk'ün Cumhuriyet Halk Partisi'nden başka bir parti ilk kez oyların çoğunu alıyordu. Son olarak, Kore Savaşı'nda (1950-53) Birleşmiş Milletler kuvvetlerinde çarpışan Türkiye ve Türk askerleri uluslararası arenada kendini kanıtlamış ve bu katkı Türkiye'yi Kuzey Atlantik Anlaşması Örgütüne (NATO) katılmaya davet etme kararını önemli ölçüde etkilemişti; sonunda da Türkiye 1952 yılında NATO'ya katıldı.

Atatürk'ün ölümünden sonra geçen 15 sene Türkiye Cumhuriyeti'nin bu olgunlaşmasına eklenirse, Atatürk'ün tabutunun Etnografya Müzesi'nden Anıtkabir'e taşındığı 1953'teki geçit töreni, hüzünlü yüzlerle ve cenaze gelenekleriyle dolu bir

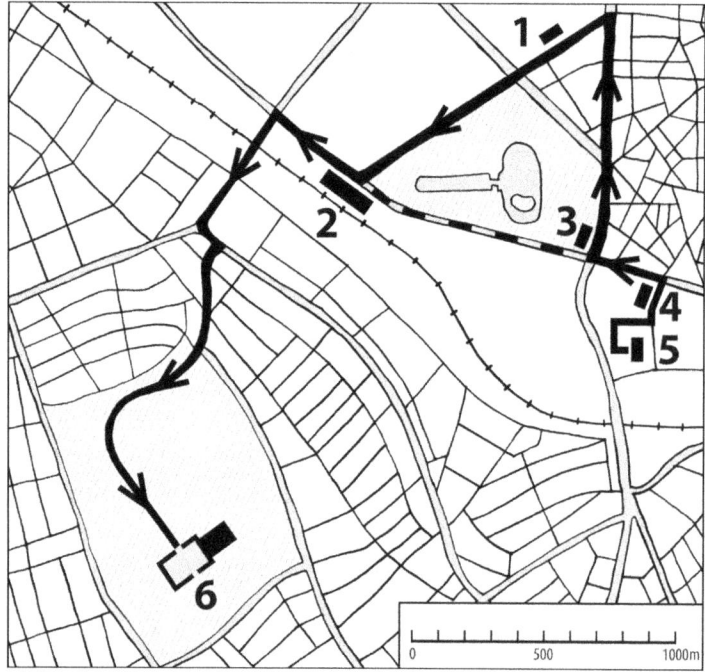

HARİTA 4 Atatürk'ün tabutunun Etnografya Müzesi'nden Anıtkabir'e nakli, 1953 (günümüze ait bir Ankara haritasının üzerine eklenmiştir). Koyu renk çizgi izlenen rotayı, kesikli çizgi yazarın tartıştığı alternatif rotayı göstermektedir. 1: TBMM binası, 2: Gar, 3: Sergi Sarayı, 4: Halkevi/Türk Ocağı, 5: Etnografya Müzesi, 6: Anıtkabir.

cenaze töreni gibi görünmüyordu; olumlu ve neşeli havasıyla daha ziyade bir kutlama gibiydi. İlk olarak, Atatürk'ün tabutundan sorumlu 96 asker yerine, neredeyse yüzde 50 bir artışla, bu defa 138 asker bulunuyordu. İkincisi, tören alayı Anıtkabir'e giden en kestirme yolu izlemediği için, kutlamalar uzadı ve caddelerin alabileceği kadar çok insanın katılımına imkân sağlandı. Son olarak, geçit töreni sırasında yine müzik çalınmasının (bu defa Harp Okulu Bandosu tarafından) yanı sıra dikkat çekici bazı etkinlikler de gerçekleştirildi; bunların arasında, törenin sabah 9:05'te başladığını duyuran top atışları, Harp Okulu öğrencileri tarafından flamalar sallanması ve gökyüzünde bayraklı Atatürk portresi taşıyan Türk Hava Kuvvetleri uçaklarının ufak paraşütlere bağlı kırmızı ve beyaz (Türk bayrağı renklerinde) karanfil demetlerini seyircilerin üzerine atması sayılabilir (Taylak 1998, 72 ve Boran 2003).

Bir kısmı yıkıcı bir dünya savaşı içeren 15 uzun seneden sonra, Atatürk nihayet, bilhassa hem kendisi hem de Türk ulusu için özel olarak inşa edilmiş muhteşem bir mozolede rahata eriyordu. Bu şenlikli bir törendi ve nakil işlemini organize edenlerin —devletin— verdiği mesaj bunun, istikrarlı ve büyük bir geleceğe yönelik iyimser bir an olduğu şeklindeydi. Dönemin Cumhurbaşkanı Celal Bayar'ın, Atatürk'ün tabutu Anıtkabir'e vardığında yaptığı ve 11 Kasım 1953 tarihli *Cumhuriyet* gazetesinin baş sayfasında yayınlanan açıklaması da bu mesajı yansıtıyordu: "Atatürk, şimdi seni kurtardığın vatanın her köşesinden gönderilen mukaddes topraklara veriyoruz. Bil ki, hakiki yerin, daima inandığın ve bağlandığın Türk Milletinin minnet dolu sinesidir. Nur içinde yat." Aynı gün, eski Cumhurbaşkanı İsmet İnönü, *Ulus* gazetesinin baş sayfasında yayınlanan aşağıdaki demeci vermişti: "Bugün basiretle düşünüyoruz ki yeni Türk devleti ıslahatçı Atatürk'ün en büyük eseridir. Bu eserin akıbeti ne olacağı, on beş sene önce bugün bütün dünyanın sorusu ve şüphesiydi. Büyük insanların başarıları, hususiyle milletler hayatında, kendileri ayrıldıktan sonra devam edebilmek kabiliyetiyle ölçülmüştür. İnkılaplar ve ıslahat ile kurulan yeni Türk cemiyeti geçen on beş sene içinde daha ilerlemiş ve en büyük ilerleme olarak kendi kendini koruyacak ve savunacak hale gelmiştir. Bugün Türk Milleti, köylüsü ve şehirlisi ile Türk Cumhuriyetinin temel mefhumlarını muhafaza ediyor. Yeni nesiller ve gençler kendilerine verilen emanetin kadrini bilmişlerdir. Aziz Atatürk, zaman geçtikçe daha yüksekte, daha parlak şeref halesi içinde yaşıyacaksın. Vatana karşı gerçek sevginin ifadesi olarak, ıslahat eserlerini korumayı borç biliyoruz. Solmaz saygı duygusu ile sana bağlıyız."

Artık İkinci Dünya Savaşı sona ermiş, Türkiye Birleşmiş Milletler ve NATO üyelikleriyle kendini kanıtlamış, Türk demokrasisi çok partili temelde düzgün bir şekilde işlemeye başlamış ve Atatürk'ün naaşı hak ettiği düşünülen yerine nihayet kavuşmuş olduğundan, güven ve azimle dolu –Danto ve Rowlands'ın abide tanımına uygun bir şekilde– yeni ve daha aydınlık bir geleceğe dair büyümekte olan iyimserlik, Atatürk'ün ve onun Türk ulusunun oluşumundaki rolünün anısına yönelik ortak bir tavrı şekillendiriyordu. Ayrıca, hem Bayar hem de İnönü sanki Atatürk hâlâ hayattaymış gibi ona hitap ediyor, Atatürk'ün vefat ettiği gerçeğini unutmayı (ya da görmezden gelmeyi) tercih ediyordu; bu da yine, hatırlama yerine unutmayı öne çıkaran abide tanımıyla uyum arz eder. Mustafa Kemal Atatürk'ün mezar mimarisinin hikâyesindeki son parça olan bu anıt, yani Atatürk'ün Anıtkabir mozolesi bir sonraki bölümde ayrıntılı bir biçim ele alınacak.

ALTINCI BÖLÜM

Anıtkabir

Anıtkabir Mustafa Kemal Atatürk'ün naaşının resmi ve daimi istirahatgâhıdır. 1928 yılında açılan yarışmada birinci gelen Ankara nazım planı ile tanınan Alman şehir plancısı Hermann Jansen, Atatürk'ün ölümünden iki hafta gibi kısa bir süre sonra, bir dikilitaş ve içinde ateş yanan vazolar aracılığıyla çok sade bir şekilde istirahatgâh çağrışımı yapan bir Atatürk Abidesi eskizi hazırlamıştı (RESİM 6.1). Ancak, Atatürk'ün Türkiye'nin zihninde ve gönlünde kapladığı –halen de kaplamakta olduğu– yerin büyüklüğü göz önüne alındığında, Anıtkabir Jansen'in eskizinden çok daha görkemli ve abidevi olmalıydı.

Anıtkabir inşaatı 1943'te başladı ve 10 yıl sürdü. Ankara caddelerinde gerçekleştirilen ve bir önceki bölümde ayrıntılı bir şekilde anlatılan törenin ardından Anıtkabir 10 Kasım 1953'te resmi olarak açıldı. Ancak, herhangi bir inşaatın başlayabilmesi için önce müsait bir yere ve uygun bir tasarıma ihtiyaç vardı. Anıtkabir için yer seçilmesi meselesi 1938 ila 1940 yıllarında TBMM'de kayda değer tartışmalara neden oldu. Her ne kadar Atatürk'ün hayattayken "Milletim beni nereye isterse oraya gömsün, yeter ki unutmasın" dediği not edilse de (Öz 1982, 138), Gazi Orman Çiftliği'nde ziraat mühendisi Tahsin [Coşkan] Bey'le ettiği bir sohbette Atatürk'ün oldukça spesifik direktifler verdiği de anlaşılmaktadır: "Şu küçük tepede bana küçük ve güzel bir mezar yapılabilir. Dört yanı ve üstü kapalı olmasın [...] Açıklardan esen rüzgâr bana yurdun her yanından haberler getirir gibi, kabrimin üstünde dolaşsın. Kapıya bir yazıt konulsun. Üzerine 'Gençliğe Söylevim' yazılsın. Orası yol uğrağıdır. Her geçen, her zaman okusun" (Saylav 2005, 35-6).

TBMM, doğrudan bu tavsiyeye uymak yerine, Atatürk'ün cenaze töreni ve Etnografya Müzesi'ndeki geçici kabre yerleştirilmesinden kısa süre sonra, mozole için Ankara'daki müsait yerleri araştırmak üzere bir yer tespit komisyonu görevlendirdi. Bu komisyona başbakanlık müsteşarı başkanlık ediyordu; komisyon Milli Savunma Bakanlığı'ndan iki general, Bayındırlık Bakanlığı'ndan yapı işleri genel müdürü, İçişleri Bakanlığı müsteşarı ve Milli Eğitim Bakanlığı bünyesindeki yükseköğretim genel müdüründen oluşuyordu. Komisyon üyeleri ilk kez 6 Aralık 1938'de, yani

Atatürk'ün ölümünden bir aydan daha kısa bir süre sonra toplandı ve komisyona yabancı uzmanların dahil edilmesine karar verildi. Hermann Jansen (RESİM 6.1'i çizen Alman şehir plancısı), Clemens Holzmeister (halihazırda kullanılmakta olan TBMM binası da dahil olmak üzere Ankara'daki birçok devlet binasını tasarlayan Avusturyalı mimar), Rudolf Belling (Alman heykeltıraş ve İstanbul Güzel Sanatlar Akademisinde hoca) ve Bruno Taut (Atatürk'ün cenaze katafalkının Alman mimarı ve İstanbul Güzel Sanatlar Akademisinde hoca) 16 Aralık 1938 tarihinde, Taut'un ölümünden dokuz gün önce, yapılan ikinci toplantısında komisyona katıldılar.

Bu komisyon Ankara'da dokuz yer önerisinde bulundu. Bu yerler daha sonra, Türk milletvekillerinden oluşan 15 kişilik bir komisyon tarafından değerlendirildi; bu komisyonun üyeleri Falih Rıfkı Atay (Ankara), Rasih Kaplan (Antalya), Mazhar Germen (Aydın), Süreyya Örgeevren (Balıkesir), Refet Canıtez (Bursa), İsmet Eker (Çorum), Münir Çağıl (Çorum), Mazhar Müfit Kansu (Denizli), Necip Ali Küçükağa (Denizli), Nafi Atıf Kansu (Erzurum), Saim Ali Dilemre (Erzurum), Salah Cimcoz (İstanbul), Ferit Celal Güven (Seyhan), Tevfik Tarhan (Seyhan) ve Mithat Aydın (Trabzon) idi.

6.1. Hermann Jansen'in çizdiği Atatürk Abidesi taslağı, 24 Kasım 1938 (Berlin Teknik Üniversitesi Mimarlık Müzesi'nin izniyle, Envanter No. 22947).

Ankara'nın batısında yer alan ve Atatürk tarafından modern ziraat, mandıra ve alkol mayalama alanlarında alıştırma tesisi olarak hizmet etmek üzere hazineye bağışlanan Gazi Orman Çiftliği, geniş yeşil alanı ve Atatürk'ü akla getirmesi nedeniyle Yer Tespit Komisyonu tarafından önerildi. Ancak, Gazi Orman Çiftliği milletvekillerinden oluşan komisyon tarafından, arazi içerisinde (çiftliğin ürünlerinin satışının yapıldığı) gece kulüpleri ve çay bahçeleri bulunması nedeniyle ve bunların Atatürk için yapılacak bir mozolenin ciddiyetini zedeleyeceği düşüncesiyle uygun bulunmadı. Modern Türklerin boş zamanlarını değerlendirme yeri olarak tasarlanmış bir kent parkı olan Gençlik Parkı (bir önceki bölümde tartışılmıştı) da yeşil alanları ve merkezi konumu nedeniyle Atatürk mozolesi için önerilen yerler arasındaydı. Fakat, milletvekillerinden oluşan komisyon Gençlik Parkı'nı da çay bahçeleri ve eğlence tesisleri nedeniyle uygun bulmadı. Ayrıca, Gençlik Parkı Ankara'nın en alçak noktasıydı, bu da milletvekilleri tarafından bir Atatürk abidesine uygun olmayan bir irtifa olarak görülmüştü. Kuzeydeki Keçiören ilçesinin bağlarında yer alan metruk Ankara Ziraat Mektebi arsası da önerilmişti, çünkü Atatürk Kurtuluş Savaşı sırasında Aralık 1919'da Ankara'ya ilk geldiğinde bu binayı ikametgâh olarak kullanmıştı. Bu öneri, merkezden yaklaşık 10 km'lik bir mesafede bulunan bu yerin Ankara şehir merkezine fazla uzak olması nedeniyle reddedildi. Ankara merkezindeki planlı alanlardan biri olan ve bakanlıkların yanı sıra Genelkurmay Başkanlığı ve halihazırdaki TBMM binasının da yer aldığı Bakanlıklar Semti de, devleti çağrıştırmasından dolayı Yer Tespit Komisyonunun önerdiği yerler arasındaydı. Ne var ki, daha sonra üzerinde mimar Yılmaz Sanlı'nın Milli Eğitim Bakanlığı binasının (1966) yükseleceği bu arsa, Ankara'nın kuzey-güney yönündeki ana aksı (bugünkü adıyla Atatürk Bulvarı) üzerindeki, yeterli güvenlik tedbiri almayı imkânsızlaştıracak derecede merkezi konumundan dolayı reddedilmişti. Benzer şekilde, TBMM binasının arkasındaki Kabatepe adlı yükselti gerek devleti çağrıştırması gerekse de merkezi konumu nedeniyle önerilmiş, ama muhtemelen yerin yokuş ve fazlasıyla merkezi olması sebebiyle milletvekillerinden oluşan komisyon tarafından uygun bulunmamıştı; ama reddin gerekçesi de ayrıntılı bir şekilde açıklanmamıştı.

150 m yüksekliğiyle Ankara'nın merkezinde en yüksek tepe olan Ankara Kalesi, Atatürk mozolesi için Yer Tespit Komisyonunun önerdiği yerlerden biriydi. Ancak Ankara Kalesi'nin Türkiye'nin cumhuriyet öncesi geçmişine dair hoş karşılanmayan çağrışımları nedeniyle milletvekillerinden oluşan komisyon bu konumu da reddetti. Atatürk 13 Ekim 1923 tarihinde Ankara'yı Türkiye'nin başkenti olarak ilan ettiği sırada, kent yaklaşık 25.000 kişilik nüfusuyla ufak bir bölgesel merkezdi (Tankut 1981, 163). Sakinlerinin çoğu, Ankara Kalesi'nin temelleri içerisinde ya da etrafında,

15 m yüksekliğinde kagir bir duvarla çevrili, bitişik nizam dizilmiş geleneksel ahşap Osmanlı evleri ve dolambaçlı dar sokaklarla dolu bölgede yerleşikti. Bu tarihinden dolayı, Ankara Kalesi Ankara'nın modern öncesi Türkiye'yi en çok anımsatan bölgesiydi; hâlâ da öyledir. Milletvekillerinden oluşan komisyonun aşağıdaki açıklamasında bu noktanın altı ayrıntılı bir biçimde çiziliyordu: "Ankara Kalesi, bütün özellikleri ile geçmişi temsil eder. Bu kale Bizanslılar tarafından yapılmış, Selçuklular tarafından genişletilmiştir. Türk Ulusunun kurtarıcısı ve Türkiye Cumhuriyeti'nin kurucusu Atatürk, yeni bir çağ açmıştır. O, Türk Ulusunun geçmişten çok geleceğini temsil eder. Bundan ötürü Atatürk'ü, görevini tamamlamış tarihi, eski bir anıtın içine nakletmek doğru değildir. O, tek başına bir değerdir. Başka bir tarihi desteğe ihtiyacı yoktur."[1] Hâkim yüksek konumu nedeniyle, Ankara Kalesi'nin kuzeyindeki eğimli alanda yer alan Altındağ Tepesi de Yer Tespit Komisyonu'nun önerdiği yerler arasındaydı. Bu yer milletvekillerinden oluşan komisyon tarafından, mozoleyi ziyaret etmesi beklenen pek çok kişinin rahatça ağırlanması için fazla dik bulundu ve reddedildi. Son olarak, Etnografya Müzesi'nin önündeki alan da, muhtemelen Atatürk'ün geçici kabriyle bağlantısından dolayı, önerilen yerlerden biriydi. Milletvekillerinden oluşan komisyon burayı da, herhangi bir açıklamada bulunmaksızın reddetmişti. Büyük ihtimalle akıllarında daha abidevi bir şey vardı ve Etnografya Müzesi'nin önündeki küçük meydanın bunu sağlayamayacağını düşünmüşlerdi.

Komisyondaki milletvekillerinin birçoğu Cumhurbaşkanlığı Köşkü'nün (Yer Tespit Komisyonu üyelerinden Clemens Holzmeister tarafından 1930 yılında tasarlanmıştı) bulunduğu Çankaya Tepesi'ne sıcak bakıyordu. Burası, Atatürk'ün gerek Kurtuluş Savaşı'nın lideri gerekse de Türkiye Cumhuriyeti'nin Cumhurbaşkanı olarak Ankara'daki yaşamının büyük bir kısmını bu tepede geçirmiş olduğu için önerilmişti. Üç milletvekili üye (Atay, Güven ve Cimcoz) bir araya gelerek Anıtkabir yeri olarak Çankaya Tepesi'ni hararetle önermiş ve şu açıklamayı yapmıştı: "Atatürk, bütün hayatında Çankaya'dan ayrılmamıştır. Çankaya şehrin her tarafına hakimdir ve Milli mücadele, Devletin kuruluşu ve inkılaplarımızın hatıralarına ayrılmaz bir surette bağlıdır. En muhteşem abideler inşasına müsaittir. Hülasa maddi, manevi bütün şartları haizdir. Atatürk'ü ölümünden sonra, Çankaya'dan ayırmayı haklı gösterecek hiç bir sebep bulmadık."[2]

Atatürk'ün mozolesinin yerini seçmekle görevlendirilmiş milletvekillerinden oluşan komisyon, 5 Ocak 1939 tarihinde yaptığı toplantıda, Çankaya Tepesi'ne

---

1 Türkiye Cumhuriyeti Başbakanlık Arşivleri, Grup Kodu 030-10-0-0, Ref: 1-8-14, Dosya: 248, Tarih: 0/0/1942.

2 Agy.

dair tüm bu güçlü hislere rağmen, arayışın kapsamını Yer Tespit Komisyonu'nun önerdiği dokuz konumun ötesine geçecek şekilde genişletme kararı aldı. Komisyon 17 Ocak'ta tekrar toplandığında, Trabzon Milletvekili Mithat Aydın son bir yer önerisi olarak, adını üzerinde kurulu meteoroloji gözlem istasyonundan alan Rasattepe'yi ortaya attı. O tarihlerde, yani Ankara'nın 1970'li ve 1980'li yıllarda batı-kuzeybatı yönlerinde hızla genişlemesinden çok önce, bu tepe şehrin neredeyse her noktasından görülebiliyordu. Yakın tarihli bir Anıtkabir resmi rehberinin ilk cümlesi bunu daha vurgulu bir şekilde ifade etmektedir: "Anıtkabir Ankara'nın hemen hemen ortasındadır" (Gülekli 1981, 39). Milletvekillerinin çoğu bu yeri pek iyi bilmediği için aynı günün öğleden sonrasında Rasattepe'yi ziyaret etmek üzere toplantıya ara verildi ve sonunda yer son derece olumlu karşılandı.

Komisyon yeniden toplandığında milletvekilleri Atay, Güven ve Cimcoz Çankaya Tepesi'ni desteklemeye devam etti, ama Rasattepe için Balıkesir Milletvekili Süreyya Örgeevren ek bir gerekçe öne sürdü:

> Rasattepe'nin bunlardan başka bir özelliği daha vardır ki, hayali genişçe olan her kişiyi derin bir şekilde ilgilendirir sanırım. Rasattepe, bugünkü ve yarınki Ankara'nın genel görünüşüne göre, bir ucu Dikmen'de öteki ucu Etlik'te olan bir hilal'in tam ortasında, bir yıldız gibidir. Ankara hilalin gövdesidir. Anıtkabir'in burada yapılması kabul edilirse, şöyle bir durum ortaya çıkacaktır. Türkiye'nin başkenti olan Ankara şehri, kollarını açmış Atatürk'ü kucaklamış olacaktır. Atatürk'ü böylece bayrağımızdaki yarım ayın yıldızının ortasına yatırmış olacağız. Atatürk, bayrağımızla sembolik olarak birleşmiş olacaktır. (Taylak 1998, 22)

En temel ulusal simge olan ay-yıldızlı Türk bayrağının, fiziksel ve manevi merkezine Atatürk'ün mozolesini alarak Ankara şehrinde cisimleşmesi çağrışımı son derece güçlüydü. Örgeevren'in tartışmaya kattığı ve ne Dolmabahçe'deki yatak odası ve katafalkta, ne Ankara katafalkında, ne de Etnografya Müzesi'ndeki geçici kabirde mevcut olan nokta, Anıtkabir'in sadece Atatürk'ün kişisel bedeniyle değil, Atatürk'ün siyasi bedeniyle –Türkiye Cumhuriyeti– de ilgili olduğu fikriydi. Başka bir deyişle, bu fikirde Anıtkabir sadece insan Atatürk'e değil, ulus Atatürk'e de ait olacaktı. Örgeevren konuştuktan sonra, İçel Milletvekili ve Atatürk'ün eski öğretmenlerinden Emin İnankur, bir tarihte Atatürk'le birlikte Rasattepe'ye yaptıkları ziyaretten söz açtı; iddiaya göre Atatürk bu ziyaretinde, "Bu tepe ne güzel anıt yeri" (TC Genelkurmay Başkanlığı 1994, 4) demişti. Bu ifade tartışmaya fiilen son noktayı koymuş ve bunun üzerine Rasattepe Anıtkabir yeri olarak seçilmişti.

Rasattepe doğal bir topografik oluşum değil, antik dönemden kalma bir höyüktür; başkenti Ankara'nın sadece 75 km güneybatısına düşen Gordiyon kenti olan antik Frigya medeniyetine (MÖ 1200-700) ait mezarları örtmektedir. Bu arkeolojik öneminden ötürü, Türk hükümeti Atatürk'ün mozolesinin inşaatına başlanmadan önce Rasattepe'de kazı yapılmasına karar vermişti. Ankara Üniversitesi Dil ve Tarih-Coğrafya Fakültesi hocalarından Prof. Tahsin Özgüç tarafından 1943-44 yıllarında yürütülen bu kazılarda Osmanlı öncesi dönemlere ait kayda değer birçok buluntu ortaya çıktı ve bunların çoğu Anadolu Medeniyetleri Müzesi'ne yollandı. Rasattepe'deki kazılarda ortaya çıkan arkeolojik buluntular, Atatürk'ün himayesinde kurulmuş ve 1932'den beri Türk Tarih Tezi adı verilen bir kavramı geliştirmeye çalışan bir devlet kurumu olan Türk Tarih Kurumu'nun gündemini destekleme ve kuvvetlendirmeye yardımcı oldu. "Türkler"in Osmanlı öncesi dönemde etnik bir grup olarak var olduğunu ve modern Türklerin, Orta Asya'dan Hindistan, Çin, Mezopotamya, Anadolu ve hatta Avrupa'ya göç etmiş, dolayısıyla da o tarihte bilinen dünyanın neredeyse tamamına yayılmış göçebe Oğuz Türklerinin bir kolundan geldiğini iddia ediyordu.

Türk Tarih Tezi aslında kısmen, Oğuz Türklerinin soyundan gelindiğini iddia eden Osmanlı kuruluş söylencesine dayanıyordu, ama Osmanlıların kullandığı "400 çadırlık bir aşiret" (Wittek 1958, 7-15) ifadesini zikretmiyordu. Bunun yerine Türk Tarih Tezi, Oğuz Türklerinin göç ettikleri yerlerin çapını genişletmiş gibidir. Türk Tarih Tezi nihayet 1980'li yıllarda yer yer gözden düşse de yirminci yüzyılın sonlarına dek Türk kimliği ve Türklerin kökeni söylemini önemli ölçüde şekillendirmiştir. Buna istinaden Türkiye Cumhuriyeti, kendi yurttaşlarının Anadolu'nun antik Hitit, Frigya ve Lidya medeniyetlerinin soyundan geldiği teorisini öne sürmüş ve Kurtuluş Savaşı'nın ardından elinde kalan toprak üzerindeki hak iddiasını güçlendirmiştir. Dolayısıyla, Rasattepe bu efsanevi tarihi takviye etmek için kazılardan fiziksel bulgu sağlamakla kalmayıp, mecazi bir malzeme de sunuyordu: Türklerin atası Atatürk'ün ebedi istirahatgâhı Frig medeniyetinin tepe noktasında olacaktı, hem gerçek hem de simgesel anlamda.

Mimari Yarışma

Anıtkabir için uygun bir yer bulunur bulunmaz, Atatürk'ün mozolesi için uygun bir tasarımın seçilmesi hususu, Türk hükümetinin düzenlediği ve 1 Mart 1941'de duyurulan uluslararası bir mimarlık yarışması şeklini aldı. Bu duyuruda katılımcıların hem insan Mustafa Kemal Atatürk'ü hem de Türk milletini mimari olarak temsil etmeleri isteniyordu. Bayındırlık Bakanlığı tarafından hazırlanmış olan yarışma programının 1, 3 ve 5. maddeleri, abidenin oynaması beklenen bu simgesel rolü dolaysız bir biçimde aktarıyordu:

1- Büyük Türk milletinin kalbinde yaşıyan Atatürk yeni Türkiyeyi kurmuştur. 10/11/1938 de maddî varlıktan ayrılarak edebî ve fanî dünyaya göçen Atatürk'ün tabutu önünde Türk Milleti en içli bir teessür ve minnet tâzimlerile eğilmiştir. Her Türkün kalbinde yaşıyan bu büyük adamın eserlerini ebediyete mal edecek ve Türk kalbinin ATA'sına bağlılığını bütün kuvvet ve azametile ifade edecek olan Anıt Kabir aşağıdaki esaslara göre hazırlanmalıdır.

[...]

3- Bu âbide ATA'nın; Asker Mustafa Kemâl, Devlet Reisi Gazi M. Kemâl, Büyük siyasî, ilim adamı, büyük mütefekkir ve nihayet yapıcı ve yaratıcı büyük dehânın vasıflarının kudret ve kabiliyetinin timsali olacaktır. Ve onun şahsiyetiyle mütenasip bulunacaktır.

[...]

5- Atatürk'ün ismi ve şahsiyeti altında Türk milleti sembolize edilmiştir. Türk milletine hürmet ve tâzimini göstermek isteyenler büyük Ata'nın katafalkı önünde eğilerek tezahürlerini ifade edeceklerdir. Bu itibarla Ankaraya gelen her ziyaretçi doğruca Ata'nın mezarına giderek bu tazim vazifesini ifa edecektir. (Sayar 1943a: 3)

2 ve 4. maddeler boyut, abideye erişim ve arzu edilen genel siluet gibi, yarışmacıların uyması gereken daha fiziksel gereklilikler hakkında izahat veriyordu. Böylelikle Türk hükûmeti Atatürk'ün yaşamı ve ölümünü açıkça Türkiye Cumhuriyeti'yle bağlantılandırarak mozolesi için sadece fiziksel gereklilikleri değil, psikolojik gereklilikleri de sıralıyordu. En önemlisi ise, yarışma programının yazarlarına göre, Anıtkabir azametli, görkemli ve abidevi bir şekilde ifade edilmeliydi. Yarışma tanıtım kitapçığı "azamet", "kuvvet", "şeref", "azametli", "muhteşem" ve "eşsiz" gibi sıfatlarla doluydu; her ne kadar bu niteliklerin tam olarak nasıl gerçekleştirileceği yarışma katılımcılarına bırakılıyor ise de inşa edilecek abide için önerilen özellikler bunlardı (Sayar 1943, 3-5, 2021). 3. madde Anıtkabir'in "[Atatürk'ün] vasıflarının kudret ve kabiliyetinin timsali olaca[ğını]" net bir şekilde ifade etmekteydi (agy., 3). Ama abidenin "uzaktan da görülebilecek ulu bir siluet" sunmasında ısrarcı olan 4. maddeydi ve Batur'un (1997, 93) sözleriyle ifade edilecek olursa, "Proje şartnamesi, tasarımın şematik niteliklerinin yanı sıra [...] açıkça anıtsallığı şart koşmakta" idi. Zira, Atatürk'ün mozolesinin azameti ve büyüklüğü –ulusun mikrokozmosu olarak temsili– onu hakiki anlamda ulusal bir abide olarak tanımlayacak unsurlardı.

Mozolenin ana bileşeni olan ve şeref holü olarak adlandırılacak kısım için de belirli talimatlar veriliyordu:

14- Şeref holü, Büyük Atatürk'ün lâhidini ihtiva etmesi itibarile muhakkak surette bu âbidenin ruhunu ve esaslı yerini teşkil eder. Bu hol başta büyük ATA'nın yarattığı bütün Türk milleti olduğu halde aynı zamanda milletimize tâzim ve hürmetlerini gösterecek ecnebi devlet heyetlerinin Ata'nın lahdine teveccüh edecekleri, hürmet ve tâzimlerini sunacakları büyük holdür. Bu hol en az 250 ziyaretçiyi birden istiap edecek büyüklükte olacaktır. Bu holde aranan azamet, ihtişam ve kuvvet tesirleri müsabıklara bırakılmış olup holün şekil, eb'ad ve irtifaı hakkında hiç bir mütalâa dermeyan edilmemiştir. (Sayar 1943a: 3)

Tam da Anıtkabir yarışması programının duyurulduğu Mart 1941'de ortaya çıkan siyasi bir huzursuzluk da dikkate değerdir. İlk başta, Türk mimarlar yarışmaya dahil edilmemişti. İnanılması güç bir şekilde –zira bu Türk halkının lideri için yapılacak bir Türk abidesiydi– Türk mimarların yarışmaya katılmasına basitçe izin verilmemişti. Böyle bir kısıtlamanın getirilmiş olması son derece alışılmamış bir durumdur. Bu durumun aksiyse çok daha tipiktir: "Öteki," dışarıda ve sözde bilgisiz oluşundan dolayı ulusal kimlik ve belleğin şekillenmesine yardımcı olmaktan çoğunlukla men edilir. Bu tarihte Türk hükümeti, siyasi kararlar ve cumhuriyet için yeni kurumların oluşturulması gibi konularda tavsiyeler için aslında büyük ölçüde yabancı (çoğunlukla Almanca konuşan dünyadan) danışmanlara bağımlıydı. Bruno Taut Türkiye'ye böyle bir rol içerisinde çalışmaya gelmişti ve eğer zamansız ölümü olmasaydı muhtemelen daha uzun bir süre çalışmaya devam edecekti. Bu kısıtlamanın, Türk hükümetinin Anıtkabir için yapılan mimari yarışmayı bir sanat egzersizi olarak değil de –ki kesinlikle öyleydi– daha ziyade bir şeyin nasıl yapılması gerektiğine dair tavsiye olarak görmesinden ileri geldiği düşünülebilir. Her halükârda, Türk mimarlarına getirilen kısıtlama ancak Türk Yüksek Mimarlar Birliği protestolarından ve Türkiye'deki mimarlık yayınları ve popüler basının Bakanlar Kurulu'na baskı yapmasından sonra kaldırıldı. Böyle bir olay, bir binanın tasarımcısının uyruğunun iktidarda olanlar için, o binada rastlanabilecek semboller kadar önemli olduğunu göstermektedir.

Mimari yarışmaya katılma süresi 2 Mart 1942'de sona erdi. Jüri 12-20 Mart tarihleri arasında dokuz gün boyunca her gün toplandı; bu, sadece 50 civarında proje sunulduğu hesaba katıldığında nispeten uzun bir süreydi. Yarışmaya tam olarak kaç proje sunulduğu aslında belli değildir. Anıtkabir inşaatına nezaret eden kontrol şefi Sabiha Güreyman toplam sayının 46 olduğunu iddia etmiştir (Güreyman 1953, 3). Anıtkabir Proje Müsabakası Hakkında Jüri Raporu'nun giriş kısmında 47 projenin değerlendirilmiş olduğu ifade edilmişken, raporda listelenen son projenin numarası 49'dur; ayrıca raporda hem 6 ve hem de 6a numaralı projeler vardır ve bu da toplam sayıyı 50 yapmaktadır. Türkiye Cumhuriyeti Genelkurmay Başkanlığı tarafından yönetilen Anıtkabir resmi internet sitesi toplam 49 projenin alındığını ve iki tanesinin diskalifiye edildiğini –biri geç verildiği, diğeri ise yarışmacının adının ambalaj kâğıdının üzerine yazıldığı için– iddia etmektedir. Bilahare başka birçok kaynak da 49 proje sunulduğunu belirtmektedir.

Toplam 50 proje sunulduğu varsayılırsa, bunların yarısı Türkiye'dendi. Savaş zamanı koşullarına rağmen, Mihver Devletleri'nden ve Nazi işgaline uğramış ülkelerden kayda değer bir katılım gerçekleşmişti: Almanya'dan on bir, İtalya'dan dokuz ve Avusturya, Fransa ve Çekoslovakya'dan birer tane. Tarafsız İsviçre'den de bir proje sunulmuştu. Avrupa'nın dışından sunulmuş proje yoktu. Yarışma jürisi Alman mimar Paul Bonatz, İsveçli mimar Ivar Tengbom, Macar mimar Karoly Wichinger, Türk sanatçı Arif Hikmet Holtay, Türk Bayındırlık Bakanlığı mimarı Muammer Çavuşoğlu ve Ankara imar müdürü Muhlis Sertel'den oluşuyordu. Bonatz jüriye başkanlık ediyordu ve aşağıda da görüleceği gibi, muhafazakâr yorumları ve kararları jüri üzerinde etkili olmuştu. Nasyonal Sosyalist İşçi Partisi üyesi ya da Nazi sempatizanı olmamasına rağmen, Bonatz mimarlık alanında muhafazakâr bir tutuma sahipti; o tarihte Alman mimarisinde hâkim olan ve onun Stuttgart Tren Garı (1922-27) ve Basel Sanat Müzesi (1936) eserlerinde görüldüğü gibi, abideviliği ve budanmış sade klasisizmi savunuyordu. Yarışma jürisinin toplanmasından bir yıl sonra Bonatz geçici olarak Türkiye'ye yerleşti ve geleneksel yöresel mimari biçimleri dönemin mimarlığına katarak güncellemeyi hedefleyen İkinci [Türk] Ulusal Mimarlık akımının yaygınlaşması sürecinde yer aldı. Örneğin, Bonatz'ın Ankara'daki 1945 tarihli Saraçoğlu Memur Evleri Mahallesi projesi geleneksel Türk Evi'ni model olarak almıştı. Benzer biçimde, 1948 yılında Ankara Sergi Sarayı'nı (mimarı Şevki Balmumcu idi, 1933) Ankara Operası'na dönüştürürken sade modernist yüzeyleri soyut Osmanlı ve Selçuklu motifleriyle süslemişti. Diğer iki yabancı mimarın ve Türk jüri üyelerinin benzer muhafazakâr estetik görüşlere sahip olup olmadığı belli değildir, ama sadece 50 projenin değerlendirilmesinin dokuz gün sürmesi ve aşağıda da anlatıldığı gibi birincilik ödülü alan üç projenin berabere kalması böylesi fikir ayrılıklarının varlığıyla açıklanabilir.

Jüri ön eleme sonucunda 8 projeyi finale bıraktı ve bunlar herhangi bir tanıtıcı işaret, etiket ya da isim olmaksızın sadece numara verilerek ilan edildi. Finale kalan projeler şunlardı: Alman mimar Johannes Krüger'in projesi (no. 9), Türk mimarlar Hamit K. Söylemezoğlu, Kemal A. Aru ve Recai Akçay'ın projesi (no. 24), Türk mimarlar Emin Onat ve Orhan Arda'nın projesi (no. 25), Türk mimarlar Feridun Akozan ve M. Ali Handan'ın projesi (no. 29), İtalyan mimar Giovanni Muzio'nun projesi (no. 41), İsviçreli mimar Ronald Rohn'un projesi (no. 42), İtalyan mimar Arnaldo Foschini'nin projesi (no. 44) ve İtalyan mimarlar Giuseppe Vaccaro ve Gino Franzi'nin projesi (no. 45). Finale kalan bu sekiz projeden üçü –Krüger,

6.2. Anıtkabir yarışmasında birincilik ödülünü kazanan Johannes Krüger, Arnaldo Foschini ve Emin Onat-Orhan Arda'nın projeleri (*Architettura*, 21. cilt, no. 11, 1942, s. 349 [Foschini] ve s. 354 [Krüger]; *Arkitekt*, no. 1-2, 1943, s. 5 [Onat-Arda]).

Foschini ve Onat-Arda (**RESİM 6.2**)– beraber, bugünkü karşılığı 30.000 Amerikan doları olan 3.000 TL'lik birincilik ödülünü almak üzere seçildi. Diğer beş finalist projenin (**RESİM 6.3**) her birine, bugünkü karşılığı 10.000 Amerikan doları olan 1.000 TL mansiyon ödülleri verildi.

Bu sonuçların açıklanmasının ardından, yarışmaya sunulan bütün projeler 24 ila 31 Mart 1942 tarihinde Ankara Sergi Sarayı'nda Türk halkına teşhir edildi. Bu serginin kamuoyuna başvurmak niyetiyle yapılmış olduğu pek söylenemez; o niyetle yapılsaydı jüri kararını vermeden önce ya da jüri kararını verdikten hemen sonra birinci sıradaki üçlü beraberliği bozmaya yardımcı olmak için yapılması gerekirdi. Başka bir deyişle halka danışılmıyor, Anıtkabir mimari yarışmasının sonuçları hakkında bilgi veriliyordu. Jürinin açıkladığı sonuçlar İtalya'yı oldukça hareketlendirmişti. İtalyan mimari dergisi *Architettura* Kasım 1942 sayısının 21 sayfasını yarışmaya katılan beş İtalyan projesine ve ek olarak da Johannes Krüger'in projesine ayırmıştı (Piacentini 1942, 347-67). Jüri üyesi Paul Bonatz'ın taslak çizimlerinde Onat'ın adının altına Almanca el yazısıyla yazdığı "Birincilik Ödülü" notu 348. sayfada görünmesine rağmen, dergi kazanan Türk projesi Onat-Arda'dan hiç bahsetmiyordu. İlk ödülü hiçbir İtalyan projesinin kazanamamış olmasına rağmen, haberin başlığı "İtalyan Mimarisinin Yabancı Bir Ülkedeki Zaferleri" şeklindeydi ve ilk satırlar derginin sergilediği siyasi tavrı gözler önüne seriyordu: "İtalyan mimarisinin büyük bir zaferini okurlarımıza haber vermekten dolayı mutlu ve gururluyuz. Kültür alanındaki bu fetihler İtalyan askerinin dünyada edindiği onurla aynı ana denk düşmekte [ve] Halk'ımızın parlak geleceğine dair halihazırdaki metanet ve güveni teyit etmektedir" (agy., 347). Giriş kısmında daha sonra, o tarihteki İtalya Eğitim Bakanı'nın yarışmada ikincilik ödülünü kazanan Foschini'ye yazdığı mektuptan bir alıntı yapılıyordu: "Takdire şayan çalışmanız sayesinde İtalyan mimarisi yabancı topraklarda ve başka milletlerden sanatçıların katıldığı bir müsabakada bir kez daha ciddi bir kabul görmüştür" (agy). Başka bir deyişle, başkalarının sadece belli bir ülkeden yapılan başvuru sayısının çok olması olarak görebileceği bu durumu, İtalyan yayınının editörü ve İtalyan hükümeti (Eğitim Bakanı yoluyla) o tarihte İtalya'nın kazanmakta olduğu İkinci Dünya Savaşı muharebelerinin uzantısı olarak addediyordu.

Anıtkabir yarışmasına sunulan projelerinin orijinal yarışma klasörleri artık mevcut değildir; Ankara'da sergilendikten sonra proje sahiplerine başvuru evraklarının iade edilmiş olabileceğini ileri süren bazı araştırmacılar olmakla birlikte, 1980 yılında Anıtkabir Müzesi Arşivleri kurulmadan önce bunlar ya imha edildi ya da kayboldu. Orijinalleri kaybolmasına rağmen, ödül kazanan sekiz ve bunlara ek olarak altı proje daha, Türk mimari dergisi *Arkitekt*'te 1942 yılında yayınlandıkları ve yukarıda zikredilen İtalyan dergisi *Architettura*'da 1942'de haber yapıldıkları için bilinmektedir. Yine bu aynı projeler aynı zamanda İstanbul'daki Mimar Sinan Üniversitesi'nde 1984 yılında gerçekleştirilen bir sergi kataloğunda yeniden basılmıştır (Demir 1984). Yarışma jürisi raporu geri kalan 33 bilinen projeden 16'sını tarif etmiş, ama bunu görsellerle değil sadece kelimelerle yapmıştır. Bu kitabın yazarı, mimari arşivlerde ve bu dönem Fransa ile Almanya'da aktif çalışmakta olan Avrupalı mimarlar üzerine yapılmış çalışmalarda birkaç tanesini daha keşfetmiştir.[3]

---

3 Ayrıca, Türkiye Cumhuriyeti Başbakanlık Arşivlerinde bulunan bir belge (Grup Kodu 030-10-0, Ref: 1-5-12, Dosya: 199, Tarih: 27/02/1942) Bigot isimli bir Fransız mimar

Türk hükümeti tarafından yazılan yarışma programına cevaben yarışmaya katılan projeler arasında bilinenlerin hepsi sadece insan olarak Mustafa Kemal Atatürk'ü değil, Türk ulusunu da mimari olarak temsil etmeye girişmişti. Yarışan projeler kullandıkları imgeler açısından oldukça çeşitliydi; katılımcının uyruğu ne olursa olsun, antik dönemden modern zamanlara ve Doğu medeniyetlerinden Batı medeniyetlerine uzanan çok geniş bir yelpazedeki kaynaklara dayanıyorlardı. Bununla birlikte, projelerin 1942 civarlarının Türkiye'sindeki mimari kültür bağlamında anlaşılması gerekir. Türkiye Cumhuriyeti'nin 1923 yılında kurulmasından itibaren, Türk mimarisi dönüşümlü olarak ancak uluslararasıcılık ve ulusalcılık/milliyetçilik olarak adlandırılabilecek iki ana akımdan etkilenmişti. Cumhuriyet'in ilk yıllarında Birinci Ulusal Mimarlık akımı –yukarıda da açıklanan Ankara Etnografya Müzesi'nde kullanılan üslup– hâkimdi. 1920'lerin sonlarında, Osmanlı mimari biçimlerini güncelleme ya da modernleştirmeye yönelik bu girişim daha Batılı, modern ve geleceğe dönük bir perspektif lehine terk edildi; bu perspektif, diğer toplumsal ve kültürel alanlarda gerçekleştirilmekte olan, saltanatın kaldırılması (1922), fes ve peçenin yasaklanması (1925), hicri takvim yerine miladi takvimin kabulü (1925), İsviçre medeni hukukunun benimsenmesi (1926), Arap alfabesinin yerini Latin alfabesinin alması (1928) gibi inkılaplarla paralellik arz ediyordu. Yukarıda da değinildiği gibi, Türk hükümeti 1930'ların başlarında, başta mimarlık, şehir planlaması ve mühendislik alanlarında olmak üzere, çok sayıda kalkınma ve eğitim projesi hakkında tavsiye ve yardım sunmaları için yabancı uzmanları ülkeye davet etmeye başladı. Sadece 1930'lu yıllar içerisinde, Alman, Avusturyalı ve İsviçreli toplam yaklaşık 40 mimar Türkiye'ye çalışmaya geldi. Yukarıda genişçe tartışılan Bruno Taut'un yanı sıra, gelen diğer meşhur isimler arasında Martin Wagner (1885-1957), Ernst Egli (1893-1974), Martin Elsaesser (1884-1957) ve Clemens Holzmeister (1886-1983) vardı. Bu yabancılar mimarlık ve şehir planlaması alanlarında Türkiye'ye modernizmi tanıtmış, mimarlığın öğretilme ve uygulama biçimini, tıpkı 20-30 yıl öncesinde Avrupa'daki yeniden şekillenme sürecinde olduğu gibi köklü bir biçimde dönüştürmüştü. Türkiye'de uluslararası üslup ya da Avrupa modernizmi olarak bilinen kübik üslup, nostaljik ve geriye dönük bir tutumdan ziyade modern ve ileriye yönelik bir tavrı temsil ettiği için kısa sürede öne çıktı.

---

için, "bir proje hazırladı ve onu yollamaya hazır" ifadesini içermektedir. Paul Bigot'nun (1870-1942) en iyi bilinen eseri, Caen Üniversitesi'nde bulunan, Konstantinus hükümdarlığı dönemindeki Roma'nın alçı modelidir. Bigot'nun proje önerisine ait iki çizim, bu kitabın orijinal İngilizce baskısının yayımlanmasının ardından *Cité de l'Architecture & du Patrimoine* Müzesinin internet sitesinde yayımlanmıştır.

6.3. Anıtkabir yarışmasında mansiyon ödülü kazanan Hamit K. Söylemezoğlu–Kemal A. Aru–Recai Akçay, Giovanni Muzio, Feridun Akozan–M. Ali Handan, Ronald Rohn ve Giuseppe Vaccaro–Gino Franzi'nin projeleri. (*Arkitekt*, no. 1–2, 1943, s. 13 [Söylemezoğlu vd], s. 16 [Akozan vd] ve s. 18 [Rohn]; *Architettura*, 21. cilt, no. 11, 1942, s. 357 [Muzio] ve s. 363 [Vaccaro–Franzi].)

6.4. Anıtkabir yarışmasında ödül alamayanlardan Sedad H. Eldem, Necmi Ateş, Selim Benar–Rahmi Bediz–Demirtaş Kamçil, Paolo Vietti-Violli ve Adalberto Libera'nın projeleri. (*Arkitekt*, no. 3–4, 1943, s. 59 [Eldem] ve s. 61 [Ateş]; *Arkitekt*, no. 5–6, 1943, s. 106 [Benar vd]; *Architettura*, 21. cilt, no. 11, 1942, s. 367 [Vietti-Violi] ve s. 365 [Libera].)

Hiç de şaşırtıcı olmayan bir biçimde, bir süre sonra Türk mimarları ve Türk hükümeti ülkedeki bu kalabalık yabancı uzman varlığını ve etkisini sorgulamaya başladı. İşte bu bağlamda, Bayındırlık Bakanlığı'nın teşkilatı ve yükümlülükleri hakkında 1934 tarihli bir kanun, bakanlığın görevlerinden birinin, "devlet daire ve kuruluşlarına ait her türlü bina ve inşaatın ve Türk mimarisinin tarzını belirleyip yürütmek" olduğuna hükmediyordu (Alsaç 1984, 95). 1940'ların başında, İstanbul Güzel Sanatlar Akademisinin 1928 yılı mezunu ve 1932'de Türkiye'ye geri dönmeden önce Avrupalı modernistler Auguste Perret ve Hans Poelzig'in mimarlık ofislerinde çalışmış olan Sedad Hakkı Eldem, mezun olduğu okulda (bugünkü adıyla Mimar Sinan Üniversitesi) "Milli Mimari Semineri" başlıklı bir ders açtı. Kısmen 1930'lardaki yabancı etkilerine bir tepki olarak ve genç cumhuriyetin milliyetçi duygularının güçlü etkisi altında, Eldem'in semineri Türkiye'nin geleneksel mimari biçimlerini, bilhassa da, artık adı "Türk evi" olarak değiştirilmiş olan, ahşap iskeletli ve çıkma pencereli Osmanlı evini araştırıyordu. 1940 yılında Eldem *Arkitekt* dergisinde "Yerli Mimariye Doğru" başlıklı bir manifesto yayınladı. Bunu 1954 yılında, onun ve öğrencilerinin yıllar boyunca derlediği örnekleri resimleyen Türk Evi Plan Tipleri adlı kitap takip etti. Eldem'in eseri, tarihsel biçimlerin, yerel malzemelerin ve yöresel yapı geleneklerinin modern kullanımını benimseyen ve sonradan İkinci Ulusal Mimarlık akımı olarak bilinen kanonun bir parçasıydı. Bu akımın örnekleri arasında Emin Onat'la (Anıtkabir yarışmasının nihai galibi) birlikte İstanbul Üniversitesi Fen ve Edebiyat Fakülteleri (1942) ve yine Emin Onat'la birlikte Taşlık Şark Kahvesi (1948) bulunmaktadır.

Dolayısıyla, Eldem'in Anıtkabir yarışmasına sunduğu projenin (RESİM 6.4), Türkiye'nin güneydoğusu, Irak ve İran'daki Selçuklu tarzı türbeleri çok andıran oldukça sade bir silindir yapı olması hiç de şaşırtıcı değildi. İslam dininde sıcak karşılanmamasına rağmen, mozole ve türbe mimarisi Türk kültüründe uzun bir geçmişe sahipti (Leisten 1990). İran'daki Selçuklu Türkleri, daha sonra günümüz Irak'ı ve batıda Anadolu'ya kadar götürdükleri, *kümbet* ya da *kümbed* adı verilen bir türbe tipi geliştirmişti. Selçuklu otağı şeklinden türetilmiş olması muhtemel olan bu biçim, kare bir kaidenin desteklediği ve tepesinde ya konik ya da piramit şeklinde bir çatısı olan dairesel, sekizgen veya 12 kenarlı bir silindirden oluşuyordu (Goodwin 1988, 64). İlk kümbet örnekleri, kaligrafi ya da başka karmaşık tasarımlar da dahil olmak üzere, ayrıntılı örüntüler halinde döşenmiş tuğlalardan inşa edilmişti. Daha sonraki örneklerse kesme taştan inşa edilip mukarnaslı tonozlar ve pervazlarla süslenmişti. Eldem yarışmaya sunduğu projede, geçmişteki biçimleri kopyalamakla yetinmek yerine, bu kümbet geleneğini güncellemişti. Türk mimarlık tarihçisi Sibel Bozdoğan İkinci Ulusal Mimarlık akımının savunucularını Osmanlı mimarisinin eski güzel günlerinin hasretini çeken nostalji düşkünleri değil, geçmişi geleceğe uzlaştırmaya çalışan modernistler olarak tarif etmiştir: "Milli duyguların ve devletçi politikaların her yerde güçlü olduğu bir dönemde, [Türk mimarları] Türk yapı gelenekleriyle modern mimarinin rasyonalist ilkelerinin birbiriyle uyumlu olduğunu göstermeyi hedefleyen bir 'moderni millileştirme' programına giriştiler" (2001, 41). Türk mimarlık dergisi *Arkitekt*, derginin editörü mimar Zeki Sayar'ın (1905-2001) desteklediği İkinci Ulusal Mimarlık akımının ideolojisiyle kesin bir uyum içerisinde bulunan Eldem'in projesinin kütlesel etkisini ve dışavurumunu "tamamen Türk" şeklinde yorumlamıştı.

İlk başta 1931 ila 1935 yıllarında *Mimar* adıyla çıkmış olan *Arkitekt* dergisi Sayar ile mimar arkadaşları Abidin Mortaş ve Ziya Kozanoğlu tarafından kurulmuş, ama 1941 yılından 1980'e kadar Sayar derginin idaresini tek başına üstlenmişti. Sayar'ın ölümünden sonra çıkan anma yazısında (Ergut 2001) açıklandığı şekliyle derginin amacı, Türk mimarlarının çalışmalarını, 1970'li yıllara kadar mimarlık alanında ülkedeki en büyük müşteri olan devlete tanıtmaktı. Sayar derginin her çıkan sayısından tüm belediyelerin yöneticilerine ve valilere protokol nüshalar yolluyor ve Türk mimarları için iş almaya çalışıyordu. Ama daha da önemlisi dergi Türk mimari kültürüne, 1940'lı yıllarda benimsediği İkinci Ulusal Mimarlık akımını da içeren mesleki ve estetik bir bilinç getiriyordu.

Eldem'in *Arkitekt*'te basılan Anıtkabir yarışması projesine yönelik lehte yorumlara karşın, jürinin tespiti farklı yöndedir: "Kubbenin şekli ile sokl köşelerinin kesinteleri Jüri tarafından muvafık bir suretli hal telakki edilmemektedir" (Atatürk Anıtkabir Proje Müsabakası Hakkında Jüri Raporu [bundan sonra AAPMJR] 1942, 10).[4] Geleneksel bir kümbet hissi veren bir öneriye karşı bu önyargı, (Batılı) mimari açıdan muhafazakâr mimar Paul Bonatz'ın başkanlık ettiği bir jüri için şaşırtıcı değildi. Dahası, Osmanlı mimari mirası nedeniyle, Türkiye'de kubbeler görsel açıdan cami, mescit, medrese ve İslama ya da diğer dinlere ait diğer dini binaları çağrıştırmaktadır; dolayısıyla kubbe şekli, ülkeyi laikleştirmiş olan liderin mezarı için kesinlikle uygunsuz bir referans idi. Aslında, bu teşpitle paralel bir biçimde, Atatürk'ün Macar mimar Joseph Vago'nun 1937 yılında TBMM binası yarışması için sunmuş olduğu projeyi kubbe ve minare kullandığı için beğenmemiş olduğu söylenmektedir (Güzer 1994, 91).

Türk mimarlar H. Kemali Söylemezoğlu, Kemal Ahmet Aru ve Recai Akçay'ın (RESİM 6.3) grup olarak hazırladıkları proje de geleneksel Selçuklu tarzı bir kümbeti an-

---

4 Jüri raporundaki yazılı tariflere dayanarak, 28 numaralı önerinin (kimlik no. 51742) Eldem'e ait olduğunu tahmin edilmektedir.

dırıyordu. *Arkitekt* dergisi, İkinci Ulusal Mimarlık akımına olan bağlılığını yine açıkça ortaya koyarak, bu tasarımı "Bu proje bizce müsabakanın Türk mimari karakterine en yakın eseridir" diyerek övüyordu (Sayar 1943a: 13). Buna karşın Anıtkabir Müsabakası Jürisi, bir mansiyon ödülü vermekle birlikte, tasarımın güçlü bir ifadeye sahip olmasına rağmen fazlasıyla bir kaleye benzediğinden şikâyet etmişti (AAPMJR 1942, 8). Bu şikâyeti, Anıtkabir Yeri Tespit Komisyonu'nun Ankara Kalesi'nin Anıtkabir için neden uygun olmayacağına dair yaptığı yorumlarla bağlamında anlamak gerekir: Kaleler, hisarlar ve benzeri Ortaçağ tahkimat yapıları Türkiye'nin cumhuriyetçi geleceğini değil, Osmanlı geçmişini temsil ediyordu. Bu projenin iç mekânı da *Arkitekt*'ten övgüler almış ve dergi "bu projenin içi milli duygularımıza hitap eden bir tesir yapmaktadır" yorumunda bulunmuştu (Sayar 1943a: 14). İç mekânın orta kısmı için tasarlanmış olan lahit yapısı, Ahameniş hanedanı egemenliğindeki Pers İmparatorluğu'nun kurucusu olan Büyük Kiros'un (MÖ 576-529) merdiven basamaklı mezarına çok benziyordu. Bu şekilde, Söylemezoğlu-Aru-Akçay projesinin hem iç hem de dış kısmı "Doğulu" ya da İslami kaynaklardan imgeler ödünç alıyordu.

Doğu lügatinden faydalanan bir diğer Türk katılımcı Necmi Ateş'in projesi, bir ana bloğun her iki tarafında üçer adet olmak üzere altı adet payanda ayakla destekleniyordu (**RESİM 6.4**). *Arkitekt*'in tasvirine göre bu düzenleme Türkiye Cumhuriyeti'nin altı ilkesini simgeliyordu. Aslında bu tür bir simgesellik Anıtkabir yarışması programının 16. maddesinde açıkça tavsiye edilmişti:

> 16- Bundan başka Atatürk kurduğu Cümhuriyet Halk Partisine altı umde bahşetmiştir ki bugünkü modern Türkiyenin programı ve sembolü olan ve parti bayrağında altı ok temsil edilen bu altı umde [...] Bu altı sembolün Ata'nın lahtinin münasip taraflarında veya holün her hangi münasip görülecek mahallinde yine müsabıkın göreceği de sembolize edilerek temsil edilmesi lazımdır. (Sayar 1943a, 4-5)

Bozdoğan (2001, 289) Ateş'in projesini "Hitit sembolleriyle kaynaştırılmış Mısır tapınakları"na benzetmiştir; ancak, projenin sütun dizisi Mısır'daki Hatşepsut Tapınağı'nı (MÖ 1550) hatırlatıyor olsa da, kütle düzeni ve ayrıntılar açısından tasarım Ur Zigguradı gibi Sümer kökenli örneklere çok daha yakındı. İlham kaynağı ne olursa olsun, bu tarihsel göndermeler *Arkitekt* editörlerinin belli ki hoşuna gitmişti, zira ödül almamış olan bu projeye üç tam sayfa ayırarak, kendine ikişer sayfalık yer bulan birincilik ödüllü iki projeden daha fazla ilgi göstermişlerdi. Bir kez daha *Arkitekt* dergisinden farklı düşünen yarışma jürisi, Ateş'in tasarımının siluetinin iyi bir izlenim bırakmasına rağmen, payanda ayakların tasarımın geri kalanıyla bütünsellik oluşturmadığı, bir ek gibi durduğu yorumunda bulunmuştu (AAPMJR 1942, 7).[5]

---

5 16 numaralı önerinin (kimlik no. 25739) Ateş'e ait olduğunu tahmin edilmektedir.

Yine antik Mısır örneklerini çağrıştıran yabancı bir proje İsviçreli mimar Roland Rohn'un imzasını taşıyordu (RESİM 6.3). Projenin ana holü mastaba benzeri, dikdörtgen bir bloktu ve önerinin sütunlu örtülü geçitler ve kolonadlı müze bloğu antik Mısır'ın sütunlu mimarisine, özellikle de Luksor yakınlarındaki Deyr-ül-Bahri yapı grubundakilere (MÖ 2000-1200) benziyordu. Bununla birlikte, Rohn'un projesinde birçok müstakil ve ayrı duran bölüm bulunuyordu ve neticede bunlar bütünlüksüz bir izlenim yaratıyordu. *Arkitekt* dergisi Rohn'un adını anmaya bile gerek duymamış –sadece "İsviçreli bir mimarın projesi" geçiyordu– ve tasarımı azamet ve abidevilik eksikliği nedeniyle beğenmemişti (Sayar 1942a: 17). Yarışma jürisi bu görüşe bir ek yaparak, mansiyon ödülü vermesine rağmen Rohn'un projesindeki mozole kısmının "pek mütevazı" olduğunu belirtmişti. (AAPMJR 1942, 12). Türk mimarlar Selim Benar, Rahmi Bediz ve Demirtaş Kamçıl'ın projesi (RESİM 6.4) Türki kümbet ile Mısır imgelerini birleştiriyordu. Öte yandan, piramit biçimdeki önerinin temeli kare değil altıgendi ve altı köşesi büyük bir ihtimalle Kemalizmin altı payandasını simgeliyordu. Projenin piramit biçimindeki profili üzerine yorumda bulunan *Arkitekt* dergisi, "Harici şekil çok eski mimari abidelerden mülhem bir tesiri malik" diyerek kendinden beklenceği üzere olumlu bir görüş beyan ediyordu (Sayar 1943c: 106). Yarışma jürisi tipik bir şekilde, projenin keskin uçlu formunun "bir yandan modern dekoratif, bir yandan kümbet formalı tarihi mezarları hatırlat[tığını]" belirtmesine rağmen, "Atatürk anıt kabrinde gereken vakarla kabili telif değildir" serzenişinde bulunuyordu (AAPMJR 1942, 7).[6]

İtalyan mimar Giovanni Muzio'nun projesi de (RESİM 6.3) piramit biçimini kullanıyordu. Bu piramidin kaidesi tıpkı Benar ekibinin önerisindeki gibi altıgendi. *Arkitekt* dergisi, beklenebileceği gibi, antik abide ve mezarların bu öneriye ilham veriyor olmasından hoşnut kalmıştı (Sayar 1943a, 18). Muzio'nun yaklaşımı, İtalya Bergamo'daki –soyutlanmış bir Antik Roma zafer takı olan– Tadini Mezarı (1932) gibi, daha önce tasarlamış olduğu diğer mezar mimarisi örnekleriyle tutarlılık içerisindeydi. Yarışma jürisi beklenmedik bir biçimde *Arkitekt* dergisiyle hemfikirdi ve "Zamanla mukayyet olmıyan piramid şekli, nazara alınmaya değer iyi bir inşa tasavvurudur" tespitiyle Muzio'nun projesi için olumlu görüş beyan etmiş ve ona mansiyon ödülü vermişti (AAPMJR 1942, 11). Piramit biçimini kullanan son proje Avusturyalı mimar Clemens Holzmeister'e aitti (RESİM 6.5). Bu projenin kaburgalı konisi Benar ve ekibinin projesindeki dişli piramide benziyor ve Holzmeister'in, Ankara'daki TBMM binası da dahil olmak üzere çoğu eserinde kullandığı daha dikdörtgenimsi ya da "Viyana Kübiği" üslubuyla çarpıcı bir tezat oluşturuyordu.

---

6 17 numaralı projenin (kimlik no. 56732) Benar ve arkadaşlarına ait olduğunu tahmin edilmektedir.

Milliyetçi görüşlü *Arkitekt* dergisi, Holzmeister'in tasarımında "bir abidede bulunması lazım gelen klasik esaslar"dan daha fazla olması gerektiği tespitini yapmış, tarihsel emsallere yeterince dayanmaması ve aşırı dışavurumcu olması nedeniyle projeyi hiç de şaşırtıcı olmayan bir şekilde eleştirmişti (Sayar 1943b: 64). Yarışma jürisi lehte bir görüş belirterek Holzmeister'in projesinin "müsabakanın en ziyade ehliyet iddiası hissini veren projelerinden biri" olduğunu söylemişti. Ne var ki, sadece devasa boyutta bir piramitten oluşan tasarıma rağmen, jüri Holzmeister'in önerisi hakkında "mevzua cevap verebilecek monümental ciddiyet görülemememiştir" sonucuna ulaşmıştı (AAPMJR 1942, 12).[7]

"Doğulu" (Mısır, Mezopotamya ve/veya İslam) imgelerinden esinlenen bu projelerin aksine, Anıtkabir yarışmasına sunulan diğer projelerden belgelerine ulaşılabilenler, Batı mimarisine özgü –mezar mimarisi ya da diğer mimari türlere ait– imgeleri çağrıştırıyordu. Birincilik ödülünü Türk Onat-Arda ekibiyle birlikte paylaşan Johannes Krüger ve Arnaldo Foschini'nin projeleri Avrupa mimarlık tarihinin iki farklı dönemini örnek olarak alıyordu. Krüger'in tasarımındaki sekizgen köşe kuleleri, açık ve koyu renkli taştan şeritler ve yuvarlak kemer (**RESİM 6.2**) bir yandan ortaçağ şatolarını ve Bizans şapellerini, bir yandan da Romanesk katedralleri çağrıştırıyordu. Projede *Arkitekt*'in genellikle hayranlık beslediği ulusal ya da yöresel akımlar eksik olmasına rağmen, dergi gene de olumlu yorumda bulunarak şunları belirtmişti: "Mimar Y. Krüger'in projesi kuvvetli bir eserdir. Harici mimari biraz vahşi bir tesir yapmakta ise de; iç mimari zengindir" (Sayar 1943a: 7). Yarışma jürisi en çok önerinin siluetinin "vazih ve tesirli" ve "uzaktan görünüşü[nün] sadelik içinde" olmasından etkilenmiş, ama "Cephe detayları üslup tecanüsü arz etmemektedir" yönündeki tespiti yapmak zorunda kalmıştır (AAPMJR 1942, 6-7). Krüger'in Anıtkabir önerisi biçimi ve oranları açısından, 1924 ila 1927 yıllarında erkek kardeşiyle birlikte tasarladığı ve Doğu Prusya'nın Hohenstein kasabasında (günümüzde Olsztynek, Polonya) inşa edilmiş bir başka mezar yapısı olan Tannenberg Milli Abidesi'ne çok benziyordu Bu abide Birinci Dünya Savaşı'nın ilk safhasında o bölgedeki bir muharebede Almanların Ruslara karşı kazandığı zaferin anısına inşa edilmişti; daha sonra Naziler 1934 yılında abideyi Alman kahramanlığının bir sembolü olarak sahiplenmiş ve Almanya'nın İkinci Cumhurbaşkanı ve Tannenberg Muharebesi galibi Mareşal Paul von Hindenburg öldüğünde naaşını buraya gömmüştü. Krüger'in hem Tannenberg abidesi hem de Atatürk mozolesi tasarımlarında, kuleler civardaki kırsal alandan ayrılan bir tören alanı tanımlıyor, abide yerini özel ve kutsal bir mekân olarak işaretliyordu. Koshar'a (2000, 107) göre, Tannenberg Anıtı'nı tasarlarken Krüger

---

7 43 numaralı projenin (kimlik no. 72927) Holzmeister'e ait olduğunu tahmin edilmektedir.

kardeşlerin kafasında ortaçağdan daha da eski bir tarihsel dönem vardı; dolayısıyla anıtı "modern Stonehenge" şeklinde tarif etmiştir.

Krüger'in ortaçağcılığından farklı olarak, Arnoldo Foschini'nin Anıtkabir önerisi (RESİM 6.2) antik Roma mimarisini andırıyordu ve onun İtalyan faşizmine olan sempatisi göz önüne alındığında bu hiç de şaşırtıcı değildi. Tasarımdaki yerleşim, kütle elemanları ve süsleme açısından, Foschini'nin projesi yirminci yüzyıl başlarındaki İtalyan mimarisinin sade klasisizmine, özellikle de Sacrario Militare di Asiago gibi, Birinci Dünya Savaşı'nda ölen İtalyan askerlerine adanmış anıtlara çok benzemektedir (Orpheo Rossato, 1936). Foschini'nin projesi, hem dış cephede hem de kubbeli yapının iç mekânında kabartma ve yazıtlarla süslenmişti. *Arkitekt* dergisi, genelde kullandığı milliyetçi söylemin yanı sıra din kartını da oynayarak bu süslemeleri kültürel gerekçelerle eleştiriyor, "İç mimariye gelince bir kilise ruhunu taşımakta; şeref holünün kompozisyonu Türk ve İslam ruhuna tezat teşkil etmektedir" serzenişinde bulunuyordu (Sayar 1943a: 10). Avrupalıların öncülük ettiği yarışma jürisi böyle bir kültürel sav ileri sürmemiş, ancak jürinin daha az süslemeli biçimlerden yana olan tercihi "Enteriörün işleme tarzında daha fazla bir sadelik şayanı arzu olurdu" yorumunu doğurmuştu (AAPMJR 1942, 13). Krüger'in birbirini izleyen renkli tuğla şeritleri, baklava biçimi açmalar ve aslan heykelleri içeren süslemeleri, Foschini'nin projesindekilere kıyasla daha sade ve tasarımla iç içeydi. Hem Foschini hem de Krüger'in tasarımları, kubbeli anma salonları içeren büyük, dikdörtgen yapılardı, ama kubbeleri dışarıdan görünmüyordu. *Arkitekt* dergisi kubbelerin her ne kadar gizli olsalar da ister İslami isterse de Hıristiyanlığa özgü olsun dini imalar içerdiğini ifade etmişti; zira bu, Sedad H. Eldem'in projesini tartışırken yukarıda da ifade edildiği gibi, istenmeyen bir durumdu – hayattayken Atatürk tarafından bile.

Foschini'ninki gibi antik Roma mimarisini çağrıştıran bir Türk projesi de vardı, M. Ali Handan ve Feridun Akozan'dan oluşan ekip tarafından sunulmuştu (RESİM 6.4). Kütle düzeni oldukça basit olan ve yarışma jürisinden mansiyon ödülü alan bu öneri, antik Roma dönemindeki zafer taklarını andırıyordu. *Arkitekt* dergisi bu projenin "iyi buluşları ihtiva ettiği"ni söylese de, projenin "harici mimarisi iptidai ve nisbetsiz" olduğu gerekçesiyle eleştiriliyordu, çünkü öneri sadece, mozole kompleksi için seçilen geniş arazinin orta yerine yerleştirilen taka benzeyen bir öğeden oluşuyordu (Sayar 1943a, 16). Yarışma jürisi nesnel ama biraz daha da olumlu bir yorumda bulunarak "Bu projede kullanılmış olan esas şeklin sadeliği, gerek içte ve gerek dışta müsait bir tesir yapmaktadır. Duvarların gerek içte ve gerek dışta hafif surette mail (meyilli) oluşu muvafık görülebilir" tespitinde bulunmuştu; bu yorum, yarışma jürisinin *Arkitekt* dergisi editörlerine kıyasla daha sade kütleler ve daha az süslemeden yana tercihini bir kez daha gösteriyordu.

Biri Guiseppe Vaccaro ve Gino Franzi ekibi (RESİM 6.3) diğeri Adalberto Libera (RESİM 6.4) tarafından sunulan iki İtalyan projesi de bina ölçeğine büyütülmüş Roma lahitlerine benziyordu. Bir Roma lahdinin boyutu normalde içine konulan ölü bedeninkine yakın oluyordu, ama Vaccaro-Franzi'nin ve Libera'nın tasarımları Atatürk mezarı mecazını abide boyutuna taşıyordu. Vaccaro daha önce tasarlamış olduğu, örneğin yine 1942 yılına ait İtalya Bologna'daki Goldoni Mezar Şapeli gibi cenaze mimarisi uygulamalarında, genellikle böyle büyük ve heykelvari biçimleri tercih etmişti. Tıpkı Anıtkabir projesinde olduğu gibi, Vaccaro bu şapel için de, tek süslemesi giriş kapısının üzerindeki devasa bir kabartma olan kocaman soyut bir blok yaratmıştı. *Arkitekt* dergisi, biraz da aşağılayıcı bir tarzda, "Mimar Vaccaro ve Franzi projeleri ile bizi hiç bir suretle tatmin etmemişlerdir" yorumunda bulunuyordu (Sayar 1943a: 2). Dergi resimleri ancak yarım sayfa basmış ve aynı zamanda şu eleştirel yorumu yapmıştı: "Bu proje ağır ve klasik tesirden ziyade dekoratif bir iç mimariyi ve hiç lüzum olmadığı halde zor bir inşa tarzını icap ettirmektedir" (Sayar 1943a: 20). Yarışma jürisi de inşa yöntemini ve yeraltı müzesinin hiç günışığı görmeyişini sorgulamış, ancak dev bir lahit simgeselliğini eleştirmeyerek projeye mansiyon ödülü vermişti (AAPMJR 1942, 13). *Arkitekt* dergisi, muhtemelen en meşhur eseri Capri Adası'ndaki Casa Malaparte (1937) tasarımı olan mimar Adalberto Libera'nın sunduğu lahit benzeri diğer projenin hiçbir resmini basmamıştı. Libera'nın projesinin neye benzediği, diğer İtalyan projelerinkiyle birlikte onun da resmini yayınlayan *Architetura* dergisinden bilinmektedir. Batı simgeselliğinin lehinde olan yarışma jürisi hayranlık belirten bir yorumda bulunarak şunları söylemişti: "Siluet kuvvetli bir sanat tesiri bırakmaktadır [...] Anıt dahilinde, alt kısmı resim veya mozaik tezyin edilmiş yekpare duvar ve dikine konmuş olan lahit kuvvetli tesir yapmaktadır" (AAPMJR 1942, 4).[8] Antik Roma'nın azametini çağrıştıran bir diğer İtalyan projesi (RESİM 6.4), Ankara'daki Hipodrom'un (1936) ve İstanbul'daki İnönü Stadyumu'nun (1939) da tasarımcısı olan mimar Paolo Vietti-Violi tarafından sunulmuştu. Bu projenin geniş silindir biçimindeki ana salonu, oldukça büyütülmüş ama budanmış bir Roma anıt sütunu izlenimi veriyordu; sütunun alt kısmından üst kısmına uzanan frizlerle, imparatorun askeri ve siyasi fetihlerini ayrıntılı bir biçimde yansıtan Traianus Sütunu'na (MS 113) benziyordu. Vietti-Violi'nin önerisi, dairesel planı ve sade klasik sütunlu cephesiyle, Roma'daki Pantheon (MS 125) hissini de uyandırıyordu. *Arkitekt* dergisi bu biçim kombinasyonunun acayipliğine değiniyordu: "Bu [dairesel] plân neticesi olarak haricen üstüvanevi bir kitle meydana gelmektedir. Giriş kolonadı ile diğer müştemilât binaları esas mozole ile imtizaç etmemiştir" (Sayar 1943b: 66). Batılı

---

8 1 numaralı projenin (kimlik no. 12345) Libera'ya ait olduğunu tahmin edilmektedir.

6.5. Anıtkabir yarışmasında ödül alamayanlardan Clemens Holzmeister, Hans Döllgast, Auguste Perret ve German Bestelmeyer'in projeleri. (*Arkitekt*, no. 3–4, 1943, s. 64 [Holzmeister]; Münih Teknik Üniversitesi Mimarlık Müzesi'nin izniyle [Döllgast ve Bestelmeyer]; Paris'teki Société des Auteurs des Arts Visuels et de l'Image Fixe'nin izniyle [Perret].)

imgeleri çağrıştırmasına rağmen, yarışma jürisi de Vietti-Violi'nin projesini aynı şekilde kötülemişti: "Kulenin silueti haddi zatında kabule şayan görülebilirse de, gayri mütecanis bir takım binaların ilavesi yüzünden manzara haleldar edilmektedir. Bu esas binaya bağlamış olan uzun ve ufki bina, yabancı ve ekleme tesiri yapmaktadır [...] Mozolenin içinde ve dışında gereken sükun ve vuzuh yoktur. Heyeti umumiyenin durumu, ciddî ve monumental olmaktan ziyade dekoratiftir" (AAPMJR 1942, 11).[9]

Anıtkabir yarışmasına sunulmuş olan projelerden burada tartışılacak olan son grup, yarışma tarihinde yayımlanmamış, bu kitabın yazarı tarafından arşiv araştırmaları neticesinde ortaya çıkarılmıştır. Bunların ilki, meşhur Fransız mimar Auguste Perret imzası taşımaktadır (RESİM 6.5); anlaşılan bu proje geç alınmış ve jüri tarafından hiç görülmemiştir. Bilindiği kadarıyla Perret Türk hükümeti tarafından yarışmaya öneri sunması için özellikle davet edilen tek mimardı, dolayısıyla projesinin hiç görülmemiş olması oldukça ironiktir.[10] Perret'nin tasarımı, İngiltere'de bulunan Howard Şatosu'ndaki mozoleyi (Nicholas Hawksmoor, 1729-36) çok andıran, düz çizgili bir temel üzerine yerleştirilmiş yuvarlak bir ana salondan oluşuyordu. Perret'nin eserleri üzerine hazırlanmış bir monografi (ki yarışmanın yılını yanlış bir şekilde 1939 olarak vermektedir) mimarın kendi Batılı biçimlerine Türk anlamları iliştirmeye çalıştığını öne sürmektedir: "Perret geleneksel dairesel planlı tapınağı belli bir tavırla soyutlamaktadır: Mozolenin kubbesi ayı temsil etmekte, laik bir devlet olmasına rağmen Türkiye'nin İslam dünyasına üyeliğini göstermektedir; bu aslında antik bir abideyle bir Osmanlı camiinin sentezidir" (Institut Français d'Architecture 2000, 270). Eğer bu öneri zamanında ulaşmış olsaydı, şüphesiz onun hakkında da Eldem ve Foschini'ninki gibi kubbeli projeler için yapılmış yorumlar yapılacaktı.

Son olarak, Münih Teknik Üniversitesi Mimarlık Müzesi'nin arşivlerinde, mimar Hans Döllgast ve German Bestelmeyer'in Anıtkabir yarışmasına sunduğu projeler bulunmaktadır. Görünen o ki, bu mimarlar da tıpkı Perret gibi, Doğulu ve Batılı imgeleri tek bir tasarımda birleştirmeyi denemişti. Döllgast'ın projesi (RESİM 6.5), haç şeklinde bir bloktan oluşuyordu; ilginç bir biçimde "mabet" adı verilen bu yapının

---

9   39 numaralı projenin (kimlik no. 10001) Vietti-Violi'ye ait olduğunu tahmin edilmektedir.
10 Türkiye Cumhuriyeti Başbakanlık Arşivleri, Grup Kodu 030-10-0, Ref: 1-5-20, Dosya: 1107, Tarih: 20.11.1944 künyeli belge, Perret'in yarışmaya bir öneri sunmaya davet edildiğini, ama önerinin gelişinin savaş nedeniyle geciktiğini belirtmektedir. Ancak Perret'nin savaş koşullarında Alman asıllı üyelerin ağırlıklı olduğu bir jüri kurulmasını protesto etmek amacıyla projesini teslim etmediğini iddia eden kaynaklara da rastlanmaktadır.

ana özelliği, ödül kazanan Johannes Krüger'in projesine benzer biçimde, Osmanlı tarzını andıran bir payanda kemer ve birbirini izleyen tuğla ve taş şeritleriydi. İç mekânın tamamı estetik tercih olarak Bizans veya Antik Roma'ya işaret edercesine tonozluydu. Bestlemeyer'in projesinin (RESİM 6.5) ana salonu da benzer biçimde sivri kubbeli, dairesel bir yapıydı; mimarın dul eşi bu tasarımın Osmanlı medreselerini örnek aldığını söylemiş olsa da Selçuklu kümbetlerini andırıyordu (Petzhold 2008, 25, 140. dipnot). Bununla birlikte, bu tasarımın üzerine sütunlar, arkatlar ve kubbede açılmış çatı pencereleri gibi klasik motifler bindirilmişti. Bestelmeyer'in 1916 yılında, İstanbul'da yaptırılacak Türk-Alman-Dostluk Yurdu mimari proje yarışmasını Osmanlı'ya özgü ve klasik motiflerin benzer bir kombinasyonuyla kazandığı hatırlanırsa bu hiç de şaşırtıcı değildi.

Ne *Arkitekt* dergisi ne de Anıtkabir yarışma jürisi estetik tercihlerini apaçık bir biçimde ortaya koymuş değildi, ama yaptıkları yorumlar, yarışmanın yapıldığı tarihte hâkim olan İkinci Ulusal Mimarlık üslubu konusunda birbirine zıt istikametteydi. Bu durum *Arkitekt* dergisinin yayın yönetmeni Zeki Sayar Türk iken, yarışma jürisinin güçlü ve etkili başkanı Paul Bonatz'ın Türk olmamasıyla açıklanmasa bile dönemin Türkiye'sinde mimarlık kültürünün ulusal (geleneksel) olanla uluslararası (modern) olan arasında biteviye bir tartışmaydı. Yukarıda da değinildiği gibi, Bruno Taut Türkiye'de kaldığı 1936-38 yıllarında geleneksel ve modern biçimlerin kaynaştırılmasını savunuyordu ve 1941 yılındaki Anıtkabir yarışmasına gelinceye kadar Sedad Eldem, yayınlarıyla ve seminerleriyle İkinci Ulusal Mimarlık akımı için gereken zemini çoktan yaratmıştı. Gerçekten de, bazı araştırmacılara göre, Eldem'in tanıttığı İkinci Ulusal Mimarlık akımının temellerini atan Taut'un çabaları olmuştu. (Nicolai 1997). Öte yandan, Taut'un ideolojisinin uluslararasıcı niteliği onu Eldem'inkinden ayırıyordu: Eldem, Bozdoğan'a göre (2001, 270), "kodlanmış, tekrarlanabilir, ayırt edilebilir ve resmi olarak tasdik edilmiş bir milli mimari"yi savunurken, Taut'un bakışı kesinlikle böyle değildi. Ölümünden sonra basılan *Mimari Bilgisi*'nde Taut, "Danimarkalı yazar Hansen"den meşhur alıntılar yapmış ve onunla hemfikir olmuştu; aktardığına göre yazar bir keresinde, "Her iyi mimari millidir" ama "her milli mimari fenadır" demişti (Taut 1938, 333).

Yarışma programında herhangi bir yapı malzemesinin zorunlu kullanımı söz konusu olmamasına rağmen, Anıtkabir Proje Müsabakası Hakkında Jüri Raporu'nda net bir biçimde ifade edilmiş olan estetik tutumlardan biri, yapı malzemesi olarak taşın tercih edilmesiydi. Raporun başından sonuna kadar jüri, "Bu projenin tatbiki ancak betonarme konstrüksiyonla mümkündür," "ebediyete mahsus olan böyle bir binanın betonarmeden yapılması yerinde değildir" ve "Heyeti umumiyesinin inşası ancak betonarme iskelet teşkil etmek ve bunun üzerine taş kaplamak suretiyle kabildir" şeklinde gözlemlerde bulunmuştu (AAPMJR 1942, 4, 8).[11] Raporun en sonunda, Onat-Arda, Krüger ve Foschini'ye birincilik ödülünün ortak olarak verilmesinin ardından jüri şu spesifik talimatı veriyordu: "Kullanılacak olan kesme taş için toprağın renginden daha açık bir renk intihabı münasiptir" (AAPMJR 1942, 17). Başka bir deyişle, jüri üyeleri tarihi görünümlü projelere pek sıcak bakmasalar da taştan yapılmış gibi görünen projeleri esasen destekliyorlardı zira onlara göre taş ebediyeti/kalıcılığı çıplak betonarmeye göre daha iyi simgeliyordu.

Kazananın Ödüllendirilmesi

Birincilik ödülünün üç tasarımcı arasında paylaştırılmasından sonra, Anıtkabir yarışması jürisi bu projelerden hangisinin inşa edileceğine dair son seçimi TBMM'ye bıraktı. TBMM de 7 Mayıs 1942 tarihinde, Türk mimar ekibi Emin Onat ve Orhan Arda'nın tasarımının (RESİM 6.2) kazandığını açıkladı.

Emin Onat (1908-61) 1926 ila 1929 yıllarında İstanbul Yüksek Mühendis Mektebi'ne devam etti ve mezun olduktan sonra okulu tarafından yüksek ihtisas yapmak üzere Zürih'teki İsviçre Federal Teknoloji Enstitüsü'ne (ETH) gönderildi; burada mimar Otto Rudolf Salvisberg'e (1882-1940) bağlı olarak çalıştı. Türkiye'ye 1934 yılında mezun olduğu okulda ders vermek üzere geri dönen Onat 1938 yılında profesörlüğe ve bölüm başkanlığına yükseldi; Anıtkabir proje yarışmasını kazandığı tarihte bu mevkideki görevi devam ediyordu. Onat'ın Anıtkabir yarışması sonrası kariyeri akademik ve mesleki çalışmaların bir karışımıydı. İstanbul Yüksek Mühendis Mektebi 1944'te yeniden yapılandırılarak İstanbul Teknik Üniversitesi'ne (İTÜ) dönüştürüldüğünde, Onat yeni kurulan mimarlık fakültesinin ilk dekanı oldu. Onat 1946 yılında Britanya Mimarlar Kraliyet Enstitüsü'nün (RIBA) onursal üyeliğine seçildi ve 1948 yılında Uluslararası Mimarlar Birliği'nin Türkiye şubesini açtı. 1951 yılından 1953 yılına kadar İTÜ'nün rektörlüğünü yaptıktan sonra, 1954 yılında İstanbul'dan milletvekili seçildi. Onat 1957 yılında İTÜ'deki öğretim üyeliğine geri döndü, ama siyasi görüşlerinden dolayı bu görevden 27 Ekim 1960 tarihinde istifa etmeye zorlandı ve sekiz ay sonra vefat etti. Onat'ın Anıtkabir yarışmasını kazandıktan sonra ortaya koyduğu çalışmaları arasında, hepsi Sedad Hakkı Eldem'le ortak olarak, İstanbul Üniversitesi Fen ve Edebiyat Fakülteleri (1942), Ankara Üniversitesi Siyasal Fen Fakültesi (1943) ve İstanbul Adliye Sarayı (1950) bulunmaktadır. Onat'ın Anıtkabir sonrası diğer önemli eserleri arasında ise,

---

11 Proje numaraları, sırasıyla, 18 (kimlik no. 69696), 22 (kimlik no. 80965) ve 1 (kimlik no. 12345).

Ankara'daki Cenap And Evi (1952), Çankaya Cumhurbaşkanlığı Sekreterliği (1953) ve Emniyet Sarayı (1956), Bursa'daki Uludağ Sanatoryumu (1946) ve Bursa Vali Konağı (1945-46) ve İstanbul'daki Devres Han (1961) yer almaktadır.

Onat'ın Anıtkabir yarışmasındaki ortağı Orhan Arda (1911-99) İstanbul Yüksek Mühendis Mektebi'nden 1936 yılında mezun oldu; burada Onat'ın öğrencisiydi. 1938 yılında aynı okulun inşaat bölümünde asistan olarak çalışmaya başlayan Arda 1939 yılında doçent oldu; Onat'la birlikte Anıtkabir yarışmasını kazandığında bu görevi devam ediyordu. Arda, Anıtkabir inşaatı 1953'te sona erinceye değin inşaat alanında denetçi mimar olarak çalıştı ve aynı zamanda mezun olduğu okulda mimari tasarım stüdyosu dersleri verdi. Okulun 1944'te İTÜ'ye dönüştürülmesiyle, Arda Mimarlık Fakültesi'nde Bina Kürsüsü'ne doçent olarak atandı ve 1960 yılında profesörlüğe yükseldi. Arda 1978 yılında emekliye ayrıldığında, İTÜ Mimarlık Fakültesi Çevre Analizi ve Endüstrileşmiş Bina Tasarımı Kürsüsü'nün başındaydı. Kazanan mimarların bu kısa biyografilerinde de görülebileceği gibi, Onat'ın İsviçre'de geçirdiği kısa eğitim süresi hariç, Onat ve Arda 1940'lı yıllar ile 1960'lı yıllar arasında Türkiye'de mimarlığın hem akademik hem de mesleki tarafıyla yoğun bir şekilde meşgul olmuştu.

Anıtkabir yarışması jürisi tüm projeleri isimlerine bakmaksızın, onlara katılımcıların kendi belirledikleri beş basamaklı sayılar vererek değerlendirdi. Yani, jüri üyelerinin gördüğü tek evrak, üzerinde beş basamaklı sayılar bulunan yarışma projeleriydi; isimler görünmüyordu. Sunulan önerilere bir göz atıldığında kolayca fark edilebileceği gibi, birçok yabancı katılımcı bile, göze batmamak için çizimlerinde Türkçe terminoloji ve adlandırma kullanmıştı. Yukarıda da aktarıldığı gibi, birinci gelen üç projeden (Onat-Arda, Krüger ve Foschini) hangisine Anıtkabir inşaatı ihalesiyle ödüllendirileceğini ve aslında hangisinin "gerçek" birinciliği alacağını belirleme kararı TBMM'ye bırakılmıştı. TBMM'nin Türk mimarları milliyetlerinden dolayı Alman ve İtalyan mimarlara tercih ettiğini şüpheye yer bırakmadan kanıtlamak mümkün olmasa da, bilhassa Onat-Arda'nın Mart 1942 tarihli yarışma projesinde ve Ekim 1943 tarihli tadilat projesi sunumlarında birçok ekleme ve çıkarma yapmaya mecbur bırakıldıkları düşünülürse, Türk ekibin tamamen rastlantı eseri seçildiğini söylemek de zordur; bu gözden geçirmeler, orijinal yarışma projesinin kesinlikle mükemmel bir çözüm ortaya koymamış olduğunu akla getirmektedir. Anıtkabir inşaatı kontrol şefi Sabiha Güreyman'ın görüşü şöyleydi: "Her üç proje de san'at itibariyle aynı kıymette olmakla beraber iki Türk evlâdının eserleri duyuş bakımdan diğerlerden farklı olduğu [için] […] Emin Onat-Orhan Arda'ya ait projelerin, hükûmet tarafından tadilen tatbikine karar verildi" (Güreyman 1953, 3).

Mayıs 1942'de, Anıtkabir mimari yarışmasını kazandıkları resmi olarak ilan edildikten sonra, Onat ve Arda Türk hükümetiyle, inşaat maliyetinin yüzde 3'üne denk gelecek bir komisyonun kendilerine ödenmesini taahhüt eden bir sözleşme imzaladılar. 7 Ekim 1943 tarihine gelinceye kadar, projenin güçlü ve zayıf yanlarına işaret eden jürinin yorumlarına göre tasarımlarında bazı değişiklikler yaptılar:

> Müteaddit [devamlı] kademeler teşkil eden teraslar üstünde, etrafı kolonad ile ihata edilmiş geniş bir esas bina yükselmektedir. Kütlelerin bu veçhile [şekilde] geniş kademeler teşkil etmesi sayesinde, tepenin tesiri artırılmakta ve üstü azametli bir surette taçlanmaktadır. Park kısmının hendesi [geometrik] şekilde bölünmesiyle, tepenin arızaları pek kale alınmamış oluyor. Maalesef binanın içi, dış üslupla aynı karakterde değildir. Plan tertibatında methaller [girişler] pek ehemmiyetsiz kalıyor. Esas abidenin etrafının pek fazla teferruatla doldurulmuş olması, plana zarar vermektedir. Parkı çeviren duvar ve sair aksamın sadeleştirilmesi iyi olur. (AAPMJR 1942, 9)

Ayrıca:

> 25 numaralı projenin cazibesi, tepeyi güzel bir surette taçlandırmasındadır. Şakuli [düşey] bir kütle teşkil eden 9 ve 44 numaralı projelerin hilafına, bu projede ufkilik tebarüz ettirilmektedir [yatay bir görünüm söz konusudur]. Anıtın etrafını çevreleyen kolonat, projeye hususi bir güzellik vermektedir. Asıl anıt kısmını çevreleyen, tali maksatlara hadim teferruat bertaraf edildiği takdirde, daha vazih [açık] ve sarih [belirgin] bir mimarinin elde edilip edilmeyeceği hususu tetkike değer. Anıtın iç ve dış mimarisi birbirine uygun bir stilde yapılmalıdır. (AAPMJR 1942, 16)

Arkitekt dergisi, Anıtkabir yarışma jürisiyle hemfikir olduğu az sayıdaki durumdan birinde, aşağıdaki yorumu yapıyordu: "Bu proje, herkesce beğenilmesi kabil bir kompoz[i]syondur. İlk mabed fikriden mülhem mustatilî bir plan teşkil eden Mozole ve teferruatı dıştan bir kolonadla çerçevelenmiştir. Şeref holünü ihtiva eden hacim (Monumentalité) temini için umumi kütleden yükseltilmiştir" (Sayar 1943a: 5).

Demek ki, orijinal Onat-Arda tasarımı hem genel olarak Batılı ve klasik biçimleri savunan yarışma jürisine hem de Doğulu ve İslami biçimleri destekleyen *Arkitekt* dergisi editörlerine hitap ediyordu, zira öneride her iki karakterden de unsurlar görmek mümkündü. Bununla birlikte, ana salon bir yandan bir akropolis üzerindeki klasik bir tapınağa benzerken, diğer yandan da Türki (Selçuklu) süsleme motiflerini kullanıyordu. Her iki taraf da tasarımın üslup tercihine bakmaksızın, Anıtkabir için elzem gördükleri abideviliğine hayran kalmıştı. Onat ve Arda, jürinin eleştirilerine karşılık olarak, abideye yaklaşan kısmı "aslanlı yol" olarak yeniden düzenlediler; aynı zamanda, halka açık geniş meydanı şekillendirip etrafını kapattılar; şeref holünün içerisindeki kemer ve sütunları çıkardılar. Pandantifler

6.6. Emin Onat ve Orhan Arda'nın Anıtkabir tadilat projesi (maket). (Mimarlık, no. 5, 1944, s. 3).

üzerinde bir kubbe içeren alternatif bir tonozlu iç mekân planı TBMM tarafından reddedilmişti (Kortan 2007); belli ki TBMM de jüri gibi, dini imalar içeren bu tür tarihsel biçimlerden hazzetmiyordu. Jüri raporunun yönlendirmesiyle değil de muhtemelen TBMM'nin önerisi doğrultusunda yapılan başka değişiklikler yarışmaya sunulmuş diğer projelerden uyarlanmış gibidir. Onat ve Arda'nın tadilat projesinde (**RESİM 6.6**), şeref holüne çıkan merdivenlerin her iki yanındaki kabartmalar Foschini'nin projesine benzerken kemerli bir arka plandan ışık alan lahitli iç mekân Krüger'inkini andırmaktadır. Onat ve Arda tarafından aslanlı yola yerleştirilen aslan heykellerine gerek Krüger'in gerekse de Ateş'in projelerinde de rastlanabiliyordu, ama elbette bir Anadolu sembolü olarak aslan ille de onların icadı değildi. Mesela, Anıtkabir mimari proje yarışmasından iki yıl önce, bir kaide üzerinde duran dev bir aslan resmi, *SES (Sanat-Edebiyat-Sosyoloji)* dergisinin 7 Haziran 1939 tarihli sayısının kapağında, "Bir Teklif: Atatürk Mozolesi muazzam bir HİTİT aslanı olmalıdır" ibaresiyle yayınlanmıştı (**RESİM 6.7**). Başka bir deyişle, Onat ve Arda, Anıtkabir yarışmasına sundukları projeyi yeniden tasarlarken, Atatürk ve Türkiye'nin abidedeki temsilini daha da mükemmelleştirmek amacıyla hem geleneksel hem de ilerici tasarım unsurlarını seçici bir şekilde kaynaştırmışlardı.

Onat ve Arda'nın Anıtkabir tadilat projesinin; Halikarnas Mozolesi'nin bazı yeniden yapımlarına benzeyen, soyutlaştırılıp abideviteleştirilmiş bir Yunan veya Helen tapınağını andırması oldukça çarpıcıdır. Türkiye Cumhuriyeti'ni kurmak için Türklerin 20 yıl kadar önce Yunanistan (resmi adıyla Helen Cumhuriyeti) ile savaşmış olduğu hesaba katılırsa bu tasarım genç Türk ulusu için umulmadık

6.7. *Sanat-Edebiyat-Sosyoloji* dergisinin kapağı (7 Haziran 1939) (Yazarın koleksiyonundan).

bir sembol gibi görünmektedir. Onat ve Arda, üsluplarında kullandıkları örnekleri meşrulaştırmak amacıyla, Türk Tarih Kurumu tarafından Türk Tarih Tezi kapsamında ileri sürülen Türkiye ve Türk halkı tarihini neredeyse kelimesi kelimesine alıntılamışlardı:

> Akdeniz milletlerinden bir çoğu gibi tarihimiz, binlerce sene evveline gidiyor, Sümerlerden ve Hititlerden başlıyor ve Orta Asyadan Avrupa içlerine kadar bir çok kavimlerin hayatına karışıyor, Akdeniz medeniyetinin klasik ananesinin en büyük köklerinden birini teşkil ediyordu. Atatürk, bize, bu zengin ve verimli tarih zevkini aşılarken, ufkumuzu genişletti, bizi ortaçağdan kurtarmak için yapılmış hamlelerden en büyüğünü yaptı. Hakiki mazimizin ortaçağda değil, dünya klasiklerinin müşterek kaynaklarında olduğunu gösterdi [...] Bunun içindir ki biz, Türk milletinin [...]ortaçağdan kurtulma yolunda yaptığı inkılabın önderi için kurmak istediğimiz anıtın, onun getirdiği yeni ruhu ifade etmesini istedik [...] İşte bunun içindir ki, garblılaşma yolunda en büyük hamlelerimizi yapan Atanın Anıt-Kabrini, bir sultan veya Veli türbesi ruhundan tamamen ayrı, yedi bin senelik bir medeniyetin rasyonel çizgilerine dayanan klasik bir ruh içinde kurmak istedir. (Bozdoğan 2001, 289)

Lenin'in Moskova Kızıl Meydan'daki, oldukça mahrem ve neredeyse mütevazı (hacmi sadece 3.600 m³'tür) mozolesinden farklı olarak, yarışma programı Anıtkabir'in, Ankara'nın her yerinden görülebilen ve binlerce ziyaretçiyi barındırabilen abidevi bir yapı olmasını istiyordu. Bu zorunluluğa Onat ve Arda klasik bir geçmişin –Osmanlı'nın değil "Akdeniz"in klasik geçmişinin– ihtişamını andıran bir unsur eklemişti.

Anıtkabir'in İnşası

Anıtkabir'in inşası 1944 Ekim'i ile 1953 Eylül'ü arasında dört aşamada gerçekleşti. 1944 Ekim'i ile 1945 Ekim'i arasında mühendis Hayri Kayadelen arazi tesviye işi ile istinat duvarlarını tamamladı. 1945 ile 1950 arasında RAR-Türk Ltd. binaların betonarme iskeletlerini inşa etti. 1950-51 yıllarında Amaç Ticaret Ltd., aslanlı yol ile tören meydanının döşemesini ve binaların taş kaplamasını yaptı; abidevi merdivenleri inşa etti, lahit taşını yerleştirdi, elektrik ve kanalizasyon tesisatını tamamladı. Ve nihayet 1951 ile 1953 yılları arasında Muzaffer Budak adlı müteahhit şeref holünün zemin döşemesi ile saçak ve tavan süslemelerini yaptı. 1953 yılında *Time* dergisinde çıkan bir yazıda Anıtkabir'in 12 milyon Amerikan dolarına mal olduğu söyleniyordu, ancak bu bilginin hangi kaynağa dayandığı belli değildir. 22 Kasım 1944'te TBMM toplam 10 milyon TL'lik (bugün yaklaşık 90 milyon Amerikan doları) ilk inşaat bütçesi onaylamış, ancak 1 Mart 1950'de bu bütçe

6.8. Anıtkabir'in girişinde bulunan ve Hüseyin Özkan imzasını taşıyan Erkek (solda) ve Kadın (sağda) heykel grupları (fotoğraf yazara aittir).

24 milyon TL'ye (bugün yaklaşık 220 milyon Amerikan doları) çıkarılmıştır. Anıtkabir'in inşası sırasında yapılan en önemli değişiklik, *Arkitekt*'in de lüzumsuz alçak kabartmalarla süslendiği gerekçesiyle eleştirdiği şeref holünün çatı katının (Sayar 1943a: 5) plandan çıkarılması oldu. Bu kat yerine düz bir tavan ile çatı inşa edildi. Çatı katının yapımından vazgeçilmesi kararı aşağıda daha ayrıntılı ele alınacaktır. Her halükârda orijinal plandaki bu öğenin çıkarılması projenin mimarları tarafından da olumlu karşılanmıştı, zira Anıtkabir böylelikle şehrin en yüksek noktasına oturtulmuş klasik bir tapınak tasarımına daha yaklaşmış olacaktı.

Anıtkabir'e gelen bir ziyaretçi ilk olarak 26 basamaklı görkemli bir merdivenden çıkar. Bu 26 basamak, Kurtuluş Savaşı'nda Atatürk'ün ordularının Kocatepe ve Dumlupınar'daki uzun muharebelerin ardından artık ülkenin büyük kısmını kontrol altına aldıkları 26 Ağustos 1922 tarihini temsil eder. Bu tarih Kurtuluş Savaşı'nda üstünlüğün işgal kuvvetlerinden (Britanya, Fransa, İtalya ve Yunanistan) Türklere geçtiği dönüm noktasını temsil eder. Bu bakımdan Türk ulusu için yapılmış ulusal bir abidenin girişinde çağrıştırılması –her ne kadar bir levha ya da yazıyla açıkça belirtilmeden, dolaylı bir yoldan yapılsa da– gayet uygundur. Merdivenlerin tepesinde her iki yanda Türk sanatçı Hüseyin Özkan tarafından yapılmış heykel grupları bulunur: solda "Erkek", sağda "Kadın" (RESİM 6.8). Bir asker, bir köylü ve bir öğrenciden oluşan erkek grubu savunma, üretim ve eğitimi simgeler. Kadınlardan ikisi Türkiye'nin bereketli topraklarını simgeleyen bir başak çelengini iki yanından tutmaktadır. Soldaki kadın sağ elindeki kabı göğe doğru tutarak Atatürk için Tanrı'dan rahmet dilemektedir (Gülekli 1981, 39). İki kadının arkasında ortada duran üçüncü kadın ise eliyle yüzünü kapamış sessizce ağlamakta, ulusun Atatürk'ün ölümünden duyduğu acıyı ifade etmektedir. Anıtkabir'deki bu heykellerle diğer figür ve rölyefler, bu dönemde Sovyetler Birliği ve Doğu Bloku'nda kullanılmakta olan Sosyalist gerçekçiliğe benzer bir tarzda yapılmışlardır. Ancak bu heykeller Türkiye Cumhuriyeti halkını temsil etmektedir. Erkek figürleri, özellikle de öğretmen, Atatürk'e çok benzemektedir.

Merdivenin iki yanında Anıtkabir idarecilerinin "kule" olarak adlandırdığı birer taş pavyon bulunmaktadır ve bu yapılar anıtın mimari süsleme programıyla ilk karşılaştığımız yerlerdir. Ayrıntılar arasında Selçuklu tarzı mukarnas saçaklar, payanda kemerler, gülbezekler, ve kuş evleri vardır. Onat ve Arda Osmanlı öncesi döneme ait bu mimari öğeleri Türk mimarisinin köklerinin temsili olarak açıklamışlardır. Kulelerin sığ piramidal çatıları ile tepelerindeki bronz mızrak uçları, Türkiye kırsalında ve Orta Asya'da bugün hâlâ bulunabilen Türki göçebe çadırlarını çağrıştırır (Gülekli 1981, 41). Halk geleneklerine ait öğelerin Anıtkabir'deki uyarlamalarından sadece birisidir bu, pek çok başka örnek de vardır. Anıtkabir kompleksinde girişteki merdivenlerin iki yanında yer alan bu iki kulenin dışında

6.9. Solda: Anıtkabir'e giden aslanlı yolda, Hüseyin Özkan tarafından yapılan aslan heykeli (fotoğraf yazara ait). Sağda geç Hitit dönemine ait Karkamış antik kentinde bulunan aslan heykelleri (Londra'daki British Library'nin izniyle).

sekiz kule daha bulunmaktadır. Bunların her biri Kurtuluş Savaşı ile ilgili bir temayı temsil eder ve bu temalara göre isimlendirilmiştir: Hürriyet, İstiklal, Mehmetçik, Zafer, Barış, 23 Nisan, Misak-ı Milli, İnkılap, Cumhuriyet ve Müdafaa-i Hukuk kuleleri bu sırayla anıtı gezen ziyaretçinin karşısına çıkar. Kulelerin iç duvarlarına Atatürk'ün kuleye ismini veren temayla ilgili sözleri yazılmıştır. Örneğin İstiklal Kulesi'nde "Bu ulus bağımsızlıktan yoksun olarak yaşamamıştır, yaşıyamaz ve yaşamıyacaktır, ya istiklâl ya ölüm" (1919) sözü vardır. Zafer Kulesi'nde ise "Zaferin payidar neticeler vermesi ancak irfan ordusu ile kaimdir" (1923) yazılıdır. Kulelerin tavanları, abidenin başka yerlerinde de tavanlarda ve zeminde görülen soyut Türk kilim desenleriyle süslenmiştir. Kadın ve erkek heykelleri arasından geçip bu ilk iki kuleyi gören ziyaretçi, daha önce de bahsettiğimiz aslanlı yol adlı törensel yola girer. Buraya aslanlı yol adını veren, yolun her iki yanındaki, yine Hüseyin Özkan tarafından yapılmış toplam 12 çift taş aslan heykelidir (her iki yanda 6'şar çift, toplam 24 adet). Bu heykeller Türkiye Cumhuriyeti'nin ilk yıllarında devlet teşvikiyle yapılmış arkeolojik kazılarda bulunan Hitit aslanlarına çok benzemektedir (**RESİM 6.9**). İşlevleri, ziyaretçilere Türkler'in köklerinin Osmanlı öncesine, bu durumda, kadim Hitit uygarlığına (MÖ on sekizinci yüzyıl-MÖ on ikinci yüzyıl) uzandığını hatırlatmaktır. Anıtkabir'in Heykel, Kabartma ve Kitabelerinden Sorumlu Komisyonuna göre aslanlar "hem gücü hem barışı" temsil etmeleri için ayakta değil oturur ve/veya uzanır pozisyonda tasvir edilmişlerdir (Gülekli 1981, 32).

Törensel nitelikteki aslanlı yol fiziki bakımdan devasa bir meydanda sonlanır, ama görsel olarak meydanı aşıp Clemens Holzmeister'in yaptığı Türkiye Büyük Millet Meclisi binasına (1938-63) ve onun ötesindeki Cumhurbaşkanlığı konutu Çankaya Köşkü'ne uzanır. Bu bakımdan abideye uzanan törensel güzergâhın anlatısının Hitit aslanlarıyla geçmişte başladığı, tören meydanıyla bugünde tamamlandığı, TBMM binası ve Cumhurbaşkanlığı köşkü ile de geleceğe işaret ettiği söylenebilir. Meydana çıkınca Anıtkabir kompleksinin tapınağa benzeyen ve şeref holü olarak anılan ana binası solda kalır (**RESİM 1.5**). Meydanın çevresinde birbirine revaklarla bağlanmış diğer temalı kuleler yer alır. Meydanın ve şeref holünün ana aksı, Cumhuriyet öncesi dönemin başkent ilan edilmeden önceki (Osmanlı) Ankara'sının temsili olarak tartıştığımız Ankara Kalesi doğrultusunda uzanır. Ziyaretçi geçmişi hatırlayabilir ama Atatürk, daha doğrusu onun naaşının yattığı bina, bu geçmişin önünü kapatır; onu görmeyi engeller. Anıtkabir yer tespit komisyonunun belirttiği gibi Ankara Kalesi Osmanlı İmparatorluğu'yla ilişkili bir yapıydı ve dikkate değer değildi. Tören meydanını çevreleyen kulelerde Atatürk'ün kullandığı vasıtalardan bazıları ile bir Atatürk Müzesi bulunmaktadır. Revakların tavanları Türk kilim desenleriyle yoğun biçimde süslenmiştir ve meydanın kendisinde de traverten taştan yapılmış

373 adet soyut kilim deseni bulunmaktadır (RESİM 6.10). Tıpkı kulelerdeki göçebe çadırı soyutlamaları gibi bu kilim desenleri de abideye Türk kimliği vermek için halk geleneklerine dönülmesine bir örnek teşkil eder.

Tören meydanından şeref holüne çıkan merdivenlerin her iki yanında alçak kabartmalar bulunur. Solda heykeltıraş Zühtü Müritoğlu'nun "Başkomutanlık Meydan Muharebesi" eseri, sağda İlhan Koman'a ait "Sakarya Meydan Muharebesi" vardır. Onat ve Arda'nın planında da bu alanların kabartmalarla süslenmesi öngörülüyordu ancak bu kabartmaların konusuna –1921 Temmuz'uyla Eylül'ü arasındaki olaylar, yani Atatürk'ün resmen Başkomutan ilan edilmesi ve Kurtuluş Savaşı'nın sonucunu belirleyen Sakarya Nehri'ndeki muharebe– karar veren Anıtkabir heykel, kabartma ve kitabeler komisyonu olmuştu. Bu olaylar Türkiye tarihinde çok önemliydi çünkü Fransa'nın Atatürk'ü ve emrindeki kuvvetleri gerçekten ciddiye almaya başlaması Sakarya'daki zaferden sonra olmuştur. Büyük Britanya'nın benzer bir tavır değişikliği göstermesi ise 26 Ağustos 1922 zaferinden sonradır. Daha önce de bahsedildiği gibi bu zafer Anıtkabir'in girişindeki merdivenlerde anılmaktadır. "Başkomutanlık Meydan Muharebesi" kabartması savaş hazırlıklarını –Atatürk bir kolunu öne doğru uzatmış "Ordular, ilk hedefiniz Akdeniz'dir. İleri!" demektedir– ve bir zafer meleğinin, zaferi Türklere verdiği amansız bir muharebeyi betimler. "Sakarya Meydan Muharebesi" kabartması ise saldırıya geçen düşmana karşı koymak için evlerini bırakan Türkleri (genç bir adam yumruğunu sıkmış "bir gün geri geleceğiz ve öcümüzü alacağız" dercesine ant içmektedir), işgal altındaki milletin durumunu ve Türk ordusunun zaferini simgeleyen meşe ağacına işaret eden bir anavatan figürünü betimler (Gülekli 1981, 72-5). Bu kabartmaların Atatürk'ün mozolesindeki işlevi, ziyaretçiye onun Kurtuluş Savaşı'ndaki liderlik rolünü hatırlatmaktır.

İstiklal Kulesi'nin içinde bulunan, Zühtü Müritoğlu'na ait kabartmada (bağımsızlığını savunan Türk ulusunu simgeleyen) ayakta iki eliyle kılıç tutan bir genç, onun yanında da bir kaya üzerine konmuş (Selçuklu sanatında güç ve bağımsızlık simgesi) kartal görülmektedir. Hürriyet Kulesi'nin içinde yine Müritoğlu'na ait kabartmada elinde ("Hürriyet Beyannamesi"ni simgeleyen) bir kâğıt tutan (bağımsızlığın kutsallığının simgesi) bir melek ile şaha kalkmış bir at (hürriyet ve bağımsızlık simgesi olarak) tasvir edilmiştir. Mehmetçik Kulesi'nin dış yüzeyinde yer alan yine Müritoğlu'na ait kabartmada cepheye gitmek için evinden ayrılan Mehmetçik ile elini oğlunun omzuna atmış üzgün ama mağrur annesi (her ikisi de savaştaki fedakârlıkların simgesi olarak) tasvir edilmiştir. Barış Kulesi'nin içinde Nusret Suman'a ait, Atatürk'ün meşhur "Yurtta Sulh, Cihanda Sulh" sözünü ifade eden kabartmada, (Türk halkını simgeleyen) çiftçi köylüler ve yanlarında (barışın koruyucusu

6.10. Anıtkabir'in tören meydanının zemini ve sundurma tavanlarında bulunan Türk halı motifli dekorasyon (fotoğraf yazara ait).

olan Türk ordusunu simgeleyen) kılıcını uzatmış onları koruyan bir asker figürü tasvir edilmiştir. 23 Nisan Kulesi'nin içindeki Hakkı Atamulu'ya ait kabartmada ise bir kadın bir elinde üzerinde "23 Nisan 1920" (modern Türkiye'nin kuruluş tarihi) yazılı bir kâğıt, diğerinde de (Türkiye Büyük Millet Meclisi'nin açılışını simgeleyen) bir anahtar tutmaktadır. Misak-ı Milli Kulesi içindeki Nusret Suman'a ait (Türk ulusunun vatanı kurtarmak için içtiği birlik andını simgeleyen) kabartmada bir kılıç kabzası üzerinde üst üste konmuş dört el tasvir edilmiştir. İnkılap Kulesi içindeki yine Suman'a ait kabartmada güçsüz bir elin tuttuğu sönmek üzere olan bir meşale (Osmanlı İmparatorluğu'nun çöküşünün simgesi) ile güçlü bir elin göğe doğru kaldırdığı ışıklar saçan bir meşale (Türkiye Cumhuriyeti ve Atatürk'ün modernleşme reformlarının simgesi) görülmektedir. Ve nihayet Müdafaa-i Hukuk Kulesi'nin dış yüzeyindeki Suman'a ait kabartmada bir elinde kılıç tutarken diğer elini Türkiye'nin sınırlarından giren düşmana "dur" der gibi ileri uzatmış bir erkek figürü tasvir edilmiştir. İleri uzatılan elin altında bulunan meşe ağacı Türkiye'yi simgelemektedir.

Anıtkabir'in Heykel, Kabartma ve Kitabelerinden Sorumlu Komisyon, Eylül 1951 ile Ocak 1952 arasında yapılan ve rumuzla katılınan bir yarışma ile bu heykeltıraşları seçti. On yıl önce yapılan ve ilk başta Türk mimarlarına açık olmayan mimari yarışmanın tam aksine bu yarışma sadece Türk sanatçılara açıktı, yabancıların katılmasına izin verilmemişti. Heykel, Kabartma ve Kitabelerden Sorumlu Komisyonun yabancı başkanı İstanbul Güzel Sanatlar Akademisi profesörü Rudolf Belling bu ayrımcı tavrı savunmak için şöyle diyordu: "Anıtkabir heykel ve kabartmalarının konuları tamamen millî olduğu için Türk tarihinden alınan bu konuları en içtenlikle, en iyi duyarak, ancak Türk sanatçıları dile getirip canlandırabilir" (TC Genelkurmay Başkanlığı 1994, 39).

Anıtkabir'e dönecek olursak, ziyaretçiler tören meydanından şeref holüne girerken çeşitli noktalarda Atatürk'ün ünlü vecizeleriyle karşılaşırlar. Merdivenlerin ortasındaki hitabet kürsüsünde "Hâkimiyet kayıtsız şartsız milletindir" yazılıdır. Bu Türkiye Cumhuriyeti anayasasının ilk cümlesidir; Atatürk 23 Nisan 1920'de Ankara'da Türkiye Büyük Millet Meclisi'nin ilk oturumunu bu cümle ile açmıştır. Türkiye'de bu cümle, ABD'de *"We the people..."* ("Biz, Birleşik Devletler halkı...") ifadesi ya da Fransa'da *Liberté, Égalité, Fraternité* ("Özgürlük, eşitlik, kardeşlik") şiarına eş güçtedir; ulusun var olma hakkını doğrudan tanıyan belirleyici bir ifadedir. Hitabet kürsüsünden ayrılıp merdivenlerden şeref holüne doğru çıkarken Atatürk'ün en ünlü konuşmalarından ikisi sütunların arkasındaki duvara altın harflerle kazınmıştır. Soldaki 1927 tarihli "Gençliğe Hitabe"dir; Atatürk burada genç kuşaktan Türkleri Cumhuriyet'e ihanet edebileceklere karşı uyanık olmaya çağırmaktadır. Sağdaki ise 1933 tarihli "Onuncu Yıl Nutku"dur; Atatürk Türkiye Cumhuriyeti'nin 1923'teki ilanından beri geçen on yılda başarılanları görkemli bir nutukla kutlamaktadır.

Kitabelere kazınmış bu konuşmalarla Atatürk'ün gömüt yerine girmek üzere olan ziyaretçilere Türk ulusu, Osmanlı İmparatorluğu'nun yıkılışı ve Atatürk'ün tüm bu süreçteki rolü hatırlatılmaktadır. Anıtkabir'deki şeref holünün dış duvarındaki bu kitabelerle Roma imparatoru Caesar Augustus'un (MÖ 63-MS 14) hayatını ve başarılarını anlatan *Res Gestae* (sözlük anlamıyla "yapılmış işler") adlı anlatı arasında çarpıcı bir paralellik vardır. Bu metin bizzat Augustus tarafından ölümünden bir süre önce kaleme alınmış, ölümünün ardından da halkın büyük zafer ve başarılarını hatırlaması için Roma İmparatorluğu'nun dört bir yanında pek çok abideye kazınmıştı. Ne tesadüftür ki Augustus'un *Res Gestae*'sinin tamama en yakın nüshası Ankara'daki Augustus tapınağında bulunmaktadır. Tarihçi Toni M. Cross Ankara'daki *Res Gestae*'yi "günümüze ulaşan Latince yazıtların kesinlikle en önemlisi" olarak nitelerken (2000, 73) Türk mimari tarihçisi Suna Güven de (1998) Augustus kitabesinin Roma İmparatorluğu'nun Galatia eyaletinin başkenti olan Ancyra şehri için önemini vurgular. Ama Güven bunu yaparken şaşırtıcı şekilde Anıtkabir'le olan benzerliğe değinmez; onun yerine ön cephesinde Atatürk'ün bu söylevleri yazılı olan ama 1966'da, yani Anıtkabir'in tamamlanışından on üç yıl sonra inşa edilen Milli Eğitim Bakanlığı binası örneğini kullanır.

Bu heykel, kabartma ve yazıtlarla ilgili olarak, 1981 basımlı resmi Anıtkabir rehberi şöyle der: "Bir film gibi, kabartmalar Türk tarihinden sahneleri ve Atatürk'ün hayatını başından sonuna anlatmaktadır" (Gülekli 1981, 33). Ancak, "Erkek" ve "Kadın" heykel gruplarından 10 kuleye, aslanlı yoldan muharebe kabartmalarına, Atatürk'ün vecizelerinin olduğu yazıtlardan tapınağa benzeyen şeref holüne, Osmanlı öncesi döneme ait mimari ayrıntılardan arkeolojik buluntuların modern kopyalarına ve soyut çadır ve kilim motiflerine, toplu olarak bakıldığında Anıtkabir, Türklerin Osmanlı İmparatorluğu'ndan (1299-1922) çok öncesine uzanan bir tarihini sunar ve böylelikle imparatorluğun önemini azaltır. Anıtkabir, bu yolla, işlevi Atatürk'ü ve Türk ulusunu anmaktan ibaret olmayıp gelecek kuşaklara tarihin bu versiyonunu öğretmeyi amaçlayan bir Türk tarihi anlatısı kurar. Bir başla deyişle, Anıtkabir'deki kabartma, heykel, özdeyiş, mimari biçim ve tabii müze sergilerinin tümü birlikte Türkiye'deki iktidarın iyice gözden geçirdikten sonra uygun bulup onayladığı bir mesajı iletirler.

Şeref holünün dış yüzündeki söylevlerden holün içine geçildiğinde, daha önce kule tavanlarında ve tören meydanının zemininde karşılaşılan Türk kilim motiflerinin burada hem sayıca arttığı hem de daha karmaşıklaştığı görülür. Çatıyı taşıyan kirişler bile altın mozaiklerle yapılmış girift Türk kilim örüntüleriyle bezelidir. Holün en uzak ucunda Atatürk'ün büyük mermer lahdi, kocaman bir pencere ile çerçevelenmiş olarak durur. Lahit Adana yakınlarındaki Osmaniye'den getirilmiş 40 ton ağırlığında yekpare bir kırmızı mermer bloktan oluşmaktadır. Atatürk'ün naaşı aslında lahdin hemen altında yer alan kümbet benzeri sekizgen mezar odasında gömülü olduğu için bu mermer kütle onun bedeninin bir simgesidir sadece. Zeminin altındaki asıl mezarda Atatürk'ün naaşının üstünü örten mütevazı bir mermer levha, etrafında da 81'i Türkiye'nin vilayetlerinden, ikisi de Türkiye dışından gelen toprakla dolu olan toplam 83 pirinç vazo bulunmaktadır. Atatürk böylelikle gerçek anlamda vatan toprağıyla sarmalanmıştır. Yer altındaki bu mezar halka açık değildir, ancak son dönemde buraya yerleştirilen video kameralarla görüntüsü kapalı devre televizyon sistemiyle yayımlanmaya başlamıştır ve ziyaretçiler Atatürk Müzesi'nden çıktıktan sonra revaklarda gezerken mezarı izleyebilirler. Ziyaretin bu zirve noktası –büyük insanın lahdinin (ve kapalı devre yayın aracılığıyla mezarının) izlenmesi– tüm Anıtkabir deneyiminin en kişisel kısmı olsa da aynı zamanda Türk ulusal tarih anlatısını da tamamlamaktadır. Deneyim bir bütün olarak Türkiye'nin geçmişini simgeler ve geleceğine dair işaretler sunar.

Abidenin Abideviliği

Mustafa Kemal'in ölümüyle, evvelinde güçlü bir liderliğin olduğu, günün koşullarının kavranabildiği ve geleceğe dair berrak bir öngörünün bulunduğu Türkiye'de büyük bir boşluk oluşmuştu. Türk ulusu bu boşluğu mimari bir muadille, Anıtkabir'le ikame etmeye çalıştı. İstanbul'da Dolmabahçe Sarayı'nda öldüğü odadan başlayıp Bruno Taut tarafından tasarlanan katafalk ve Etnografya Müzesi'ndeki geçici mezarla devam eden Mustafa Kemal Atatürk için yaratılmış mezar mimarisinin tarihi Anıtkabir mozolesiyle tamama erer. Yelpazenin bir ucunda ulustan ziyade insan olarak Atatürk'ü temsil eden Dolmabahçe Sarayı'ndaki yatak odası, diğer ucunda ise insan olarak Atatürk'ten ziyade ulusu temsil eden mozole durmaktadır. Ara aşamalardaki geçici kabir ve katafalklar ise vurgunun zaman içinde nasıl kişisel olandan ulusal olana kaydığını gözler önüne sererler.

Anıtkabir için açılan yarışmaya katılan projeler Atatürk'ün kişisel kimliği ile Türkiye'nin ulusal kimliğini temsil arasında bir denge kurmaya çabalıyordu. Türk mimarlar tarafından hazırlanan projelerin çoğunda Osmanlı ve onunla ilişkili "Doğu" mimarisi geleneklerinin soyutlanmış bir yorumuna yönelen dönemin güçlü akımı İkinci Ulusal Mimarlık akımının yoğun etkisi görülüyordu. Bu yönelim dönemin önde gelen yayını *Arkitekt* tarafından da desteklenmekteydi. Yarışma jürisi, eserlerinde antik Yunan, ortaçağ Avrupası ve antik Roma mimari imgelerinden yararlanan üç öneriyi ödüllendirerek tercihini daha Batılı bir görünüme sahip eserlerden yana koymuş görünüyordu. Bu temsil tarzı, mimarlık tarihinin neredeyse tüm dönemlerinden izler taşımakta, sadece yarışmanın düzenlendiği dönemi dışarıda bırakmaktaydı. İlginçtir ki, o dönemde modern mimaride "abideviliğin" yerinin sorgulandığı uluslararası ölçekte tartışmalar yaşanmaktaydı. Bu tartışmaların vardığı yerin bir yanda Le Corbusier'in Çhandigarh'ındaki (1951-65) dışavurumcu betonarme formlar, bir yanda da Atatürk'ün Anıtkabir'inin (1944-53) tarihsel olarak soyutlanmış formları olduğunu söyleyebiliriz. Atatürk'ün mozolesi asıl olarak büyüklüğüyle bir abidevilik duygusu verir. Mevcut TBMM binasının yer aldığı arazinin (475.000 m²) bir buçuk katı büyüklüğünde bir alan kaplayan Anıtkabir arazisi, Barış Parkı ile birlikte toplam 670.000 m²dir. Şeref holü, tören meydanı ve aslanlı yolu içeren inşaat alanı 22.000 m² olup yine TBMM binasından (19.372 m²) daha geniş bir alanı kaplamaktadır.

Aslında önemli olan Anıtkabir'in toplam büyüklüğünden ziyade, mozole kompleksinin tekil kısımlarının insan ölçeğine göre çok büyük olmasıdır. Giriş kapısından abidenin kendisine ulaşmak için 650 metrelik dik bir rampa boyunca yorucu bir tırmanış yapmak gerekir. Bu yürüyüş ziyaretçiyi psikolojik olarak şehrin keşmekeşinden uzaklaştırır ve abidenin "öteki dünya"sına yavaş yavaş alıştırır. Girişteki bu tırmanışla ilgili şikâyetler sonucunda 2006'da ziyaretçileri yukarı ve aşağı taşıyan ring otobüs seferleri konmuştur. Ancak yokuşu otobüsle çıkmak ortama alışma sürecinin es geçilmesi anlamına gelir ki bu da abidenin abideviliğinden eksiltir.

Abideye ulaşan ziyaretçiler aslanlı yola bağlanan 26 basamaklı bir merdivenle karşılaşırlar. Bu merdiven 4 m yüksekliğindedir, yani ortalama bir ziyaretçinin boyunun iki katından fazladır ve bu nedenle ziyaretçiye yine heybetli bir duvar ya da tırmanılacak bir engelle karşı karşıya olduğu hissini verir. Merdivenlerin tepesinde yer alan kuleler 8,80 x 10,85 m taban alanına sahiptir ve 7,2 m yüksekliğindedir. Bu ilk kulelerin hemen yanındaki Erkekler ve Kadınlar heykel grupları bir metrelik kaideleri hariç yaklaşık beşer metre boyundadırlar. Ziyaretçileri küçücük bırakırlar ve 262,20 m uzunluk ve 12,8 m eniyle kendisi de epey büyük olan aslanlı yolun girişine de egemendirler. aslanlı yolun çok uzun olduğu hissini kuvvetlendiren bir tasarım detayı da yerdeki taş karolar arasındaki çimenle kaplı 5 cm'lik açıklıklardır; bunlar hızlı yürümeyi imkânsızlaştırır, ziyaretçileri adımlarına dikkat edip yavaş yürümeye mecbur ederler. Aslan heykellerinin arkasında yer alan, taşlar arasında 5 cm'lik açıklıların olmadığı küçük patikadan yürümek isteyen ziyaretçiler hemen güvenlik görevlileri tarafından uyarılarak aslanlı yola geri dönmeye zorlanırlar. Aslanlı yol bu şekilde ziyaretçileri yavaş yürümeye ve abidenin kalbine doğru ağır ağır ilerlemeye sevk ederek girişteki dik rampaya benzer bir işlev görür.

129 x 84,25 m ölçülerindeki geniş tören meydanına çıkmak için aslanlı yoldan sonra altı basamak daha çıkılır. Mozolenin ana binası ve ikonlaşmış kısmı olan şeref holü, tören meydanından 8 m yüksekliğinde 42 basamaklı bir merdivenle çıkılan

bir yükseltide yer alır ve 41,65 x 57,35 m gibi çarpıcı büyüklükte bir alanı kaplar. Bu kütle 17 m yüksekliğindedir, sütunların kendisi ise 14,4 m'dir; bunlar koca bir ziyaretçi kalabalığını bile karınca gibi bırakan ebatlardır. Hiç şüphesiz şeref holü abidenin abideviliğinin doruk noktasıdır. Holün iç ölçüleri 18,10 x 29 metredir; holün en sonunda yer alan Atatürk'ün 40 tonluk lahdi ise 2 x 5 m boyutlarındadır, yani Atatürk'ün kendisinin iki katından büyüktür. Tüm bu ölçüler (TC Genelkurmay Başkanlığı 1994, 94) insani olmaktan son derece uzak, gerçek olamayacak kadar büyüktür ve bu haliyle abidenin abideviliğinin çok güçlü bir ifadesidir.

Rowland'ın abidelerin kesin, kararlı, net olduğuna dair sözlerini hatırlarsak abideler gerçekten de çoğunlukla sanki hep o halleriyle var olmuşlar gibi görünmeye çalışırlar, birtakım değişiklikler olduğunda bile. Anıtkabir de böyledir. Atatürk'ün mozolesinin inşası ve açılışından bu güne onun Türk ulusal kimliği ve belleğinin bir sağlayıcısı olarak oynadığı rolün sürdürülmesi çabası kesintisiz devam etmiştir ki bu da bir sonraki bölümün konusunu teşkil etmektedir.

YEDİNCİ BÖLÜM

Ulusal Belleği Sürdürmek

Somutlaştığı fiziksel nesneye/nesnelere özü itibariyle dışsal olan bireysel veya kolektif belleğin sürdürülmesi müzeleştirme, ritüeller, anmalar, ekleme ve çıkartmalar gibi çok çeşitli süreçler aracılığıyla sağlanır. Bu bölümde söz konusu süreçler Atatürk'ün Dolmabahçe Sarayı'ndaki yatak odası ve mozolesi Anıtkabir ile ilişkileri açısından ayrıntılı bir biçimde ele alınacaktır.

Mimarlık kuramcısı Adrian Forty (2001, 4-8) iddiasını destekleyecek üç olguya gönderme yaparak, abide gibi fiziksel nesnelerin belleğin zihinsel biçiminin yerine geçebileceği varsayımını sorgulamıştır. Bunlardan ilki, bazı Batı dışı toplumların "artık hatırlamak istemedikleri ya da hatırlamaya gerek görmediklerinden kurtulmalarını" sağlayan kısa ömürlü abidelerdir. Kamerun'un kuzeybatısındaki Oku halkının kraliyet binalarını kasten viran olmaya bırakması ve Papua Yeni Gine'ye bağlı Mussau Adası'nda ölen bir köylünün ardından yapılan kuklaların bilerek terk edilmesi örneklerden bazılarıdır. Forty'nin değindiği, belleğin fiziksel nesnelerde somutlaşmasını sorgulayan ikinci olgu, belleği bilinçdışı ama kasıt içeren ve fiziki nesnelerden farklı bir şekilde yıpranan bir varlık olarak tarif eden Sigmund Freud'un baskılama kuramıdır. Forty'ye göre Freud psikanaliz yöntemini hastalarına gerçekten hatırlamak veya unutmak arasında "öyle ya da böyle" karar verebilme özgürlüğünü sağlamak için yaratmıştır. Forty'nin üçüncü örneği, Holokost'u dehşetini azaltmadan fiziksel olarak temsil etmenin güçlüğüdür; bu aynı zamanda Holokost araştırmacısı James E. Young'ın da meslek hayatı boyunca ayrıntılı olarak araştırdığı bir temadır (1989, 1992, 1993, 1994, 1999).

Forty haklı olabilir, fiziksel nesneler basitçe belleğin zihnimizdeki biçiminin yerine geçemez; ama verdiği örneklerin hepsinde de fiziksel eserlerin yıpranıp gitmesine engel olmak için gereken bakım işlemleri göz ardı edilmektedir. Nesnelerin idamesi için gereken bu çaba kolektif kimlik ve belleğin inşasında önem taşır; zira nesnelerin idamesinin yokluğunda bunlarla ilişkilendirilmiş kimlik ve bellek de kaybolacaktır. Mimari eserler gibi fiziksel nesnelerin yapılış amaçlarına ulaşabilmeleri için sürekli bakıma –ya da desteğe– muhtaç oldukları gerçeği, arka planda mutlaka bu bakımı icra etmek için bir sebebi olan bir şey veya bir kişinin bulunduğu anlamına gelir. Mustafa Kemal Atatürk'le ilişkili cenaze mimarisi örneğindeyse, Atatürk'ün naaşı 1953'te tamamlanmış abidesinin içine sıkıca yerleştirildiği an itibariyle Anıtkabir, gelecek nesilleri geçmişleri hakkında eğiterek Türkiye Cumhuriyeti'nin inşa edilmiş kimliğini ve belleğini dillendiriyordu; bunu yapmaya halen de devam etmektedir. Diğer çoğu abide gibi Anıtkabir de geçmişi temsil eder ve siyasileştirir; bu da Türklerin belleğini ve Türk ulus kimliğini şekillendirir. Ancak bu kitapta tartışılmış beş yapı içerisinden bugün hâlâ varlığını sürdüren tek yapı Anıtkabir değildir. Dolmabahçe katafalkı, Ankara katafalkı ve Etnografya Müzesi'ndeki geçici kabir uzun yıllar önce yok olmuşken Dolmabahçe Sarayı ve içinde bulunan Atatürk'ün yatak odası Türk Hükümeti tarafından 1984'te müzeye çevrilmiştir ve halen her yıl sekiz milyonu aşkın yerli ve yabancı turist tarafından ziyaret edilmektedir.

Uluslararası Müzeler Konseyi internet sitesinde müze "insanın ve insan yaşamı alanlarının maddi izlerini araştırma, eğitim ve eğlence amacıyla edinen, muhafaza eden, araştıran, aktaran ve sergileyen, topluma ve onun gelişmesine hizmet eden, halka açık, kâr amacı gütmeyen, kalıcı bir kurum" olarak tanımlanmaktadır. Müzelerin büyük kısmı Aydınlanma sonrası çağın ürünleridir. Bu dönemde nesne koleksiyonları, sanatsal olsun veya olmasın, zenginlerin özel mülkü olmaktan çıkartılıp adını antik Yunan dilinde "müzlere adanmış tapınak" anlamına gelen *"museum"*dan alan bu yeni kurumlar aracılığıyla kamusal alana sunulmuştur. On altı ve on yedinci yüzyıllardan itibaren varlıklı kimseler –devlet başkanları, aristokratlar, zengin tüccarlar ve üst düzey kilise yetkilileri– resim, heykel, desen ve gravürler, antik yapı kalıntıları, kutsal emanetler, elyazmaları, hayvan iskeletleri, değerli mineraller, egzotik bitkiler, silah, halı ve sikkeler ile takı, giysi, törensel nesne gibi etnografik malzemeler toplamaya başladılar. Bu koleksiyonlara erişim genelde sahibinin keyfine bağlıydı ve dolayısıyla teknik olarak halka açık değildi. Örneğin, Impey'nin belirttiğine göre (2000, 76-89) ziyaret için yazılı başvuru mecburiyeti, iki hafta onay bekleme süresi ve/veya ziyaretin iki saatle sınırlanması gibi kısıtlamalar söz konusuydu. Halka tamamen açık ilk müzenin Paris'teki Louvre Müzesi olduğu genelde kabul edilir; bir kraliyet sarayı olan yapı, kraliyet ailesinin tüm mal varlığının toplanıp "halkın" ilan edildiği Fransız Devrimi'nden sonra güzel sanatlar müzesine çevrilmiştir. Sanat müzesi kurma amacıyla inşa edilmiş ilk yapının ise Berlin'deki Königliches Müzesi (bugünkü Altes Müzesi) olduğu genellikle kabul görmüştür; 1823 yılında mimar Karl Friedrich Schinkel tarafından tasarlanmış olan bina Prusya Kralı III. Friedrich Wilhelm tarafından halkın ziyaretine açılan Prusya Kraliyet ailesinin sanat koleksiyonunu muhafaza etmesi amacıyla inşa edilmiştir.

Müzelerin tarihine dair bu açıklamalarda dikkate değer olan nokta, bir müzenin var olabilmesi için ister taşınabilir nesnelerden isterse binanın kendisinden oluşan bir koleksiyona sahip olması zorunluluğudur. Müzeleştirme, yani bir nesne koleksiyonunun müzeye dönüşmesi iki parçalı bir süreçtir. İlk olarak, bir araya toplanmış nesnelerin, binaların ve –iç veya dış– mekân dizilerinin bağlamsızlaştırılmasını beraberinde getirir. Nesneler söz konusu olduğunda bu düpedüz bir bağlamdan diğerine (müzeye) taşınmaları anlamına gelir. Ama kolay kolay taşınamayan mekânlar söz konusu olduğunda, bu bağlamsızlaştırma mekânların kullanımının, nüfusunun ve/veya anlamının kaybı ya da değişmesi anlamına gelir. İkinci olarak da müzeleştirme süreci bir nesne ya da mekânın, birincil olarak teşhir amacıyla ama bazen de eğitim ve/veya eğlence amacını da içererek sunulmasını gerektirir. Sosyal psikolog Alan Radley'nin (1990, 47) sözleriyle: "Topluluk içerisindeki diğer büyük yapılar (katedraller, yerel yönetim binaları [ve] şatolar) gibi müzeler de özel eser sayılan nesneleri saklayıp, geçmiş devirlerin okunup anlaşılabilmesine imkan veren kaynaklardır."

Türkiye'ye ve Türkiye Cumhuriyeti'ne dönecek olursak, eski bir yapının yeniden düzenlenmesinden ziyade, amacına uygun olarak inşa edilmiş ilk müze Ankara'daki Etnografya Müzesi'dir. Atatürk'ün geçici kabri ele alınırken de belirtildiği üzere, Etnografya Müzesi ülkenin dört bir yanından geleneksel Türk sanatları ile düğün, cenaze, sünnet düğünü gibi toplantılara ilişkin önemli nesnelerin derlenmesi maksadıyla 1927 yılında kurulmuştur. Ancak mimarlık tarihçisi Zeynep Kezer'in (2000) belirttiği gibi müzenin topladığı sergiler (mutfak eşyaları, halılar, geleneksel kıyafetler, mimari karolar, süslemeler, hatta Siirt'te bulunan on ikinci yüzyıldan kalma Ulu Cami'nin minberinin tamamı) yeni Cumhuriyet'in modernleştirmeyi kuvvetle istediği köylülerin ve Müslüman toplumların halen kullanmakta olduğu gündelik nesnelerdi. Yeni Türkiye Cumhuriyeti bu nesneleri gündelik bağlamlarından koparıp müzenin özel bağlamı içine yerleştirmek suretiyle onları artık kapanmış bir çağın kalıntıları, ancak bir müzeye uygun olabilecek ölü nesneler olarak sunuyordu; aslında Türk halkına modern öncesi varoluşlarının ölü olduğunu, daha canlı ve modern bir yaşam tarzının lehine geride bırakılması gerektiğini ilan ediyordu.

Türkiye Cumhuriyeti'nin ilk yıllarında Etnografya Müzesi'nin muadili sayılabilecek bir "mekânsal müzeleştirme" de Osmanlı İmparatorluğu'ndan kalma Topkapı Sarayı'nın 1924 yılında müzeye çevrilmesi oldu. Çeşitli köşkler, taht odası, harem ve hizmet binalarından oluşan saray kompleksinin tamamı, Louvre'un saraydan müzeye çevrilmesine benzer şekilde, müzeye dönüştürülerek 1453 ile 1856 arasında Osmanlı siyasi gücünün merkezi olarak gördüğü işlevden çıkartılıp kamuya açıldı. Tıpkı Etnografya Müzesi gibi Topkapı Sarayı'nın müzeleştirilmesindeki amaç da sarayı ve yapı topluluklarının tamamını, içerdiği tüm eşya ile beraber bir acayiplik olarak göstermenin ötesinde (varsa bile) pek az modern değeri olan geçmiş gitmiş bir devrin kalıntıları olarak sunmaktı. Sanat tarihçisi Wendy M.K. Shaw Türkiye'deki bu müzeleştirme sürecini şu sözlerle tarif etmiştir: "Dinden bağımsız bir Türk kimliğine doğru bastıran bir çevrede, başta yalnızca dinî değeri olan nesneler [...] müzede başlangıçtaki dinî rollerinden ayırılarak ülkeyi temsil etmelerini sağlayacak bir estetik-tarihsel değer yüklendiler" (2003, 209). Shaw ayrıca müzeleştirmenin eğitsel boyutunu irdelerken bunun "kurumsal olarak görünmez olan kişiler –sanatçılar, zanaatkârlar, tarihçiler, müze sahipleri, satın alıcılar ve küratörler–" tarafından hayata geçirilen bir süreç olduğunu, bu kişilerin "dünyayı, birincil vasıta olan nesnelerle birlikte ikincil bir vasıta olan metin aracılığıyla iletebilecekleri eğitici bir formata indirgediklerini [...] ve tahmin edilebileceği gibi diğer eğitim kurumlarıyla ilgili yasama ve yürütmeden sorumlu kurumsal organlar –hükümetler– tarafından doğrudan yönlendirilen veya dolaylı olarak finanse edilen kimseler olduklarını" belirtir (agy).

Dolmabahçe Müzesi

Dolmabahçe Sarayı da aynı şekilde, eğitsel amaçlarla sonunda müze haline gelmişti: Amaç, halkı Osmanlı İmparatorluğu'nun aşırılıkları konusunda eğitmekti. 3 Mart 1924 tarihli, 431 sayılı kanunun 8. maddesine göre "Osmanlı İmparatorluğu'nda padişahlık etmiş kimselerin Türkiye Cumhuriyeti arazisi dahilindeki tapuya merbut emval-i gayrimenkuleleri millete intikal etmiştir." Aynı kanunun 9. maddesi de şöyle diyor: "Mülgâ padişahlık sarayları, kasırları ve emakin-i sairesi dahilindeki mefruşat, takımlar, tablolar, asar-ı nefise ve sair bilumum emval-i menkule millete intikal etmiştir" (Arıburnu 1957, 159). 18 Ocak 1925 tarihli, 1371 sayılı Vekiller Heyeti Kararı'nda özel olarak belirtildiği gibi, Dolmabahçe Sarayı resmen Türkiye Cumhuriyeti'nin mülkü haline geldi ve yine İstanbul'da bulunan Beylerbeyi Sarayı ile birlikte Milli Saraylar Müdürlüğü adı verilen bir kuruma bağlandı. Bunu izleyen kararlarla Ihlamur Kasrı (10 Haziran 1925), Küçüksu Kasrı (18 Kasım 1925) ve Atatürk'ün Yalova Köşkü (24 Temmuz 1930) bu müdürlüğe bağlandı. Yıldız Sarayı da 1930'da bunlara eklendi. Aynalıkavak Kasrı ile Maslak Kasırları'nın da idareye bağlanmasıyla Milli Saraylar günümüzde toplam sekiz yapıyı ve bunları çevreleyen peyzajlı bahçeleri yönetmektedir. Milli Saraylar Müdürlüğü ilk başta Maliye Bakanlığı'na bağlı iken 1933'te Atatürk'ün isteği doğrultusunda TBMM Başkanlığı'na bağlanmıştır ve saraylar bugün halen bu makamdan idare edilmektedir.

Yine de Dolmabahçe Sarayı ilk başta kamuya açık bir müze değildi; Atatürk'ün yazlık çalışma konutu olmasının yanında yabancı devlet adamlarının ağırlanması ve Türk Dil Kurumu ile Türk Tarih Kurumu'nun konferansları için kullanılmaktaydı. 12 Mayıs 1925 tarihli bir Vekiller Heyeti Kararı ile sarayın giriş ücreti karşılığı ziyarete açılması öngörülmüşse de 12 Mart 1934 tarihinde kabul edilen TBMM Başkanlık Divanı kararıyla bu madde kaldırılmıştır. 1937'de Cumhurbaşkanı Atatürk'ün emriyle Dolmabahçe Sarayı Veliaht Dairesi, Resim ve Heykel Müzesi olarak ücretsiz ziyarete açılmıştır. Dolmabahçe Sarayı'nın diğer bölümleri ise koruma endişesiyle 10 Temmuz 1964'e kadar kapalı tutulmuş, ardından 14 Ocak 1971'de tekrar koruma endişesiyle kapatılmıştır. 1970'ler boyunca saray dönem dönem halka açılmış, ancak düzensiz aralıklarla yine zaman zaman kapatılmıştır. Sarayın tüm kısımlarının kalıcı olarak halka açılması ancak 12 Haziran 1984'te gerçekleşmiş, bu uygulama 3 Mayıs 1985 tarihli, 55 sayılı TBMM Başkanlık Divanı kararıyla resmiyet kazanmıştır ve sarayın son durumu da budur (Gülersoy 1990, 5-7).

Burada Dolmabahçe Sarayı'nın halkın ziyaretine açılması ve kapatılmasıyla ilgili bu ayrıntılı tarihsel dökümü vermekteki amaç, 1924'ten sonra tüm Osmanlı mal ve mülklerinin Türkiye Cumhuriyeti'ne geçmesinin bunların kamuya açıldığı anlamına gelmediğini göstermektir. Dolmabahçe'nin ve diğer Osmanlı saraylarının kamuya açılması konusu 1924'teki ilk beyanı izleyen yıllarda çeşitli mali, toplumsal ve siyasi etkilere maruz kalmıştır. En dikkate değer olansa, Dolmabahçe Sarayı'nın nihai olarak kamuya açılışının liberalleştirme politikalarıyla Türkiye toplumu, siyaseti ve ekonomisindeki genel bir açılımla ünlenmiş Turgut Özal'ın Başbakanlık döneminde gerçekleşmiş olmasıdır. Bir başka deyişle Dolmabahçe Sarayı, toplumun eş zamanlı olarak başka yönlerinin de gözden geçirilip yeniden değerlendirildiği 1980'lere dek bir müzeleştirme sürecini doğru düzgün üstlenmemiştir ta ki Türkiye toplumu bunu ondan talep edene kadar.

Atatürk'ün Dolmabahçe'deki Yatak Odası

Atatürk'ün Dolmabahçe Sarayı'ndaki yatak odası da sarayın geri kalanı gibi 1984'ten sonra kalıcı olarak halkın ziyaretine açıldığında resmen bir müze haline geldi. Ancak bu kitabın yazarının Milli Saraylar Daire Başkanlığı ile kişisel irtibatında öğrendiğine göre, 1950'lerden itibaren oda zaman zaman açılarak ilgi duyan yabancı devlet adamları ve elçilere gösterilmiştir. Atatürk'ün yatak odasının o sıralarda halka açık olmamasına rağmen odaya olan ilginin 1938-50 arası dönemde değil de 1950'lerde başlamış olması önemlidir, zira bu tam da 1953'te Atatürk'ün mozolesinin açıldığı döneme karşılık gelmektedir. Belki de Anıtkabir'in açılmasından önceki dönemde Atatürk'ün ölümü hakkında düşünmek fazlasıyla acı veriyordu ve tamamlanmış haliyle abide, sevilen bir kimsenin yas tutma sürecinin olmazsa olmazı sayılan ve ölüm koşulları üzerine düşünmek için gereken bir tür psikolojik kapanış sağlamıştı (Volkan 1988, Stephenson 1994, Walter 1999). Belki de Atatürk'ün hayatını ve başarılarını kutlayan o görkemli ve kalıcı abide Anıtkabir, kendisine zıt olarak orada meydana gelen olayın anlık ve geçici doğasını somutlaştıran bir de mütevazi bir mekân gerektirmektedir. Belki Türkiye toplumu ancak Atatürk'ün naaşı kalıcı olarak mezara konduktan sonra ölümünün gerçekleştiği mimari mekânı gözlemleyebilmeye başlamıştı. Dolayısıyla, Atatürk'ün Dolmabahçe'deki yatak odası hemen öldüğü gün, öldüğü yıl ya da öldükten kısa süre sonra kendiliğinden müze olmadı. Bunun yerine, Atatürk'ün Dolmabahçe'deki yatak odasının 1950'lerde müzeleştirilmesi ve 1980'lerde kalıcı bir anıta dönüşmesi için sanki öncelikle Anıtkabir'in inşası ve belki de ulusal ve abidevi işlevinin idrak edilmesi gerekmiş gibi gözükmektedir.

İkon Olarak Anıtkabir

Anıtkabir, tamamlandıktan kısa süre sonra Türkiye toplumu ve kültüründe bir tür ikon haline geldi. Bu özellikle pek çok Türk'ün zihnindeki ikonik Anıtkabir imgesi olan akropolis benzeri şeref holü için geçerlidir. Bu durum Extramücadele adıyla bilinen Türk sanatçının, zekice "Anıkabir" ("t" yok) olarak adlandırdığı çalışmasında kelimesi kelimesine yeniden canlandırılmıştır. Eserde Anıtkabir şeref holünün bir görüntüsü, yandan görünen bir kişinin kafasının içinde beyin veya bellek gibi çerçevelenmiş biçimde bulunmaktadır (RESİM 7.1).

Extramücadele ayrıca Anıtkabir'i Ankara'daki Barış Parkı'nın yeşillikleri içindeki özel konumunda değil, Beyoğlu, Cihangir, Galata ve Yeniköy gibi İstanbul semtlerinin sokaklarında resmettiği bir dizi kolaj da yapmıştır. Sanatçı böylelikle Anıtkabir'i uzak ve neredeyse mitolojik bir yapı olmaktan çıkarıp Türkiye vatandaşlarının (en azından İstanbulluların) gündelik hayatına yerleştirmiş, sanki her gün okula, işe, alışverişe gidip gelirken karşılaşabilecekleri bir şeye dönüştürmüştür. Bu eserler aslında daha büyük çaplı bir işin parçasıdırlar. Sanatçı internet sitesinde[1] bu seriyi şöyle anlatıyor: "Türkiye'de toplumsal belleğe işlemiş ve ulusal kimliği kurmakta belirleyici olmuş iki ya da daha fazla grafik öğeyi üst üste bindirme, yan yana getirme, karşıtlaştırma gibi oyunsu tekniklerle birbirine iliştirdi [...] Bu farklı ve kimi zaman birbiriyle çelişen figürler aynı düzlem üzerine yerleştirildiklerinde Extramücadele'ye ironik bir eleştirellik kazandıran üçüncü bir anlamsal uzamı oluşturmaktalar."

---

1 <http://www.extramucadele.com/extrastruggle>.

Etnolog Raymond Firth ikonu kendisi için "duyusal bir benzerlik ilişkisi tasarlanmış veya yorumlanmış" bir simge ya da gösterge olarak tanımlar (1973, 75). Bir başka deyişle, ikon bir nesnenin akla hemen o nesneyle ilgili başka düşünceler getiren –resimli ya da başka tarzda– temsilidir. Extramücadele'nin eserlerinde de görüldüğü gibi Anıtkabir'in şeref holü abidenin ikonu haline gelmiştir. Sütunların dikey çizgilerle temsil edildiği basit bir dikdörtgen prizmaya kolayca soyutlanabilen, ilk bakışta hemen tanınan bir göstergedir bu. Anıtkabir'in, ya da sadece şeref holünün imgesi örneğin Türk Lirası'nda (hem tedavüldeki hem de tedavülden kalkmış paralarda), Ankara kartpostallarında, devletin bastığı pul ve piyango biletlerinde görülebilmektedir. Piyasadaki çocuk boyama kitaplarında ve daha büyük çocuklar ile yetişkinler için satılan maket setlerinde bile vardır. Anıtkabir şeref holünün 2003'te Türkiye'nin meşhur tarihi yapılarının küçük ebatlı kopyalarını içeren, İstanbul'daki "Miniatürk" adlı tema parkına dahliyle Türkiye popüler kültüründeki ikon statüsü belki de en sonunda somutlaşmış oldu. Miniatürk'te çeşitli tarihi dönemlerden toplam 115 yapının maketi arasında Cumhuriyet Dönemi Ankara'sına ait sadece üç yapı vardır ve bunlar parkın, "Antik Çağ'dan Bizans'a, Selçuklu'dan Osmanlı'ya, 3000 yıllık yaşanmışlığın izleri Haliç kıyısına taşınmıştır" iddiasına geçerlilik kazandırmaktadır.[2]

Anıtkabir'in, özellikle de şeref holünün imgesinin böyle sürekli ve tekrar tekrar kullanılması ile abide sadece Atatürk'ün ölü bedeninin bulunduğu yer olmanın ötesine geçip –Kantorowicz'i (1957) akılda tutarak– onun halen yaşayan ölümsüz bedeninin yerini de temsil etmeye başlamıştır. Bu ölümsüzlüğün dışa dönük ilk ifadesi, Atatürk'ün öldüğü günün ertesinde TBMM'nin ona "Ebedi Şef" unvanını vermesiydi. Bu, *Ulus* gazetesinin 21 Kasım 1938 tarihli sayısında Atatürk'ün naaşının Ankara'ya vardığını ve cenaze töreninin gerçekleştiğini bildiren başlığını da açıklar: "Ebedi Şef Ankara'da." İlk olarak 1981'de, yani Atatürk'ün 100. doğum yılında başlatılan ve o günden bugüne sergi, konferans, film gösterimi, geçit töreni gibi etkinliklerle kutlanan "Atatürk Haftası"nda ve başka durumlarda ilkokul öğretmenlerinin başvurması için hazırlanan kitaplarda, "Atatürk ölmedi / Yüreğimde yaşıyor […] Ölmedin / ölemezsin" (Vural 2001, 211) ve "Atam, sen ölmedin / Toprağa gömülmedin / Bil bakalım nerdesin / Minicik kalbimdesin" (agy., 352) gibi sözler içeren çocuk şarkılarına sık sık rastlanabilir. Atatürk'ü ve reformlarını katı bir şekilde savunan Kemalistler ya da Atatürkçüler, Atatürk'ün mirası konusunda daha da ileri giderek şöyle sözler sarf edebilmişlerdir: "ATATÜRK bir kişi değildir. Türk milletine çağdaş yaşam biçimini getiren bir ilkeler demetidir ve

---

2 http://erisilebiliristanbul.ibb.gov.tr/index.php/miniaturk/ (erişim tarihi 23 Aralık 2011).

anıtıdır. Ulusal değerlerimizi ve varlıklarımızı özetleyen bir yüce simgedir" (Özcan 1999, 77). Burada artık Atatürkçülerin Atatürk'ün şahsından mı, yoksa Anıtkabir abidesinden mi bahsettikleri karışmaktadır.

Anıtkabir'e dönecek olursak, psikanalistler Volkan ve Itzkowitz (1984, 348) geleneksel olarak mezar taşlarının gömülen cesetlerin dirilip kalkmasını engellemek için yapıldığını, bu sebeple Atatürk'ün Anıtkabir'deki çifte mezarının Atatürk'ün ölümsüzlüğünün temsili olarak okunabileceğini belirtmişlerdir. Bahsettikleri çifte mezar, şeref holünde halkın görebildiği mermer lahit ile altında gizli asıl kabirdir. Volkan ve Itzkowitz'e göre Atatürk'ün Anıtkabir'deki mezar taşı (lahit) doğrudan onun üzerine ağırlık vermemekte, bu da onun her an geri dönebileceği ya da reenkarne olabileceği anlamına gelmektedir. Bu yorum her ne kadar Atatürk'ün alttaki asıl kabri üzerindeki mermeri hesaba katmıyor olsa da, günümüz Türkiye'sinde Dolmabahçe Sarayı gibi geçmişte ona ev sahipliği yapmış mekân ve yapılardan farklı olarak, Anıtkabir'i "Atatürk'ün evi" ya da halen yaşamakta olduğu yer olarak gören bir zihniyetin işaretidir.

Atatürk Evleri ve Müzeleri

Türkiye'nin dört bir yanında görülen bir diğer olgu da Atatürk'ün hayattayken kullandığı binaların, özellikle de evlerin onun orada kaldığı zamanda donup kalmış müzeler haline gelmiş olmasıdır. Ziyarete açık durumdaki bu müzelerde 1919 ile 1938 arası döneme ait çeşitli nesne ve iç mekânlar korunmakta ve sergilenmektedir. Bu evler hem İstanbul, Ankara, İzmir gibi büyük şehirlerde hem de taşradaki kasaba ve şehirlerde, özellikle de Samsun, Erzurum, Sivas gibi Kurtuluş Savaşı'nda önemli yeri olan merkezlerde bulunmaktadır. "Atatürk evleri" adı verilen bu yapıların müzeleştirilmesi, ABD'de ilk başkan Washington'un kaldığı tarihi evlere "George Washington burada uyudu" yazılı tabelaların asılmasına benzetilebilir. Ancak Atatürk evlerinin müzeleştirilmesi binanın dışına bir tabela asılmasının ötesine geçer: İçiyle dışıyla yapının tamamını kapsar. Dolmabahçe'deki yatak odasının 10 Kasım 1938'de Atatürk'ün öldüğü zamanki haliyle aynen muhafaza edilmesi gibi, Atatürk evlerinin odaları da Atatürk orayı ziyaret ettiği veya kullandığı zamanki haliyle aynen korunmuştur. Atatürk hayattayken başlayan bu müzeleştirme süreci aslında Dolmabahçe yatak odasının öncüsü olarak da görülebilir. Atatürk'ü Anıtkabir'de olduğu gibi sonsuza dek ölümsüz kılmak yerine onu kendi yaşadığı tarihteki zaman dilimine yerleştirir.

Türkiye vatandaşları ve ilgi duyan diğer kimselerin Atatürk'le ilişkili yerleri ziyaret etme arzusunda rehber olarak başvuracakları varsayılarak Atatürk Evleri ya da Atatürk Müzeleri gibi başlıklar taşıyan kitaplar derlenmiştir (Önder 1970).

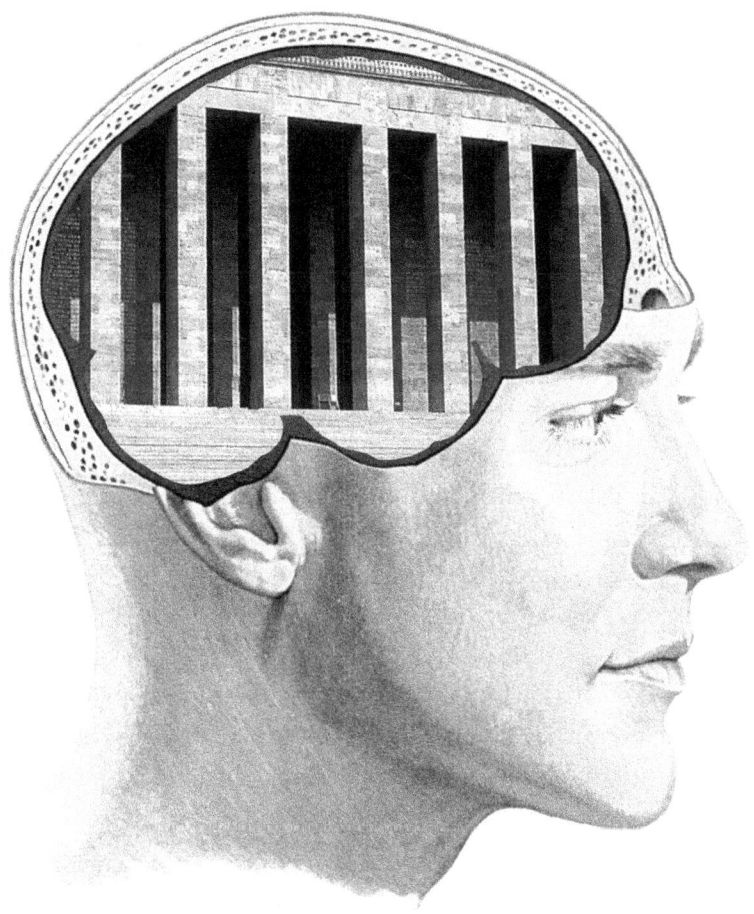

7.1. "Extramücadele" olarak tanınan Türk sanatçının 2000 yılı tarihli "Anıkabir" adlı çalışması (sanatçının izniyle).

Ne ilginçtir ki bu kitaplar Türkiye'deki konumlarına göre coğrafi olarak değil, Atatürk'ün hayatına göre kronolojik olarak düzenlenmişlerdir ve muhakkak bugün Yunanistan'da olan Selânik'teki Atatürk'ün doğduğu evle başlarlar. Bugün Türkiye Başkonsolosluğu'nun bahçesinde yer alan bu ev müze olarak korunmuştur. Atatürk Evleri kitapları genelde Anıtkabir'le sonlanır ve böylelikle Atatürk'ün mozolesinin onun evi ve nihai istirahatgâhı olarak görüldüğü önermesini doğrular. Ülker Erke (1998) Atatürk'ün şahsi yatı Savarona da dahil olmak üzere Atatürk'le ilgili 87 yapıyı Osmanlı minyatürlerine benzer resimlerle sunan ve bu türde benzeri olmayan bir kitap yaratmıştır. Bu minyatürlerin sanatsal değeri kuşkulu olsa da kitabın başlığı, *Minyatürlerle Atatürk Evleri ve Atatürk'le Anıtlaşan Yapılar* meseleyi açıkça dile getirmesi bakımından aydınlatıcıdır: Bu yapıların bir araya getirilmesini, değerli görülmesini ve bellekleştirilmesini sağlayan sanat, yaratıcılık, tasarım ya da mimarlık bakımından taşıdıkları değer değil, yalnızca Atatürk'le olan ilişkileridir.

Atatürk'le ilişkili yapıların müzeleştirilmesi süreci tamamlanmış değildir. Atatürk hayattayken ülkenin dört bir yanına ayak bastığından ve askerlik yaşamının erken safhalarında sık sık yurtdışına gönderilmiş olduğundan, yeni müzelerin yaratılması devam etmektedir. Atatürk'ün ülke içinde, daha çok da Ankara-İstanbul arası seyahatlerinde kullandığı tren bile müze olarak korunmuştur ve Ankara Tren Garı'nda yine kısa bir süre konut olarak kullandığı bir binanın önünde durmaktadır. Atatürk Müzesi oluşturulmasının en son örneği ise bugün Çek Cumhuriyeti'nde bulunan Carlsbad'daki (Karlovy Vary) Carlsbad Plaza Hotel'de açılan "Atatürk Odası"dır. Oda, genç komutan Mustafa Kemal'in 1918 Haziran ve Temmuz'unda şehri ziyareti anısına düzenlenmiştir. Atatürk'ün Birinci Dünya Savaşı'nın bitişinden sonra kaldığı İstanbul'daki Pera Palas Oteli'nin 101 numaralı odasının anma amaçlı düzenlenmesine benzer şekilde Carlsbad Plaza Hotel'in zemin katındaki "Atatürk Odası" da Atatürk'ün böbrek ağrıları sebebiyle şehrin meşhur kaplıcalarını ziyaret ederek tedavi gördüğü sırada tam bu odada konaklamasının anısına hazırlanmıştır.[3] Otelde Atatürk fotoğrafları ve diğer hatıra eşyasıyla dolu, küçük bir müze işlevi gören bir oda daha vardır. Her iki oda da Türk vatandaşları Candemir Koçak ile Mehmet Özel'in girişimleri ve çabalarıyla düzenlenmiştir; bu kişiler herhangi bir siyasi öneme sahip olmamasına ya da özellikle ihtişamlı bir tarafı bulunmamasına rağmen, Atatürk'ün rutin bir tıbbi tedaviden ibaret olan Carlsbad ziyaretini bellekleştirmek istemişlerdir.

Anıtkabir'in tüm bu müzeye dönüştürülmüş evlerden farkı, daha ilk tasarlandığı andan itibaren yapının tamamının bir müze olarak düşünülmüş olmasıydı. Bir başka deyişle, abidenin tasarım ve inşasının altında yatan niyet ya da fikirler, belli bir ideolojinin üç boyutlu ve –Anıtkabir yarışması jürisinin malzeme tercihlerinde görüldüğü gibi– tercihen taştan bir yapı biçiminde dondurulması ile ilgiliydi. Ayrıca Anıtkabir kompleksi içinde daha geleneksel anlamda bir müze, yani sergilenen nesnelerin ve bunlarla ilgili açıklamaların bulunduğu bir mekân da mevcuttur. Abidenin bünyesinde yer alan Anıtkabir Atatürk Müzesi, Cumhurbaşkanlığı Köşkü, Ziraat Bankası Müdürlüğü, Milli Emlak Müdürlüğü ile Atatürk'ün manevi kızları Afet İnan, Sabiha Gökçen ve Rükiye Erkin'den gelen bağışlarla 21 Haziran 1960'ta açılmıştır. Zamanın Eskişehir Üniversitesi Rektörü Yılmaz Büyükerşen de kendi yaptığı gerçek boyutlarında balmumundan bir Atatürk heykelini bağışlamıştır (TC Genel Kurmay Başkanlığı 1994, 86).

---

3 "Avrupa'nın İlk Atatürk Oda Müzesi," *Hürriyet*, Ankara eki, 12 Haziran 2006, s. 4.

Anıtkabir proje yarışması programının 18. maddesinde Türk Hükümeti şu şartları getiriyordu:

> Yapılacak Anıt-Kabrin müsabıkın muvafık göreceği bir yerinde bir Atatürk Müzesi yapılacaktır. Bu müze Atatürk'ün hayatlarının muhtelif devirlerine ait fotoğraflar ile kıyafetlerini ve el yazıları, imzaları, bazı şahsi eşyaları ile tetkik ve tetebbü ettiği kitaplarının teşhirine müsait olacaktır. Bunun için asgari üç salon tesis edilecektir. Bu salonlardan biri çok kıymetli asarı mahfuz bir vaziyette teşhir etmek için tahsis edilecektir. Müze kısmı icap ederse iki katlı olabilir. (Sayar 1943a: 20)

Daha da önemlisi, yarışma programının bir sonraki maddesinde Anıtkabir Atatürk Müzesi'nin amacı şöyle aktarılıyordu: "Ziyaretleri takiben ziyaretçinin, Atatürk[']ün hayatını anlaması ve onunla beraber muayyen bir saat yaşıyabilmesi için ziyareti müteakip müzeyi gezme imkanları temin edilmelidir" (agy). Dikkat edilecek olursa buradaki dil, "onunla beraber [...] yaşayabilmesi", Atatürk'ün ölümünü inkâr ya da göz ardı etme ve Anıtkabir'i onun halihazırdaki konutu olarak kabul ettirme eğilimindedir. Sırf Atatürk oraları ziyaret ettiği için müzeye çevrilmiş Atatürk Evleri'nin aksine Anıtkabir'deki Atatürk Müzesi, bilinçli olarak tasarlanmış mekân dizileri ve düzen içerisindeki nesne koleksiyonlarının [müzeyi] çevreleyen mimari ile birlikte işlediği bir yapıdır. Sonuç olarak, simgesel sayıdaki merdivenleriyle, Türk erkeği ve kadınını temsil eden heykelleriyle, temalı pavyonlarıyla/kuleleriyle, aslanlı yoluyla, soyut kilim motifleriyle, savaş kabartmalarıyla ve Atatürk'ün özdeyişlerini içeren yazıtlarıyla Anıtkabir kendisi bir müze işlevi gördüğü gibi, abidenin içindeki Atatürk Müzesi de fotoğraflarla, Atatürk'ün şahsi eşyaları ve el yazısı örnekleriyle yine aynı işlevi yerine getirir: Abidenin varlığının sürdürülmesini sağlayan devletin arzu ettiği haliyle Atatürk'ün hayatını sunar, Atatürk fikrini dondurur.

Törenler ve Anmalar

Kadim kültürlerde yerleşim yerlerinin ve habitatların önemini vurgulayan antropologlardan Peter J. Wilson mimariyi –özellikle de mezar mimarisini– "maddeleşmiş ve taşlaşmış ritüel" olarak tanımlar (1988, 134-5). Bu hiçbir yerde, Mustafa Kemal Atatürk'ün mezar mimarisinin halen mevcut olan iki öğesinde olduğundan daha gerçek değildir: Dolmabahçe Sarayı ve Anıtkabir. Dolmabahçe Sarayı sonradan mezar mimarisine mal edilmiş, Anıtkabir ise özellikle bir mezar yapısı olarak tasarlanmış olmasına rağmen bugün her ikisi de Atatürk ve Türkiye Cumhuriyeti ile ilgili pek çok ritüel ve anmaya sahne olmaktadır.

Antropolog Clifford Geertz ritüelleri her kimlik inşası sürecinin önemli bir parçası kılan "insanların kendileri hakkında kendilerine anlattıkları hikâyeler" olarak tanımlamıştır (1973, 448). Benzer şekilde filozof John Skorupski "tören, 'bakın, her şey böyle olmalıdır, toplumsal hayatta olması gereken ideal örüntü budur' der," demiştir (1976, 84); bu da törenleri bir kültürün eğitim süreçlerindeki başlıca eğitsel aygıtlardan birisi yapar. Siyaset bilimci Yiannis Papadakis bu düşüncenin izinden giderek Kıbrıs'ta Kuzey ile Güney'i ayıran çizginin her iki tarafındaki anma törenlerinin anlamını açıklarken şunu ifade etmiştir: "[A]nma ritüelleri anlamlarını ancak belli bir hikâyeyi (bir tarihi) dile getiren bir anlatının inşasındaki unsurlar (olaylar) olarak ele alındıklarında açık eder" (2003, 253). Ne var ki, anması yapılmayan şeyler de anılanlar kadar önemlidir. Filozof Tzvetan Todorov'un belirttiği üzere, "geçmiş pek çok ayrı olaydan ve birbiriyle çelişen anlamlardan oluşur ve bunlardan bazıları anılmak için seçilirken bazılarının es geçilmesi şimdiki zamanın aktörlerinin aldığı bir karardır" (2001, 18). Dolmabahçe Sarayı ve Anıtkabir'deki anma ve ritüeller de Türkiye Cumhuriyeti'ne dair kimi olayların diğerlerine tercih edildiği bir anlatının –bir hikâyenin veya bir tarihin– parçasıdır. Bu anma ve törenler, mimari tarafından halihazırda savunulan "neyin nasıl olması gerekir" ideolojisini pekiştirir ve ardından döngüsel bir şekilde yeni anma ve törenleri doğurur.

Anıtkabir, 1953'te tamamlanıp açıldıktan sonra kısa süre içinde yalnız Atatürk'le değil, Türk ulusuyla ilgili anma ritüellerinin ve/veya hatırlama törenlerinin merkezi haline geldi. Anıtkabir Atatürk'ün mezarının bulunduğu yer olduğundan, elbette burada yapılan törenlerin en önemlisi her yıl Atatürk'ün ölüm yıldönümü olan 10 Kasım'da yapılandır. Bu günde, sabah saat tam 9:05'te tüm Türkiye'de bir dakikalık saygı duruşu yapılır. Hatırlama amaçlı törenlerde sıkça rastlanan bu yöntem, ölüye duyulan saygıyı göstermeyi ve katılımcıyı bir iç gözleme sevk etmeyi amaçlar. Bu anma etkinliği Türkiye'de, vatandaş olsun olmasın herkesin atlatmaya mecbur tutulduğu bir şeydir, yoğun sabah trafiğinde bile bütün araçlar oldukları yerde durarak bu bir dakikalık anmaya katılırlar. Bu saygı duruşu Türkiye Cumhuriyeti'nin kolektif belleğindeki en önemli öğelerden biridir. Bu bir dakikalık sessizlik Türkiye'nin dört bir yanında uygulanır ama asıl resmi anma töreni, Atatürk'ün öldüğü mekân İstanbul'daki Dolmabahçe Sarayı'nda bulunan yatak odası olmasına rağmen, Anıtkabir'de yapılır. Ama bu Dolmabahçe'deki yatak odasında anmaların yapılmadığı anlamına da gelmez. Örneğin, piyanist Tuluyhan Uğurlu burada 10 Kasım 2003'te saat 8:40 ile 9:05 arasında "Mustafa Kemal Atatürk ve Güneşin Askerleri" adlı bestesini icra ederek Atatürk odasının o yıl için resmen ziyarete açılışını gerçekleştirmiştir.[4] Ancak Türkiye Cumhuriyeti Başbakanı, Cumhurbaşkanı ve milletvekillerinin de katıldığı asıl resmi tören her yıl Anıtkabir'de yapılmaktadır.

Bir dakikalık sessizliğin ardından şeref holündeki Atatürk'ün lahdine çelenk bırakılır ve başbakan ile cumhurbaşkanı Anıtkabir Özel Defterine resmi açıklamalarını yazarlar. Resmi bir defterin imzalanması yakın tarihli bir gelişme değildir. Anıtkabir mimari proje yarışması programının 17. maddesinde belirtildiği üzere, abidenin daha tasarlanma aşamasından itibaren gündemdedir:

> Bunlardan başka kabri ziyaret edecek büyüklerimizin ve ecnebi devlet heyetlerinin tazım ifadelerini tesbit ve imza etmeleri için bir altın kitap bulundurulacaktır. Bu kitap için mahal ve imza yeri müsabıklar tarafından tesbit edilecektir. (Sayar 1943a: 5)

Bu çelenk bırakma ve ziyaretçi defterine yazı yazma etkinliği, sadece Atatürk'ün ölüm yıldönümünde değil, her yıl TBMM'nin açılışında ve uygun görülen diğer durumlarda da yapılır. Zonguldak Maden İşçileri Sendikası veya Ankara Kadınlar Derneği gibi yerel örgütler ile ABD Başkanı Barack Obama (Nisan 2009) ve Fransa Cumhurbaşkanı Nicolas Sarkozy (Şubat 2011) gibi yabancı devlet adamları da Atatürk'ün mozolesini ziyaret ettiklerinde bu ritüeli gerçekleştirirler ve böylelikle hem ulusal hem de uluslararası toplumu Türkiye'nin kolektif bellek ve kimlik inşasının içine çekmiş olurlar. Bu çelenk bırakma ve ziyaretçi defterine yazı yazma ritüeli aslında gayri resmi olarak Etnografya Müzesi'ndeki geçici kabirde başlamış ancak Anıtkabir'de kurumsallaşmıştır. Ziyaretçi defterlerine yazılanların tümü düzenli olarak derlenip yayımlanmaktadır. Bugüne dek toplam 20 cilt yayımlanmıştır (Anıtkabir Derneği 2001).

Anıtkabir'de çelenk bırakma ve ziyaret defterine yazma etkinliğinin yapıldığı bir diğer durum da ulusal krizlerin, özellikle de ulusal kimlik krizlerinin baş gösterdiği durumlardır. Siyaset felsefecisi John Keane'nin dikkat çektiği gibi "kriz dönemleri [...] geçmişin bugün için taşıdığı büyük siyasi önemin idrak edilmesine yol açar. Kriz dönemlerinde, yaşayanlar ölülerin yüreği, zihni ve ruhu üzerine kavgaya tutuşurlar" (1988, 204). Anıtkabir'e yapılmış bu tür kriz dönemi ziyaretlerinin belki de en bilinen örneği, ülkenin sağ ve sol siyasi kesimleri arasında bir iç savaşın eşiğinde olduğu gerekçesiyle Türk Silahlı Kuvvetleri'nin yönetime el koyduğu 1980 askeri darbesinin ardından gerçekleşmiştir. Darbenin en göz önündeki liderlerinden biri olan Orgeneral Kenan Evren hemen Anıtkabir'e gidip çelenk koymuş ve Atatürk'e halen hayattaymış gibi doğrudan hitap ederek ziyaret defterine darbe liderlerinin amaçlarını yazmıştır:

---

4 "Uğurlu, Atatürk için Çalıyor," *Hürriyet*, 5 Kasım 2003, s. 18.

Ulu Önderimiz,

Kurduğun cumhuriyetin, koyduğun ilkelerin sadık ve yılmaz bekçileri olan ve her zaman güvendiğin Türk Silahlı Kuvvetlerinin, rejimini ve ilkelerini koruyamayan ve milli birlik ve beraberlik içinde bıraktığın güçlü Türk devletini her geçen gün biraz daha karanlığa ve acze itenlere dur demek, ilkelerine ve demokrasiye yeniden işlerlik kazandırmak için ülke yönetimine el koymak zorunda kaldığı bu gün, seni minnet ve şükranla bir kez daha anıyor ve huzurunda saygıyla eğiliyoruz. (Anıtkabir Derneği 2001, 10. cilt, s. 439)

Anıtkabir, cumhuriyetin 29 Ekim 1923'teki ilanının yıldönümlerinde yapılan ritüel ve anmalarda da önemli rol oynar. Her yıl 29 Ekim'de Anıtkabir'e çıkan geniş törensel yol, devasa meydan ve şeref holü, abideyi ziyaret ederek Atatürk'e ve Türk ulusuna saygılarını sunmak isteyen ziyaretçilerle dolup taşar. Anıtkabir'in ve 29 Ekim'in önemi, İslamcı Metin Kaplan'la bağlantılı bir grup teröristin de dikkatinden kaçmamıştı; bu kişiler 1998'de Cumhuriyet'in 75. yıldönümünde Anıtkabir'i bombalama girişiminde bulunmakla suçlanıp Türkiye mahkemelerinde yargılandılar (Rabasa ve Larrabee 2008, 29). Kaplan ve ona bağlı "Anadolu Federe İslam Devleti" militanları, 29 Ekim 1998'deki törenler esnasında patlayıcı yüklü küçük bir uçağı Anıtkabir'e çarptırmayı planlamışlardı –11 Eylül 2001'de olacakların tuhaf bir habercisiydi bu sanki– ancak eylemi gerçekleştiremeden Türk polisi tarafından yakalandılar. Bu teröristler, Anıtkabir'e saldırarak ve belki de onu tamamen yıkarak karşı çıktıkları şeyin simgesini ortadan kaldırmayı ya da en azından hükümsüz kılmayı umuyorlardı. Abideye Türkiye Cumhuriyeti'nin en önemli günü olan 29 Ekim'de saldırmaları eylemlerinin simgesel yapısını güçlendiriyordu. 29 Ekim'de havanın kötü olması durumunda Kaplan'ın kafasındaki alternatif tarih –tahmin edilebileceği üzere– Türkiye Cumhuriyeti'nin en önemli ikinci günü olan 10 Kasım'dı.

Anıtkabir'deki anma etkinliklerinin bir kısmı da daha az resmiyeti olan bir tarzda, devletin desteği olmadan gerçekleşir. Örneğin, protestocular sıklıkla gösterilerini abidede tamamlamak için izin almaya çalışırlar; bu yolla hem şikâyetlerini "doğrudan Atatürk'ün kendisine" iletebilecekler hem de medya sayesinde dertlerini ulusal ölçekte ifade edebileceklerdir.[5] Protestolar, memur maaş zamlarının yetersizliğinden yabancı güçlerin askeri müdahalesine itiraza kadar pek çok farklı konuda olabilmektedir. 2000 yılı Haziran'ında Boray Uras adlı bir Türk vatandaşı, kızının İstanbul'daki Bağdat Caddesi'nde karşıdan karşıya geçerken aşırı hız yapan

---

5 Pek çok örnek arasında bkz. "Ata'ya Şikayet," *Sabah*, 8 Kasım 1994, s. 40; "Atam Memurunum Boynu Bükük," *Hürriyet*, 18 Kasım 2000, s. 35; "Ata'ya Şikayet *Ettiler*," *Akşam*, 15 Mayıs 2004, s. 37.

bir aracın çarpması sonucu hayatını kaybetmesine tepki olarak toplam 21 günde İstanbul'dan Anıtkabir'e yürümüştür. Uras Türkiye'de trafiğin korkunç durumunu protesto ediyordu ve Anıtkabir'e yürüyerek meseleyi ve şikâyetini doğrudan Atatürk'e taşımış oluyordu. Uras Anıtkabir'de ziyaret defterine şunları yazdı:

> Sayın Atam,
>
> Bizlere teslim ettiğin kutsal değerlerimizden çocuklarımızı senin razı olacağın ölçüde koruyamadık, bizleri bağışla...
>
> Bizlere manevi desteğin ile yardımcı ol. Lütfen...
>
> Sana ve senin önderliğine yine ihtiyacımız var. Çocuklarımızın güvenle yaşamlarını sürdürerek, bizler için, bizlere emanet ettiğin Cumhuriyet için, tüm anneler, babalar ve çocuklar adına sana minnet ve teşekkürlerimi arz ederim.
>
> Rahat ol ve huzur içerisinde uyu, Sevgili Önderim.
>
> İzindeyim, izindeyiz.[6]

Uras'ı Anıtkabir'de Türkiye Trafik Kazaları Yardım Vakfının Genel Sekreteri, Ankara Trafik Hastanesinin kurucusu, bir grup milletvekili ve birkaç sivil toplum örgütünün yöneticisi karşıladı. Anıtkabir ziyaretinin ardından Hükümet'e şikâyetini dile getiren bir vatandaş olarak TBMM'ye hitap etmesine izin verildi. Ancak esas önemli olan, Uras'ın Türkiye'de daha güvenli trafik koşulları arayışında, kendi deyişiyle, Atatürk'ten "manevi destek" istemek için ilk durağının Anıtkabir olmasıdır.

Aynı şekilde 19 Mart 2003'te Ankara'daki Orta Doğu Teknik Üniversitesi'ne mensup öğretim üyeleri Anıtkabir'de savaş karşıtı bir eylem gerçekleştirdiler. Yaptıkları basın açıklamasında Atatürk'e hitaben şöyle diyorlardı:

> Yüce Önder, Büyük Devlet Adamı Atatürk,
>
> Bugün, Amerika Birleşik Devletleri, uluslararası kamuoyunun çok geniş tepkilerini hiçe sayarak komşumuz Irak'a saldırmaya hazırlanmakta, bizim ülkemizin de desteğini istemektedir. Senin "Yurtta Sulh, Cihanda Sulh" ilkenin, bütün dünyaya yol göstereceğini umuyor, Orta Doğu Teknik Üniversitesi mensupları olarak ulusların eşitlik ve birbirlerinin egemenlik haklarına saygı çerçevesinde bir arada yaşamaları gereğini vurgularken değerli hatıran önünde saygıyla eğiliyoruz.[7]

Bu türden ama daha büyük bir gösteri 14 Nisan 2007'de yaşandı. Bu tarihte yaklaşık bir milyon kişi siyasal İslam yanlısı Başbakan Recep Tayyip Erdoğan'ın olası

---

6 "Çocukları Koruyamadık Atam," *Hürriyet*, 29 Haziran 2000, s. 10.

7 <http://www.metu.edu.tr/home/wwwoed/htm/aciklamalar/anitkabir_savas.htm> (erişim tarihi 20 Nisan 2007).

Cumhurbaşkanlığı adaylığını protesto etmek için Anıtkabir'e yürüdü. Protestocular "Cumhuriyetine sahip çık" sloganı ile TBMM'den ziyade esas Anıtkabir'in ulusu simgelediğini, cumhuriyete sahip çıkmak için oraya yürünmesi gerektiğini ifade etmiş oluyorlardı. Türk gazeteci Gürbüz Çapan şöyle diyordu: "Ukrayna'da, Gürcistan'da, Kırgızistan'da da daha dün yürüyüşler yapılmıştı. Her yürüyüşün önünde bir siyasi parti vardı. Ve onlar parlamentoya yürümüştü. Bizimkiler nereye yürüyor? Anıtkabir'e. Mustafa Kemal'i mi protesto ediyorsunuz? Yoksa Anıtkabir ağlama duvarı mı?"[8]

Anıtkabir ziyaretinin Türkiye toplumundaki önemine dair son bir örnek de, Türk jeolog Celâl Şengör ile ilgili sosyolog Nazlı Ökten'in aktardığı bir hikâyedir. İstanbul Teknik Üniversitesi Jeoloji Mühendisliği bölümünde profesör olan Şengör, 2004 yılında Amerika Ulusal Bilimler Akademisine yabancı üye olarak seçilmesi üzerine Türk bir gazeteciye ilk iş olarak Anıtkabir'e giderek Atatürk'e şahsen teşekkür edeceğini açıklamıştır: "O olmasaydı şimdi burada olmazdık. Onun için Anıtkabir'e gidip Atatürk'e 'görevin bu kısmını ifa ettik paşam' diyeceğim" (2007, 102). Şengör'ün bahsettiği misyon, Atatürk'ün başlattığı ve Şengör'ün de kendisinin sürdürdüğünü düşündüğü Türkiye'nin modernleştirilmesi misyonudur. Böylece Anıtkabir sadece Atatürk'ün mekânı olmanın ötesinde Türkiye'nin modernleşmesinin de fiziksel bir tezahürüdür ve yukarıda bahsedildiği üzere İslamcı teröristlerin hedefi olması bundan dolayıdır.

Antropolog Carol Delaney, Anıtkabir'e yapılan bu ziyaret ve yolculukları göz önüne alarak Anıtkabir'i Mekke'deki Kabe'ye benzer, seküler bir hac mekânı olarak betimlemiştir (1990, 517). Başkent dışında yaşayan pek çok Türk ne zaman Ankara'ya gitseler Anıtkabir'i ziyaret etmek isterler; bu Amerikalı bir beyzbol taraftarının New York, Cooperstown'ı ya da dindar bir Katoliğin Vatikan'ı görmeyi arzulamasına benzetilebilir; zira tüm bu mekânlar söz konusu ideolojilerin cisimleşmiş temsilcileridir. Türkiye'de gerek Ankaralı gerekse ülkenin başka yerlerinden çocuklar sıklıkla okul ya da aile gezilerinin parçası olarak, özellikle de (çocuk bayramı olarak kutlanan) 23 Nisan'da Atatürk'e ve Türk ulusuna saygılarını sunmaları için hac benzeri seyahatlere çıkarılarak Anıtkabir'e götürülür. Ritüel biçimindeki tüm bu ziyaretler Anıtkabir'in aynı anda hem geçmişi (ölmüş bir lider ve resmi tarih), hem şimdiki zamanı (o günün krizleri ve şikâyet konuları) hem de geleceği (çocuklar) temsil eden bir yer olarak kalmasını sağlar.

Antropolog Michael E. Meeker Anıtkabir'deki ziyaret ve çelenk bırakma törenlerini, Osmanlı İmparatorluğu döneminde Topkapı Sarayı'nda yapılan "Galebe

---

8 "Kırmızı Cumartesi," *Cumhuriyet*, 21 Nisan 2007, s. 15.

Divanı" törenlerine benzetir; bu törenlerde "en üst düzeyden binlerce askeri ve idari görevli [Topkapı'nın] ikinci avlusunda toplanarak [...] saatler boyunca [...] Sultan'ın gözleri ve kulakları huzurunda şahsi varlıklarını sunarlardı" (1997, 163). Meeker Anıtkabir törenlerinde cumhurbaşkanından başlayıp sırasıyla başbakan, ordu komutanları, milletvekilleri, valiler ve sivil seçkinlere (dernek, siyasi parti ve oda mensupları) uzanan hiyerarşik düzenin Osmanlı Galebe Divanı'ndaki düzene benzediğini belirterek rütbeye göre dizilmiş bu toplulukta "[v]atandaş ile kurucu, ulus olmanın dayattığı bir sınırlamalar sistemi içerisinde etkileşime girerler" (agy.) der.

Aslında Meeker'in bu karşılaştırması, Türkiye Cumhuriyeti ile Osmanlı İmparatorluğu'nun idaresi arasındaki pek çok paralellikten yalnızca biridir. Bu bağlamda cumhuriyetin gösterdiği sebat veya devamlılık, aslında daha önce başlatılmış olup sadece yeni koşullara uyarlanmış olan uygulamaların sebatı ve devamlılığı olarak okunabilir. Pek çok yazar (özellikle Ahmad 1993, Berkes 1964, Kushner 1977 ve Zürcher 1998), Türkiye Cumhuriyeti'nin hiç de 15-20 Ekim 1927'deki meşhur *Nutuk*'unda Atatürk'ün veyahut da Kemalist tarihçilerin yansıttığı gibi Osmanlı İmparatorluğu'nun küllerinden mucizevi bir şekilde doğuvermediğine işaret eder. On dokuzuncu yüzyılın ikinci yarısındaki Tanzimat reformları ve yirminci yüzyıl başındaki meşruti monarşi girişimi ile Türkiye Cumhuriyeti'nin temellerinin çoğu atılmıştı. Meeker'in benzetmesi zihin açıcı olsa da tüm bu anma ve ritüellerin anlaşılması bakımından sosyolog Paul Connerton'un öne sürdüğü tez daha faydalıdır. Connerton, anma ve ritüellerin kolektif ya da toplumsal belleği şekillendirmelerini sağlayan yanının sürekli yinelemelerinden ibaret olmadığını, aynı zamanda bu etkinlikler esnasında gerçekleştirilen edimsel beden hareketlerinin de buna hizmet ettiğini belirtir (1989, 36). Yazara göre bu beden hareketleri toplumun belleğini, geçmişe dair bilgi ve imgelerini (psikanalizdeki anlamıyla) eyleme döker. Connerton, kolektif toplumsal belleğin bu özel türüne "alışkanlık belleği" adını verir; töre ve geleneklerin belirlediği kolektif eylemleri bu başlık altında inceler. "Kişinin alışkanlık belleği –daha doğrusu, toplumsal alışkanlık belleği– o kişinin bilişsel belleği, kuralları ve kodlarıyla aynı şey değildir; ikincil ya da tamamlayıcı bir şey de değildir; kodların ve kuralların başarılı ve ikna edici şekilde icrasındaki asli unsurlardan biridir" (agy.). Anıtkabir'deki ritüel ve anmalara başarılı şekilde katılmak, kişinin alışkanlık belleğini icra etmesi demektir. Anıtkabir'e gitmek fiziki bakımdan kolay bir iş değildir. Anıtkabir'i çevreleyen Barış Parkı içinden orta eğimli bir rampa boyunca 600 m tırmanmak, aslanlı yola çıkmak için girişteki 26 basamağı çıkmak, bu yolda –yerdeki taş döşeme karoları arasındaki çimenle kaplı 5 cm'lik açıklıklardan dolayı yavaş bir şekilde– 260 m boyunca yürümek, tören meydanına çıkmak için altı basamak daha tırmanmak, sonra bu devasa alanı geçmek, şeref holüne ulaşmak için 42 basamak daha çıkmak, nihayet Atatürk'ün lahdine varmak için yaklaşık 35 m daha yürümek gerekir. Sonuçta giriş kapısından lahde kadar yaklaşık 1,5 km'lik bir yolculuk yapılır ve bu yol yürüyerek, hele de hava sıcak ve abide kalabalıksa, bir saat kadar sürebilir. Özel araçların Anıtkabir sahasına girmesine izin verildiği için ilk 600 m'lik tırmanışı atlamak mümkün olabilir ancak aslanlı yola çıkan 26 basamaklık merdivenin eşiğine gelindiğinde mimari parkur deneyimi yine de başlar.

Arkeolog Bruce Trigger'a göre bu uzun yürüyüşlerdeki abidevi nitelik devletin haşmetini simgeler ve "insanları bir hükümdarın gücü ve imkânları ile etkileyecek" şekilde tasarlanmıştır (1990, 127). Atatürk'ün lahdine çelenk koyma etkinliği, hem bu uzun yürüyüşü içerir hem de çelengi bırakmak için eğilmeyi ve tüm bu süre boyunca bir saygı gösterisi olarak rahatsızlık verici bir şekilde asla lahde sırtını dönmemeyi gerektirir. Ziyaret defterine yazmak belki yorucu olmayabilir ama yine de resmi yazı yazma noktası olan resmi kürsüye giderek resmi kalemle yazı yazma gibi rutin birtakım bedensel hareketleri içerir. Bu hareketler ilk bakışta önemsiz gibi dursa da ABD eski Başkanı George W. Bush 2004 Haziran'ındaki Anıtkabir ziyareti esnasında resmi kalemi değil de kendi kalemini kullandığında Türk gazetelerinde yayımlanacak bir dizi olumsuz yorumun da fitilini ateşlemişti. George W. Bush'un Anıtkabir ziyaret defterinin imzalanmasıyla ilgili yerleşik ritüelleri yerine getirmemesi, hem Atatürk'e hem de Türk ulusuna karşı bir küçümseme olarak görülmüştü.

Son olarak, sivil toplum örgütlerinin, üniversite hocalarının ve devlete şikâyetini dile getirmek isteyen her kesimden insanın Anıtkabir'e düzenlediği ziyaretlere benzer daha şahsi bir diğer ritüel de Türk vatandaşlarının resmi olmayan bir uygulama olarak başlattıkları, sanki hâlâ hayattaymış gibi Atatürk'e hitaben mektup yazma ritüelidir. Saydam (2005, 39) bu mektupların üzerine "Mustafa Kemal Atatürk, Anıtkabir/Ankara" diye alıcı adresi yazılarak ve Türk pulları yapıştırılarak postaya verildiğini belirtir. Yazar bu mektupların örneklerine ulaşmayı başaramamıştır ancak Türk Silahlı Kuvvetleri Genelkurmay Başkanlığı'ndan gelen yazılı cevapta bu mektupların varlığı reddedilmemektedir: "Ölümünden sonra Mustafa Kemal ATATÜRK'e yazılmış ve Anıtkabir'e posta ile gönderilen mektupların görülmesinin uygun bulunmadığını bilgilerinize sunarım."[9]

Bu tür mektupların daha resmi ve devlet gözetiminde yazılan bir versiyonu da Türk okullarında düzenlenen mektup yazma yarışmalarıdır. Örneğin, İstanbul'da Bakırköy Belediyesinin 2005 yılında düzenlediği "Cumhuriyet Çocuklarından

---

9 Türk Silahlı Kuvvetleri Genelkurmay Başkanlığı'ndan yazara yollanan 2 Haziran 2006 tarihli ve 80411474 numaralı dosyalanmış mektup.

Atatürk'e Mektuplar" kampanyasında 360 çocuğun mektubu Ankara'da Anıtkabir'de yüksek sesle okunmak için yarışmıştı. Kazananlardan biri mektubunda şöyle diyordu:

> Sevgili Atatürk,
>
> Şu anda yaşadığını düşünerek yazıyorum bu mektubu sana. Sen ülkemizin düşman elinden kurtarılmasında meşaleyi taşıdın. Eğer ben o zaman yaşamış olsaydım ne yapacağımı tam kestiremiyorum. Ama sanırım senin yanında, senin tarafında olurdum. Belki bir kız olmama rağmen ben de süngü takardım. Yiğit Türk anaları gibi mermi yapar, cephane taşırdım.[10]

Bu gibi mektuplar, daha önce bahsedildiği gibi Atatürk'ün Türk ulusunun zihnindeki ölümsüzlüğünün belirtisidir. Atatürk'e yazılan ve Anıtkabir adresine gönderilen bu mektupların üzerinde "göndericiye iade edilmiştir" ibaresi yoktur. Dolayısıyla, muhtemelen Türk posta sistemi tarafından teslim alınıp kabul edilmekte ve tahminen işleme konmaktadır. Bu mektuplar Türk ulusunun gözünde Atatürk'ün ölümsüzlüğü mefhumunu güçlendirmekle kalmaz, Anıtkabir'in de onun ikamet ettiği, yani sahiden yaşadığı ve resmi bir devlet kurumu olan PTT aracılığıyla mektup alabildiği yer olduğu fikrini de pekiştirirler. Bu mektupların yazılmaları, gönderilmeleri ve iade edilmeyip adrese ulaştırılmaları Türkiye'de Atatürk'ün ölümsüzlüğünü sürdüren ritüellerden biridir.

Eklemeler ve Çıkarmalar

Atatürk'ün Dolmabahçe'deki yatak odası ve Anıtkabir mozolesi hiç değişmemiş gibi bir izlenim verse de aslında bugünkü görünümlerini sonradan kazanmışlardır. Koşullardaki değişimler bu iki mekâna doğrudan yansımış, buralarda hem eklemeler hem de çıkarmalar yapılmıştır. Bir başka deyişle, şartlar değiştikçe, buraların sonraki kuşaklar nezdinde anlamını koruyabilmesi için Atatürk'ün Dolmabahçe'deki yatak odası ve Anıtkabir'in idamesinde yetkili olanlar çeşitli unsurları ekleyerek veya çıkararak güncellemeler yapmışlardır.

Mevcut durum üzerinden eksiltmeler yapan fiziki değişiklikler genelde modası geçmiş, alakasız ya da utanç verici hale gelmiş unsurların çıkarılması şeklinde olur. Bu gibi eksiltmeler, sanki binanın ya da mekânın orijinali hep öyleymiş, çıkarılan unsur zaten hiç orada olmamış gibi bir izlenim vermeyi amaçlar. Bu türden bir çıkarmanın kent ölçeğindeki ünlü bir örneği, Baron Georges-Eugène Haussmann'ın 1850'lerle 1870'ler arasında Paris'te yarattığı, mevcut sokak örüntüsünü dikkate almadan şehrin dokusunu yarıp geçen büyük bulvarlardır. Kesilen binalar, İkinci

---

10 "Cumhuriyet Çocuklarından Atatürk'e," *Hürriyet*, 8 Kasım 2005, s. 18. Mektup sekizinci sınıf öğrencisi Buket İlhan Handan tarafından yazılmıştır.

İmparatorluk tarzı ön cephelerle kapatılarak ortak bir üslupta birleştirilmiş, böylece sanki bulvar eskiden beri orada varmış gibi bir izlenim yaratılmıştır. Benzer şekilde, Philadelphia'da bulunan ve 1776'da Amerikan kolonilerinin Bağımsızlık Bildirgesi'nin imzalandığı Bağımsızlık Sarayı'nın (inşası 1732-48) mülk sahibi olan ABD Ulusal Park Hizmeti, 1960'larda büyük bir proje başlatarak Bağımsızlık Sarayı'nın önünde bulunan on dokuzuncu yüzyıl binalarını satın alıp yıkmaya, yani bu istenmeyen binaları temizlemeye (çıkarmaya) girişti. 1969'a gelindiğinde, burada "Bağımsızlık Parkı" adı verilen geniş bir boşluk oluşmuştu; üstünde hiçbir bina olmadığı için salt "1775 ile 1800 tarihleri arasındaki ulusun kuruluşu süreci"ne (Claflen 2000, 65) odaklanan bir alandı burası. ABD Ulusal Park Hizmetleri on sekizinci yüzyıl yapısı Bağımsızlık Sarayı'nı saran on dokuzuncu yüzyılı "çıkarmayı" başarmış, böylelikle tarihi bina ile etrafındaki yirminci yüzyıl Philadelphia'sının süregiden gelişimi arasında bir tampon bölge yaratmıştı. Tekil binalar söz konusu olduğunda ise en bilinen çıkarma örnekleri arasında John Taylor'un on dokuzuncu yüzyılda Londra Kulesi'nde yaptığı değişiklikler ile 1885'te Washington Anıtı'nın zeminindeki Mısır tarzı girişin kaldırılması sayılabilir. Bu örneklerde Taylor, kule yapısının kendi ortaçağ mimarlığı tanımına uymayan kısımlarını ne kadar eski olduklarına bakmaksızın yıkmış (Impey ve Parnell 2000, 118-21), Washington Anıtı'ndaki Mısır tarzı kapı da dikilitaşın sade ve soyut tasarımına uymadığı için kaldırılmıştı (Savage 2011, 108).

Dolmabahçe Sarayı'ndan yapılan çıkarmaların ilk aşaması, 71 numaralı oda olarak da bilinen Atatürk'ün yatak odasıyla ilgilidir. Saray yönetimi bu odanın saray turunun harem kısmında yer aldığını özellikle belirtir. Bu odayı görmek için sarayın diğer kısımları için alınan biletten farklı, ek bir bilet almak gerekmektedir. Ziyaretçilerin bir kısmının saraya gelmelerinin asıl sebebi olan bu oda, "Atatürk'ün öldüğü oda" olarak tanıtılan belirli bir ziyaret noktasıdır. Oysa Atatürk'ün sarayda kullandığı kısım 69-71 numaralı odaları kapsayan bir süittir; yatak odasını, onun yanındaki çalışma odasını ve koridorun karşısındaki banyoyu içerir. Bir başka deyişle, ziyarete açık olduğu söylenen kısım, "Atatürk odaları" ya da "Atatürk Süiti" değildir. Vurgu yalnız ve yalnız yatak odası üzerindedir. Gerçekten de Atatürk'ün yatak odası, öldüğü yer olması hasebiyle en önemli odadır. Ancak konu Atatürk'ün kullandığı mekânlar ve yerler ise, burası Dolmabahçe Sarayı'nda kullandığı tek oda değildir. Çalışma odası ile banyoya bir ölçüde ilgi gösterilse de, gerek saray yönetimi gerek ziyaretçiler tarafından daha az değer verilir; çünkü buralar Atatürk'ün öldüğü değil, yaşadığı yerlerdir. Bu iki oda hikâyeden çıkarılmıştır. Atatürk'ün öldüğü mekân (yatak odası) Türk ulusunun büyük kaybının mahalli olarak idame ettirilirken Atatürk'ün yaşadığı mekânlar (çalışma odası ve banyosu) marjinalleştirilmekte, hatta yok sayılmaktadır. Böylelikle de Dolmabahçe Sarayı Atatürk'ün hayatıyla ilgili bir bina olarak değil, Atatürk'ün ölümüyle ilgili bir bina olarak korunup sürdürülmektedir.

Dolmabahçe Sarayı'ndaki bir diğer çıkarma işlemi, Muayede Salonu'nda bulunan Atatürk heykelinin kaldırılmasıdır. Dolmabahçe arşivinde çeşitli belgeler bulan Türk gazeteci Murat Bardakçı'ya göre, heykel yalnızca bir yıl yerinde durduktan sonra 18 Kasım 1938'de verilen bir emirle kaldırılmıştı (2007, 18). Türk basını heykelin kaldırılmasını Atatürk'ün cumhurbaşkanı olarak halefi olan İsmet İnönü'den bilmişti; zira olay İnönü'nün cumhurbaşkanı seçilmesinin –ertesi günü– hemen ardından ve Atatürk'ün naaşı henüz saraydayken gerçekleşmişti. Heykeli kaldırma emrini de bizzat İnönü imzalamıştı. Dolmabahçe Sarayı'nın Atatürk'ün ölümüyle ilişkili bir yer olarak sunulmaya başlaması bu olayla birlikte olmuştur. Heykelin orada bulunmaması, ziyaretçinin bilinçli olarak ya da olmayarak Dolmabahçe Sarayı'nı Atatürk'ün hayattayken orada yaşanan tarihi günlerle ilişkilendirmesini, mesela 1927'de İstanbul'a ülkenin lideri olarak dönüşüyle ya da Türk Dil ve Türk Tarih kurumlarının sarayda gerçekleştirdiği akademik kongrelerle veyahut da Atatürk'ün cumhurbaşkanıyken sarayı İstanbul'daki konutu olarak kullanmasıyla ilişkilendirmesini engeller. Kısa bir ifadeyle, bu heykelin kaldırılmasıyla Dolmabahçe Sarayı Atatürk'ün yaşadığı yer olmaktan çıkmış, öldüğü yer olarak kalmıştır.

Anıtkabir'e gelecek olursak, abide üzerinde yapılan en büyük çıkarma işlemi daha inşaat bitmeden gerçekleştirilmiştir. Gerek Onat ve Arda'nın yarışmayı kazanan projesinde (**RESİM 6.2**) gerekse inşaatta kullanılmak üzere sunulan gözden geçirilmiş proje planlarında (**RESİM 6.6**) şeref holünün üstünde çatı katı olarak anılan ikinci bir kat bulunmaktaydı. Bu, alttaki sütunların üzerinde yükselen, kabartmalarla kaplı dev bir kütle olacaktı. Bu çatı katının oranları ve genel kütleselliği sebebiyle, mozole tarihteki ilk mozole olan Halikarnas'taki Kral Mausolos'un mezarına benzemişti. Daha önce de belirtildiği gibi, 1950'de inşaatın son safhalarındayken Onat ve Arda ile istişare edilip onayları alındıktan sonra, zaman ve paradan tasarruf gayesiyle çatı katı plandan çıkarıldı. Çatı katı inşaatının iptal edilmesiyle hem maliyette büyük bir tasarruf sağlanacak hem de abide Atatürk'ün 15. ölüm yıldönümü olan 10 Kasım 1953'e yetiştirilebilecekti (Arda 1961, 155). Çatı katının Anıtkabir projesinden çıkarılmasıyla akropolisin tepesinde yer alan bir Helen tapınağını andıran, sade ve soyut, kolonlu bir ana bina ortaya çıkmış oldu. Muhtemelen projenin mimarları da değişikliğe bu nedenle onay vermişlerdi zira daha en başta yarışmaya sundukları projenin ilham kaynağının "klasik uygarlık" olduğunu iddia etmişlerdi. Bir başka deyişle, yarışmayı kazanan projede yer alan bu tasarım unsurunun çıkarılması, mimarların kadim bir klasik uygarlığa gönderme yapma niyetinin bir devamı olduğu için onlar tarafından da memnuniyetle kabul edilmişti.

Onat ile Arda'nın orijinal projesinde yapılan bir değişiklik de şeref holünün iki yanındaki meşalelerin sayısı hususundaydı. Dolmabahçe Sarayı'nın Muayede Salonu'ndaki Atatürk katafalkından başlayarak, Taut'un yaptığı Ankara katafalkında, ardından da Etnografya Müzesi'ndeki Tümer'in yaptığı geçici kabirde her iki yanda üçer tane olmak üzere Kemalizmin altı payandasını simgeleyen hep toplam altı sembolik meşale olmuştu. Ancak Anıtkabir'de şeref holünün iki yanında beşer tane olmak üzere toplam on meşale bulunmaktadır. Meşale sayısının neden ve nasıl altıdan ona çıktığını tam olarak tespit etmek zor işe de bu sayı değişikliği bir ekleme değil bir çıkarma olarak addedilebilir, zira böylelikle Atatürk'ün ilkeleriyle, yani Kemalizmin altı payandasıyla özdeşleşmesi abideden çıkarılmış olmaktadır. Bir başka deyişle, Anıtkabir proje yarışması duyurusunun 16. maddesinde belirtildiği gibi tasarımın başlangıçtaki gayesi Atatürk'ün kurduğu Cumhuriyet Halk Fırkasının ideolojik manifestosunu simgelemekken, anlaşılan o ki, abidenin inşaatı sırasında bir noktada bu gaye saf dışı bırakılmıştır.

Anıtkabir'de yapılan bir sonraki çıkarma işlemi mozoleyi çevreleyen ve abidenin tanıtım metinlerinde Atatürk'ün meşhur "Yurtta sulh, cihanda sulh" deyişine ithafen isimlendirilmesiyle övülen, halka açık Barış Parkı'yla ilgilidir. Aynı zamanda parkın barındırdığı, Türkiye'nin farklı yerlerinden ve 24 farklı ülkeden getirilmiş zengin ağaç, çiçek ve bitki çeşitliliğine de dikkat çekilir; 104 türde toplam 50.000 adet dekoratif ağaç, çiçek ve funda vardır. Ne var ki burası 1960'ların sonlarında veyahut 1970'lerin başlarında halka tam anlamıyla açık bir park olmaktan çıkarılmıştır. Parkta pek çok Türk'ün en sevdiği etkinliklerden olan piknik yapmak ve mangal yakmak yasaktır. Parkta ziyaretçilerin istediği gibi dolaşmasına da izin verilmemektedir; parkın girişinden Anıtkabir'e giderken işaretlenmiş yürüyüş yollarından ayrılmaları yasaktır. Bu kurallar muhtemelen abidenin içinde ve etrafında güvenliği sağlamak amacıyla konulmuştu, ama sonuçta olan, halka açık bir parkın halkın elinden alınmasıydı. Halka bu anlamda kapalı olan Barış Parkı'nın "halka açık" tek yanı Anıtkabir ve sahasına girişin ücretsiz olmasıdır. Parkın ziyaretçilere kapatılması sayesinde Anıtkabir, yapının tamamlandığı 1953'ten bugüne giderek büyüyen başkent Ankara'nın keşmekeşinden yalıtılmış ve zamanın akmadığı bir baloncuk içerisinde idame ettirilmektedir.

Anıtkabir'de yapılan çok daha fiziki bir çıkarma işlemi de buraya defnedilmiş diğer naaşların naklidir. Bunlar 27 Mayıs 1960 askeri darbesinin beş şehidinin, 21 Mayıs 1963'teki başarısız darbe girişiminin altı şehidinin ve Türkiye Cumhuriyeti'nin dördüncü Cumhurbaşkanı Cemal Gürsel'in (1960-66) naaşlarıdır.[11] 1960 ile 1988 yılları arasında bu 12 kişinin mezarı, aslanlı yoldan gelirken tören meydanının karşı yakasında kalan büyük bayrak direğinin arkasında bulunuyordu. Onat ile Arda şeref holünün altında başka naaşların konulabilmesi için özel olarak mahzen odaları tasarlamışsa da bilinmeyen sebeplerle bunlar hiçbir zaman kullanılmamıştır. 1985'te Atatürk Orman Çiftliği arazisinde yer alan Karadeniz Havuzu'nun yan tarafında İslami tarzda bir devlet mezarlığı yaptırılmasının ardından bu 12 naaşın tamamı Anıtkabir'den buraya nakledildi.

Anıtkabir'in görünümünün ve verdiği hissin gayri İslami olduğu eleştirisi sık sık dile getirilir. Devlet Mezarlığı için açılan proje yarışmasını kazanan mimar Özgür Ecevit, yarışma sırasında yayımlanan tasarım ataşmanında kendi projesinin Anıtkabir'e karşıtlığını açıkça belirtir: "[Devlet Mezarlığı] konusuna öncelikle bir kültürün değişmez parçası olan dinî bir bakış açısından bakılmıştır" (Milli Savunma Bakanlığı Devlet Mezarlığı Mimari Proje yarışması 1984, 41). Ecevit'in Devlet Mezarlığı tasarımının ana unsuru, mimarın geleneksel göçebe Türk çadırı ile Osmanlı türbesinin sentezi olarak tarif ettiği yanları açık devasa bir çatı örtüsüydü; bu tam da Anıtkabir yarışma jürisinin özellikle kaçınmaya çalıştığı türden bir imgeydi.

Anıtkabir'de yapılan çok sayıdaki eksiltmeye dönülecek olursa, eski cumhurbaşkanlarından Cemal Gürsel'in naaşı 24 Ağustos 1988'de abideden alınıp üç gün sonra Devlet Mezarlığı'na defnedilmiştir. Bundan kısa bir süre sonra 11 askeri darbe şehidinin naaşı da Anıtkabir'den çıkarılıp defnedilmek üzere ailelerine teslim edildi (Hükümetin belirlediği Devlet Mezarlığı'nda gömülme kriterlerine uymuyorlardı). Bu naaşlar Anıtkabir'den nakledilirken, Türkiye'nin ilk başbakanı olan ve 25 Aralık 1973'teki ölümünden üç gün sonra Anıtkabir'e defnedilen İsmet İnönü'nün naaşı Devlet Mezarlığı'na nakledilmedi veyahut ailesine verilmedi ve 1988'den sonra da Anıtkabir'de kalmaya devam etti. 1981'de çıkan bir kanun maddesi ile o tarihten itibaren ulusal önem taşıyan tüm Türkiye Cumhuriyeti vatandaşlarının Devlet Mezarlığı'na gömülmesine karar verildi. *Türkiye Cumhuriyeti Resmî Gazete*'sinin (manidar şekilde) 10 Kasım 1981 tarihli sayısının ön sayfasında yazıldığı üzere, aynı

---

11 TC Genelkurmay Başkanlığı'na göre (1994, 90) 1960 şehitleri: Topçu Teğmenler Ali İhsan Kalmaz, Nedim Özpolat, Turan Emeksiz, Sökmen Gültekin ve Ersan Özey; 1963 şehitleri: Hava Albay Fehmi Erol, Piyade Binbaşı Cafer Atilla, Piyade Er Mustafa Şahin, Piyade Er Mustafa Gültekin, Piyade Er Mustafa Çakı, ve Hava Onbaşı Hasan Aktar; Genelkurmay, Cemal Gürsel'in 14 Eylül 1966'da vefat ettiğini, Anıtkabir'e defnedilmesiyle ilgili Bakanlar Kurulu 6/7034 sayılı kararının 17 Eylül'de çıktığını, ve 18 Eylül 1966'da defnedildiğini belirtiyor.

kanun maddesinde Anıtkabir'in bir mezarlık değil ulusal bir abide ve toplanma yeri olduğu da belirtiliyordu:

> Türk milletinin, bir armağan olarak yalnız Büyük Kurtarıcı için tesis ettiği Anıtkabirde Atatürk'ün ve ayrıca en yakın silah ve mesai arkadaşı İsmet İnönü'nün kabirleri muhafaza edilir. Anıtkabir alanı içine başkaca hiçbir kimse defnedilemez.

Cemal Gürsel ile darbe şehitlerinin naaşlarının Anıtkabir'e eklenmesindeki maksat bu ölümlere ulusal bir anlam yüklemekti; naaşların abidede bulunduğu 1960'lar ile 1988 arasındaki zaman diliminde bu maksat hasıl olmuştu. Anıtkabir'den çıkarılmaları ise, özellikle darbe şehitleri söz konusu olduğunda, bu anlamı ortadan kaldırmaya yönelik bir girişimdi, zira bu kişiler Cemal Gürsel gibi Devlet Mezarlığı'na nakledilmemişlerdi. İnönü'nün abideye gömülmesi ve 1988'den sonra Devlet Mezarlığı'na nakledilmemesi ise Anıtkabir'in sadece belli bir ailenin mensupları değil tüm ulus için önem taşıyan ulusal bir abide olarak sunulmasıyla uyumluydu. Tunç Boran'ın çektiği bir belgesel filmde (2003, 27) İsmet İnönü'nün torunu Gülsüm Bilgehan, anneannesinin İnönü'nün Anıtkabir'e gömülmesine karşı çıktığını ama ailenin sonunda yoğun milli baskı karşısında bunu kabul etmek zorunda kaldığını belirtir. Bilgehan'ın sözlerinden "milli"nin Türk halkına mı, Türk hükümetine mi, Türk Silahlı Kuvvetleri'ne mi yoksa bunların bir tür karışımına mı tekabül ettiğini anlamak zor ise de sonuçta Türkiye'nin ulusal çıkarları İnönü ailesinin özel arzu ve çıkarlarına baskın çıkmış oluyordu.

Anıtkabir'de yapılan son bir çıkarma da abidenin Ankara'da çeşitli noktalardan görünümüyle ilgiliydi. Kentsel ölçekte, bir abidenin görünürlüğünün sürdürülmesi, abidenin varlığının sürdürülmesi kadar önemlidir: Bir abidenin görünmesi, onun var olduğunun bilinmesi ve sürekli hatırlatılması demektir. Londra'da "Londra'nın önemli kesimlerinin panoraması"nın veyahut Londra'nın simgesi sayılan ve Alexandra Sarayı, Parliament Hill, Kenwood, Greenwich Parkı, Blackheath Point gibi şehrin kimi noktalarından görünümü özellikle güzel olan St. Paul Katedrali'ne uzanan seyir koridorlarının korunması için yeni inşaatların yüksekliği ve kütle düzenine belli kısıtlamalar getiren karmaşık ve girift bir sistem vardır. Buna ek olarak, Londra ve civarını kapsayan belediye yönetimi "Londra Görünüm Koruma Çerçevesi"ni uygular. Buna göre St. Paul Katedrali'nin manzarasının yanı sıra Londra'nın diğer stratejik görünümleri üç grup halinde sınıflandırılarak korunur (Londra Belediyesi 2010, 3):

1. "Önemli eserlere doğru uzanan çizgisel görüş hatları" (The Mall'dan Buckingham Sarayı'na, Westminster İskelesi'nden St. Paul Katedrali'ne ve Richmond'dan St. Paul Katedrali'ne),

2. "Thames Nehri üzerindeki görülecek yerler" (Kuleden Londra, Southwark, Millennium, Blackfriars, Waterloo, Hungerford, Westminster ve Lambeth Köprüleri, Victoria Rıhtımı'ndan Albert Rıhtımı ve Jubilee Gardens Parkı),
3. "Kent silüeti görünümleri" (Serpentine Köprüsü'nden Westminster'a, Isle of Dogs'dan Kraliyet Denizcilik Okulu'na, Queen's Walk'tan Londra Kulesi'ne, St. James Parkı'ndan Horse Guards Road'a).

Anıtkabir'in görünüm planı Londra'nınki kadar karmaşık değildir ama, daha önce de belirtildiği gibi, Atatürk'ün mozolesinin bulunduğu tepe öncelikle Ankara'nın çoğu yerinden rahatça görülebildiği için tercih edilmiştir. Bu bağlamda 1950'lerde aslanlı yolun her iki yanındaki aslan heykellerinin arkasına dörder sıra dikilen kavak ağaçları 1960'larda bir zaman sökülmüştür. Bu ağaçların "kısa zamanda" çok fazla büyüdüğü ve Anıtkabir şeref holünün uzaktan görülmesini engellediği kararına varılmıştır (TC Genelkurmay Başkanlığı 1994, 22, not 29). Bu sorunu gidermek ve Anıtkabir'in düzgün görünümünü sürdürmek amacıyla kavak ağaçlarının yerine çok daha yavaş büyüyen ve kışın yapraklarını dökmeyen ardıç ağaçları dikildi. Böylelikle Anıtkabir'deki aslanlı yol sanki hep aynı boyda takılı kalmış izlenimi veren ardıçlarla çevrelenmiş oldu ve abidenin bahçıvanlarının bakım ve budama işlemleriyle de boylarının hiç uzamaması sağlandı. Bu da abidenin en baştaki görünümünün ya da görünümlerinin sabitlenerek sürdürülmesini mümkün kıldı. Tüm bu bakım işlemleri Anıtkabir'in görülmesi deneyiminin sadece yerel, mikro düzeyde değil, kent ölçeğinde, yani makro düzeyde de korunmasına hizmet ederek Ankara'nın dört bir yanından Anıtkabir'in görülebilmesinin yanında, Anıtkabir'in de bu bakışlara karşılık vererek şehrin tümüne hâkim olmasına izin verdi.

Eklemeler konusuna dönülecek olursa, binaların mevcut durumu üstüne eklemeler getiren fiziki değişimler genelde orijinal yapının yarattığı mevcut temsilleri tamamlama eğilimindedir. Bu tür eklemeler belli bir devamlılığı sürdürmek maksadıyla çoğu zaman zaten hep oradaymışlar gibi bir izlenim vermeye çalışır. Bunun akıllıca başarıldığı bir örnek, mimarlar (Robert) Venturi ile (Denise) Scott-Brown'ın Londra'daki Ulusal Galeriye (William Wilkins 1837) 1991'de yaptıkları Sainsbury Kanadı eklemesidir. Burada orijinal binadaki kolonların taklitleri, düzensiz aralıklarla ve orijinal binaya yaklaştıkça üst üste bindirilerek kullanılmıştır. Venturi ve Scott-Brown, bir yandan Ulusal Galerideki kolonları taklit ederek muhafazakâr eleştirmenleri memnun ederken, bir yandan da, bilhassa orijinal binayla ek bina arasındaki ayrımı vurgulayan cam duvar ve onun arkasında imzaları gibi duran merdivenler sayesinde, kendilerini ifade etmeyi başarmışlardır. Bazen de eklemeler orijinal yapıdan daha yeni olduklarını vurgulamak, kimliklerini öne çıkarmak için mevcut durumun tam tersi bir formata bürünürler. Ama böyle olduğunda bile yine sonuçta mevcut temsilleri perçinlemiş olurlar çünkü varoluşlarının yegâne sebebi orijinal binadır. Bu türden eklemelerin meşhur örneklerinden biri Frank Lloyd Wright'ın 1959'da tasarladığı Guggenheim Müzesi'nin arka tarafına 1992'de Gwathmey Siegel and Associates adlı mimarlık firması tarafından yapılan ek galeri kanadıdır. Bu örnekte Wright'ın yuvarlak, yatay ve pürüzsüz biçimleriyle tam bir tezat oluşturan dörtgen, dikey ve dokulu biçimler kullanılmıştır. Ancak sonuçta hem orijinal hem de ek bina aynı türden soyut geometrik dekorasyon yönetimini kullandığı için –biri dairesel diğeri köşeli olsa da– ekleme ile orijinali birbirine karıştırmak imkansızdır; her ikisi birlikte Guggenheim Müzesi olarak tanımlanan yapıyı oluştururlar.

Atatürk'ün Dolmabahçe Sarayı'ndaki yatak odasına yapılan eklemeleri tartışmaya yatağın bitişiğinde bulunan saatle başlanabilir. Bu saatin taşıdığı önem, daha önce de vurgulandığı gibi, sadece Atatürk'ün ölüm anını hatırlatmasından değil, aynı zamanda bir *"memento mori"*, yani bize kendi faniliğimizi de hatırlatan bir nesne olmasından ileri gelir. Saray yöneticilerine göre 1921 yılına ait bir İsviçre modeli olan bu saat, sanki Atatürk arada sırada başını çevirip ona göz atmış, hatta belki onu çalar saat olarak da kullanmış gibi yatağının bitişiğindeki bir masanın üzerinde durmaktadır. Ancak, her ne kadar saatin Atatürk öldüğü sırada Dolmabahçe Sarayı'na ait olduğu kesinse de Atatürk'ün sağlığında bu saati gerçekten kullanmış olup olmadığı net değildir. Kesin olarak söylenebilecek şey saatin odaya sarayın başka bir yerinden getirilmiş olduğu ve Atatürk'ün hastalığı ve saraydaki son günleri süresince kullanılmış olduğudur ki bu da saatin bu bellekleştirilmiş odadaki bugünkü varlığını açıklamaktadır. Saray yöneticilerine göre, saat "Atatürk'ün hatırasına saygı" amacıyla, Atatürk'le ilgili üretilen söylencelerde bahsedildiği gibi doğaüstü güçler marifetiyle değil insan eliyle 9:05'te durdurulmuştur. Bu da saati, yatak odasını Atatürk'ün hayatıyla değil ölümüyle ilişkilendirme amacıyla yapılan bir ekleme haline getirmektedir. Aslına bakılırsa, sadece bu saat değil Dolmabahçe'deki tüm saatlerin sabah 9:05'te durdurulmuş olması hem Atatürk'ü tüm saray ölçeğinde muazzam bir hatırlama gayretine hem de yapının Osmanlı kökenlerinin Atatürk'ün 10 Kasım 1938'de 71 numaralı odadaki ölümüyle nasıl da gölgede kaldığına bir örnektir.

Anıtkabir açısından bakıldığında, zaman içinde abideye pek çok ekleme yapılmıştır. Yalnız bu eklemeler öyle gerçekleştirilmiştir ki hem bir ölümsüzlük edası yayması hem de sanki ezelden beridir oradaymış gibi gözükmesi gereken bir abideden beklenecegi üzere, mevcut koşullara başarılı bir şekilde eklenmiştir. İsmet İnönü'nün 1973'teki definden ve 1988'de defnedildiği yerde bırakılması kararından sonra Anıtkabir'e yapılan eklemeler, 1981'de Atatürk'ün doğumunun

100. yıldönümü vesilesiyle, kutlamalarla dolu bir senede gerçekleştirilmişti. şeref holünde bulunan lahdin tam aşağısında ve ziyarete kapalı olan Atatürk'ün yeraltı mezarının çevresine içi Türkiye toprağıyla dolu, 68 küçük pirinç vazo yerleştirilmesi de işte bu yüzüncü yıl etkinlikleri sırasında oldu. Bu toprak anlaşılan o ki 1953'te Atatürk'ün naaşının Etnografya Müzesi'nden Anıtkabir'e taşınması günlerinden elde kalan topraktı. O dönemde Türkiye'deki tüm vilayetler Atatürk'ün Anıtkabir'deki mezarının toprağına katılmak üzere toprak göndermişti, yani bu toprak onun bedenini saracaktı. Ama anlaşılan elde 1953'ten kalma fazla toprak vardı ve 1981'deki yüzüncü yıl kutlamalarında bu topraklar bugün mezarını çevreleyen vazolara konuldu. Görünen o ki ziyaretçilere Atatürk'ün bedeninin Türkiye'nin dört bir köşesinden gelmiş toprakla sarılı olduğu bilgisini vermek yeterli görülmemiş ve bunun pirinç vazolarla görsel olarak da belirgin hale getirilmesine karar verilmişti. Atatürk'ün yeraltı mezarının ziyaretçilere açık olmadığını ama bununla beraber mezar kapısının dışındaki, Kurtuluş Savaşı Müzesi'ne çıkan halka açık koridorda kapalı devre video yayınıyla mezarın izlenebildiğini hatırlatalım.

1981'de Türkiye'deki vilayet sayısı 67 idi. 68. vazo 1974'den beri Türk ordusunun işgali altında bulunan ve bugün itibarıyla da dünya ülkelerinin çoğunluğunca meşru bir devlet olarak tanınmayan ihtilaflı bölge Kuzey Kıbrıs Türk Cumhuriyeti'ne ait toprağı ihtiva ediyordu. Bugünse Atatürk'ün mezarını çevreleyen 68 değil 83 adet vazo bulunmaktadır. Bu artış Türkiye'de 1981'den bu yana yaşanan hızlı gelişme dolayısıyladır. Küçük kasabaların büyük şehirler ve bölgesel merkezler haline gelmesiyle bazı vilayetler, Birleşik Devletler'in koloni olduğu dönemde 1700'lerin başında Carolina'nın Kuzey ve Güney olarak ayrılmasına benzer şekilde bölünmüştür. Halihazırda Türkiye'de 81 vilayet vardır ve her yeni vilayetle beraber mezarın çevresine bu vilayeti temsil eden yeni bir pirinç vazo eklenmektedir. Bu da demektir ki Atatürk'ün mezarının vilayetlerden gelen toprakla çevrilmesi kuralı vilayet sayısındaki değişime rağmen sürdürülmüştür. 82. vazo daha önce de bahsedildiği üzere Kuzey Kıbrıs toprağı ihtiva etmekte, 83. vazo ise Türkiye'nin bugünkü sınırlarının dışında bir noktadan gelen, komşu ülke Azerbaycan'ın bağışladığı topraktır (Saydam 2005, 38).

Asıl mezarın içinde, 1953'te Ankara Etnografya Müzesi'nden nakil esnasında Atatürk'ün bedenini saracak toprağa katılmak üzere getirilen başka topraklar da vardır: bugün Yunanistan'da bulunan Selanik şehrinde Atatürk'ün doğduğu evin bahçesine ait toprak; Güney Kore'nin Busan kentindeki Birleşmiş Milletler Anıtsal Mezarlığı'nda bulunan Türk Şehitliğinden alınmış toprak; Selçuklu komutanı Süleyman Şah'ın bugün Suriye'de bulunan mezarından alınan toprak (agy). Bütün bu yerlerin öyle ya da böyle Atatürk'le ve/veya Türkiye Cumhuriyeti'yle bir bağlantısı vardı: doğduğu yer, Kore Savaşı'nda (1950-53) ölen Türk askerlerine adanmış bir abide ve Osmanlı İmparatorluğu'nun kurucusunun dedesinin gömülü olduğu mezar. Ancak önemli bir nokta, bu toprakların Kuzey Kıbrıs ve Azerbaycan'dan gelen topraklar gibi Türkiye'nin bugünkü sınırları dışından gelmiş olduğudur ki bu da açıkça buraların ülke toprağı olarak sahiplenildiği anlamına gelir.

Yüzüncü yıl etkinlikleri sırasında Anıtkabir'e yapılan eklemelerden bir diğeri de abidenin üzerinde Atatürk'ten daha fazla alıntı eklenmesiydi. İlk olarak şeref holünün soldaki girişine Atatürk'ün 29 Ekim 1938 tarihli orduya hitabesi yazıldı. Atatürk bu söylevden 12 gün sonra öldüğünden, bu onun halka seslendiği en son konuşmaydı:

> Zaferleri ve mazisi insanlık tarihiyle başlayan her zaman zaferle beraber medeniyet nurları taşıyan kahraman Türk ordusu! Memleketini, en buhranlı ve müşkül anlarda zulümden, felaket ve musibetlerden ve düşman istilasından nasıl korumuş ve kurtarmışsan, Cumhuriyet'in bugünkü feyizli devrinde de askerlik tekniğinin bütün modern silah ve vasıtalarıyla mücehhez olduğun halde, vazifeni aynı bağlılıkla yapacağına hiç şüphem yoktur. Türk vatanının ve Türklük camiasının şan ve şerefini dahilî ve haricî her türlü tehlikelere karşı korumaktan ibaret olan vazifeni her an ifaya hazır ve âmade olduğuna, benim ve büyük ulusumuzun tam bir inan ve itimadımız vardır.

Şeref holünün sağdaki çıkışına ise İsmet İnönü'nün 21 Kasım 1938'de Atatürk'ün cenazesinde yaptığı övgü dolu anma konuşması yazıldı:

> Büyük Türk Milletine! Bütün ömrünü hizmetine vakfettiği sevgili milletinin ihtiram kolları üstünde Ulu Atatürk'ün fâni vücudu istirahat yerine tevdi edilmiştir. Hakikatta yattığı yer, Türk milletinin O'nun için aşk ve iftiharla dolu olan kahraman ve vefalı göğsüdür. Devletimizin bânisi ve milletimizin fedakâr, sadık hâdimi, insanlık idealinin âşık ve mümtaz siması, eşsiz kahraman Atatürk, vatan sana minnettardır. Bütün ömrünü hizmetine verdiğin Türk milletiyle beraber senin huzurunda tazim ile eğiliyoruz. Bütün hayatında bize ruhundaki ateşten canlılık verdin. Emin ol, aziz hatıran sönmez meş'ale olarak ruhlarımızı daima ateşli ve uyanık tutacaktır.

Şeref holünün giriş ve çıkışına yerleştirildiklerinden, Atatürk'ün lahdiyle karşılaşma deneyimi bu iki yazıtın tam ortasında gerçekleşmektedir. Yazıtların bu konumlanışının kronolojik bir karşılığı vardır: Atatürk'ün resmi olarak yaptığı son konuşma, ardından ölü bedeni, ardından da cenaze töreninde yapılan anma konuşması. Ama daha da önemlisi, bu kitabeler 1942 tarihli yarışmada seçilen projede yoktu; neredeyse 40 yıl sonra eklenmişlerdi. 1942'de ve abidenin ziyarete açıldığı 1953'te Atatürk'ün ölümünü şahsen hatırlayan pek çok Türk bulunmaktaydı. Ama 1981'de artık böyle ilk elden anıları olmayan yeni kuşaklar gelmişti. Yazıtların eklenmesindeki maksat, genç ziyaretçilere Anıtkabir'in Türkiye Cumhuriyeti'ne adanmış bir abide olsa da aslında Atatürk'ün 1938'deki ölümüyle ortaya çıktığını hatırlatmaktır diye düşünülebilir. Bir başka deyişle, Anıtkabir'in inşasının altında yatan ideolojik temel bu yazıtların eklenmesiyle sürdürülmüş olmaktadır.

1983 ve 1986 arasında yapılan sonraki bir ekleme ise Orhan Arda'nın oğlu Ömer Arda tarafından tasarımı yapılan ve Anıtkabir arazisinin sınırlarını çevreleyen traverten kaplı kalın beton bir duvardı (TC Genelkurmay Başkanlığı 1994, 91). Duvar alçak olmasına rağmen (yaklaşık 1,5 m) özellikle hafif eğimli ve tepesi sivri yapısı dolayısıyla sağlam ve kale gibi bir görünüme sahiptir. Böyle bir görünüm, Barış Parkı'nın halkın kullanımından çıkarılmasında da görüldüğü gibi, abidenin şehirden yalıtılmışlığı duygusunu güçlendirir. Bu şekilde duvar abidenin ideolojik temellerini sürdürüp güçlendiren bir ekleme işlevi görerek, abideyi şehrin gündelik karmaşasından uzakta, Atatürk'ü ve Türkiye Cumhuriyeti'ni onurlandırıp hatırlamaya ayrılmış özel bir yer haline getirir.

Anıtkabir'e en son ekleme, 1960'ta açılan Atatürk Müzesi'nin 2002'deki yenileme çalışmaları sırasında yapıldı. Atatürk'le ilgili oldukça mütevazı bir koleksiyona sahip olan müze, Birinci Dünya Savaşı ertesindeki olayları, Türkiye Cumhuriyeti'nin kuruluşunu ve onu izleyen siyasi, ekonomik ve toplumsal inkılâpları belgeleyecek ve açıklayacak şekilde muazzam ölçüde genişletildi ve (Türk) Kurtuluş Savaşı Müzesi olarak yeniden adlandırıldı. İlginç bir şekilde, müzedeki sergi geleneksel olarak Kurtuluş Savaşı'nın başlangıcı kabul edilen 19 Mayıs 1919'da Atatürk'ün Samsun'a çıkışıyla değil, Birinci Dünya Savaşı'nda Osmanlı İmparatorluğu'nun hizmetindeyken katıldığı ve dünyaya askeri yeteneklerini ilk kez kanıtladığı 1915 Çanakkale Savaşı'yla başlamaktadır. Müzede, Türk Kurtuluş Savaşı'nın Atatürk ve 1919'da Samsun'a çıkışıyla değil, Atatürk ve 1915'te Çanakkale'deki olaylarla başladığı üstü örtülü bir şekilde ima edilmekte, böylece "Atatürk" ile "Türk Ulusu" kavramları, mimarinin ortaya koyduğundan daha bariz bir şekilde özdeşleştirilmektedir. Bu konu, 2007 tarihli bir gazetedeki bir köşe yazısında (Akkuş 2007, 7) rastladığımız "Çanakkale Savaşı genç Türkiye Cumhuriyeti için (Osmanlı İmparatorluğu için değil) muazzam bir öneme sahipti ve bir ölüm kalım meselesiydi" yorumunda olduğu gibi, günümüz Türkiye'sinde sık sık gündeme gelmektedir. 2002'de Anıtkabir Kurtuluş Savaşı Müzesi'nde gerçekleştirilen bu tür küratöryel hamleler ise tartışmaları somut eserler ve nesneler düzlemine taşımış ve abidede somutlaşan Türkiye tarihi ve belleğinin inşası sürecini gözler önüne sermiştir.

Anıtkabir'in tamamlanmasından bu yana geçirdiği en dikkat çekici dönüşüm zaman içinde değişen yönetim yapısıdır. 1941-42'deki mimari proje yarışmasında ve Ekim 1944'ten 10 Kasım 1953'teki açılışa kadar süren abidenin inşa sürecinde sorumlu Bayındırlık Bakanlığı'ydı. 28 Şubat 1957'de abidenin yönetimi Milli Eğitim Bakanlığı'na devredildi (TC Genelkurmay Başkanlığı, 1994, 88). Türkiye Büyük Millet Meclisi'nde kabul edilen bir kanunla (14 Temmuz 1956 tarihli, 6780 sayılı kanun) resmileşen bu görev devri; devletin, abidenin pedagojik işlevi ve değerine olan inancını açıkça gözler önüne seriyordu. Milli Eğitim Bakanlığı'nın yönetimi döneminde kara, deniz, hava kuvvetleri ile jandarmaya mensup askerlerden müteşekkil bir muhafız taburu Barış Parkı sınırları içindeki bir kışlaya yerleştirildi.

Uzun yıllar Milli Eğitim Bakanlığı tarafından yönetilen Anıtkabir, Kültür Bakanlığı'nın kurulmasıyla 1974 yılında bu bakanlığa devredildi. Ancak bu sefer yetki devir teslimi kanun çıkarılarak değil, bakanlıklar arası iç yazışmayla gerçekleşti. Kültür Bakanlığı 1980'deki askeri darbeye kadar abideyi yönetti. Bu tarihte yönetim Türk Silahlı Kuvvetleri Genelkurmay Başkanlığı'na geçti. Bu yetki devrinde önemli olan, bunun çıkarılan bir kanunla –15 Eylül 1981 tarihli *Resmi Gazete*'de yayımlanan 2524 sayılı kanun– gerçekleştirilmiş olmasıydı. Abide bugün de Türk Silahlı Kuvvetleri Genelkurmay Başkanlığı tarafından yönetilmektedir; bu da açık bir şekilde Anıtkabir'in, her ne kadar halkın ve yabancıların ziyaretine açık olsa da, askeri bir tesis olduğu anlamına gelir. Anıtkabir, muhafızlar ve kışla gibi resmi eklemelerle zaman içinde yavaş yavaş askerileştirilmiştir; bu da abidede yapılan değişikliklere ilişkin yukarıda bahsedilen hususlara büyük oranda açıklık getirmektedir: Anıtkabir ulusal bir abidedir fakat ziyarete gelen vatandaşların içlerinden geleni yapma özgürlüğüne sahip olduğu türden bir abide değildir; vatandaşlar abidenin askeri yönetiminin, tüm ziyaretlerin yalnız ve yalnız Atatürk'ü ve Türkiye Cumhuriyeti'ni onurlandırmak amaçlı olmasını garanti altına almak için koyduğu kurallar dahilinde hareket etmek zorundadırlar. Bir örnek vermek gerekirse, girişte asılı olup hem İngilizce hem de Türkçe olarak sıralanmış ziyaretlere ilişkin on dokuz resmi kuraldan on altıncısında şöyle denmektedir:

> Anıtkabir içinde görgü ve terbiyeye aykırı harekette bulunulamaz, gürültü yapılamaz, slogan atılamaz. Bildiri dağıtmak, siyasal ve toplumsal konularda basına demeç vermek ve topluluğa hitap etmek yasaktır. Ulu Önder Mustafa Kemal Atatürk'ün ebedi istirahatgâhına uygun davranışlar sergilenmesine özen gösterilir.

Abidenin temel yapısının mütemadiyen desteklenerek yönetilmesini ve idamesini en etkili ve verimli biçimde sağlamış olan da abidedeki işte bu askeri unsurdur. Gerçekten de inşasının tamamlandığı günden bu yana abideye yapılan ekleme ve çıkarmalara topluca bakıldığında –"halka açık" Barış Parkı, Cemal Gürsel'in ve şehitlerin abideden çıkarılması, "Türk" toprağı, 1938'le ilişkili yazıtlar, sınır duvarı ve 2002'de müzenin kapsamının genişletilmesi– bu değişikliklerin çoğunun

1980 darbesinden ve abidenin askeri idareye devredilmesinden sonra gerçekleştiği kolaylıkla görülebilir.

Sonuç olarak, bu müzeleştirme süreci, ikonlaştırmalar, ritüeller, anmalar ile Anıtkabir'in kendisinde, imgesinde, kullanımında ve deneyimlenişinde gerçekleştirilen ekleme ve çıkarmaların hepsi birlikte, abidenin Türk ulusunun bir simgesi –Atatürk'ün mezarının hem odak noktası hem de temel işlevi gördüğü– ve bir hazinesi olarak idamesine çalışmıştır. Bir başka deyişle, her ne kadar abide başlangıçta Atatürk'ün naaşının yatacağı bir yer olarak düşünülmüşse de tasarım, inşa ve bakım ve güncellemeleri içeren süreçte Türk ulusunu temsil eden bir simgeye dönüşmüştür. Buna mukabil, Atatürk'ün Dolmabahçe Sarayı'ndaki yatak odasında gerçekleşmiş aynı müzeleştirme, ikonlaştırma, ritüel ve anma süreçleri ile tüm ekleme ve çıkarmalar, daha küçük bir ölçekte bu mekânı Atatürk'ün ölümünün, ulusun uğradığı kaybın ve onun yokluğundan duyulan üzüntünün bir simgesi olarak sürdürülmesine çalışmıştır. Her iki durumda da mimari yapının idamesi, bu yapıların dile getirdiği Türk ulusal belleğinin sürdürülmesine de hizmet eder.

Sonuç

> Dikkatimizi çelen şeyler hep olacaktır – kabir mimarisi, […] cenaze törenleri ve mezar taşı yazıtlarındaki abeslik. Ama meselenin özüne sadık kalıp da nesnenin kendisine –ölüme– göz kırpmadan bakarsak, aslında görecek hiçbir şey yoktur. (Merridale 2000, 20)

Bir kişi öldükten sonra, yası tutulan şey o kişinin eksikliğidir, hâlâ hayatta olanların arasına artık karışamayacağı gerçeğidir. Ölenin geride bıraktıklarının yaşadığı hüsranı en iyi özetleyen, o kişinin varlığı değil yokluğudur. Var olmaya devam eden ölen kişinin yaşamına dair anılardır. Ne var ki, bu anılar sadece yaşamaya devam edenlerin zihinlerindedir; gerçek olmadıkları gibi, somut fiziksel varlıklar da değildirler.

Mezar yapılarının inşası, ölen kişinin geride bıraktıklarının, kendi zihinlerinde var olan böylesi anıları "somutlaştırma" (betonlaştırma) ya da elle tutulur hale getirmeye yönelik bir çabasıdır. Üretilen mezar yapıları, ölen kimseye dair anıların azametiyle eşlemek adına, boyut ve itibar açısından sıklıkla abidevi olur. Ama bu daima böyle olmak zorunda değildir; Vladimir Lenin örneğinde olduğu gibi bazen "vefat etmiş ulu kişilerin" sade ve mütevazı türbeleri, mozoleleri ve/veya mezar taşları olması da rastlanan bir durumdur. Aynı şekilde, son derece orta halli merhum kişiler de oldukça muazzam ve gösterişli mezar yapılarına sahip olabilmiştir. Kişi ölümünden önce kendisi belirlemedikçe, mezar mimarisinin abideviliği, geride kalanlara, özellikle de ölülerini hangi kapsamda ve ne ölçüde anmak istediklerine kalır.

Kimin anılarının ve hangi anıların somutlaştırıldığı sıkça tartışma konusu olur. İktidar sahipleri, toplumun kenarlarındakilerin anılarındansa kendi anılarının temsil edilmesi ve siyasileştirilmesinde genellikle başarılı olacaktır. Kendi anılarını temsil etme ve siyasileştirmede başarılı olanlar, bunu yaparken, ilk olarak belleği yapılı çevre aracılığıyla inşa ederler. Ancak, inşa edildikten sonra abidelerin ve anıtların muhafaza edilmesi de gerekir, yoksa bunlar –ve temsil ettikleri anılar– harap olur, ortadan kaybolur ve/veya muhtemelen anlamlarını değiştirirler. Bu nedenle, yapılı çevre yoluyla hatırlama ve unutmaya dair ikinci ve süregiden süreç, abidelerin ve anıtların idamesi yoluyla, inşa edilmiş belleğin sürdürülmesini içerir.

Mustafa Kemal Atatürk'ün ölümünün Türkiye'de büyük bir boşluk bıraktığını söylemek abartılı olmayacaktır; bu boşluğun yerinde bir zamanlar bir lider, çağdaş koşullara dair bir anlayış ve bir gelecek hayali vardı. Türk ulusunun –halkın ve devleti– bu boşluğu nasıl doldurduğu ya da nasıl onun yerine başka bir şey koyduğu veya dikkatlerini nasıl bu boşluktan uzağa yönlendirip onu çeşitli biçimlerde bastırdığı bu kitapta açıklandı. Hem insan Mustafa Kemal Atatürk hem de Türk anıları, Atatürk'ün ölümünden beri gelen hükümetler ve yurttaşlar tarafından siyasileştirildiği üzere, Atatürk'ün mezar mimarisinde birbirine bağlıdır. Mustafa Kemal Atatürk'ün mezar mimarisi açısından, söz konusu anılar çoğunlukla devlet tarafından, halk adına "yukarıdan aşağıya" bir tarzda kontrol edilmektedir. Ama bu kitap bunun zıddı bazı durumları da anlatmıştır: Yani Türk halkı tarafından üretilen ve "aşağıdan yukarıya" doğru devlet seviyesine sızmayı başaran halka ait anıları.

Hatırlamanın bu şekilde inşasını dengelercesine, Mustafa Kemal Atatürk'ün mezar yapıları içerisinde unutma da inşa edilmiştir, çoğunlukla Osmanlı İmparatorluğu'nun unutulması. Dolmabahçe Sarayı'nın Atatürk'ün öldüğü mekân olarak mal edilmesi, Atatürk'ün cenaze tören(ler)inin geleneksel Osmanlı değil Batılı âdetlere dayandırılması ve Anıtkabir'in, zaman dışı addedilen yerli ya da folklorik geleneklerin yanı sıra, Türkiye'nin Osmanlı geçmişini es geçerek daha eski Selçuklu, Hitit ve Helen dönemlerinden yararlanılması; bunların hepsi Osmanlı İmparatorluğu'nu unutmanın örnekleridir.

Bir uçta Atatürk'ün Dolmabahçe Sarayı'ndaki yatak odası, ulustan ziyade insan Atatürk'ü temsil ederken diğer uçta Atatürk'ün Anıtkabir mozolesi, insandan ziyade ulusu temsil etmektedir. Bu iki uç arasındaki basamakların temsili ve siyasileştirilmesi –geçici kabirler, katafalklar ve Atatürk'ün naaşının birinden diğerine nakilleri– tedricen bir uçtan diğerine, insan Atatürk'ü temsil eden daha kişisel bir ifadeden ulus Atatürk'ü temsil eden daha kamusal bir ifadeye doğru değişmektedir. Son olarak, Atatürk'ün mezar mimarisinde temsil edilen ve siyasileştirilen bu anılar, akabinde, zamanla değişen koşullara göre muhafaza edilmiştir.

Dolmabahçe Sarayı'ndaki yatak odası Atatürk orada ölmüş olduğu için, önceden planlanmaksızın, kazara bir mezar mekânı haline gelmiştir. Bu özel yerin Türk milletinin kolektif zihninde (psişesinde) özdeşleştiği bellek, eski bir Osmanlı sarayından "Atatürk'ün öldüğü yer"e doğru geri döndürülemez bir biçimde ebediyen değişmiştir. Boyutları açısından oldukça evsel sayılabilecek bu mekân bir abide olarak değil anıt şeklinde sınıflandırılabilir, çünkü ziyaretçisine Atatürk'ün yaşamını değil ölümünü hatırlatmaktadır. Dolmabahçe katafalkı, mezar mimarisi dizisinin ilk tasarlanmış mekânıydı. Bu katafalkın Dolmabahçe Sarayı'nın Muayede Salonu'ndaki yeri Atatürk'ü eski Osmanlı sultanlarıyla eşitliyordu; bu tasarımla beraber ortaya çıkan cenaze merasimi simgeselliği takip eden tasarımların ve nakil koşullarının çoğunda devam ediyordu. Dolmabahçe katafalkı deneyimi kapalı bir iç mekânda gerçekleşen samimi bir olaydı ve bu durum onun anıt olma niteliklerini kuvvetlendiriyordu.

Atatürk'ün naaşının Ankara'ya nakli, tabutun İstanbul ve Ankara caddelerinde ve aynı zamanda bu iki şehir arasındaki kasabalarda dikkat cezbeden hareketli bir nesne haline geldiği yer değiştirme serisinin ilkiydi. Tabut İstanbul caddelerinde, sanki Atatürk'ün Mayıs 1919'da Samsun'a hareketini tekrarlamak ve Ankara caddelerinde de (ki çok geçmeden Türkiye'nin başkenti olacaktı) varışını yeniden canlandırmak amacıyla taşınmıştı. Bu taşıma işlemleri devletin gerçekleştirdiği muhteşem geçit törenleriydi ve böylece devlet Atatürk'ün temsilleri üzerindeki kontrolünü ulusal bazda tekelleştiriyordu. Sıralamaya bakıldığında, Alman mimar Bruno Taut tarafından Atatürk'ün resmi devlet cenazesi için tasarlanan katafalk, gerçekten kullanım amacına göre tasarlanmış ilk mezar yapısıydı. Katafalkın bir camiden ziyade TBMM binasının önündeki yeri, Atatürk'ün cenaze törenini "Doğulu"dan ziyade "Batılı" geleneğin içerisine kesin bir biçimde konumlandırmıştı. Katafalkın simgeselliği Kemalizmin altı payandasının temsilini devam ettirmişti; bu temsillerin siyasileştirilmesi Atatürk'ün bellekleştirilmesinden giderek uzaklaşıp Atatürk'ün ve Türk ulusunun abideviletirilmesine doğru ilerlemeye başlıyordu. Atatürk'ün naaşının Ankara Etnografya Müzesi'ndeki geçici kabrine nakli cenaze töreniyle defin arasındaki geçiş anıydı. Nakil için yapılan geçit töreni, gösteriyi birey olarak Atatürk'ün hatırlanmasına hizmet eden bir anıttan tıpkı Türk ulusu gibi etkileyici ve dayanıklı olma işlevi görecek bir abideye doğru kaydırıyordu.

Etnografya Müzesi'ndeki geçici kabir anlatıyı "kendine mal etme" kategorisine geri döndürüyordu; çünkü müze, her ne kadar duvarları içinde toplanmış olan objeleri bağlamsızlaştırmak için tasarlanmış olsa da, özellikle daimi bir istirahatgâh ya da Atatürk'ün mezarı olarak tasarlanmamıştı. Öte yandan, Türkiye Cumhuriyeti Atatürk'ün naaşını Etnografya Müzesi'ne koymak suretiyle kurucusunu ve yaratıcısını, kasten olmasa da, müzenin sergilerinden biri olarak teşhir etmişti.

Atatürk'ün mozolesi Anıtkabir, Atatürk'e dair mezar mimarisi anlatısını, hem gerçek hem de mecazi anlamda Ankara'nın ve Türk ulusunun kalbinde yer alan abidevi bir tasarımla neticelendirmişti. Değerlendirmeye sunulan birçok proje önerisi, Alman mimar Paul Bonatz başkanlığındaki jüri nezdinde ya "Batılı" düz çizgisel biçimleri ya da "Doğulu/Türk/İslami" yuvarlanmış-sivri uçlu biçimleri çağrıştırıyordu; jüri ise bunlardan ilkini tercih ediyordu. Anıtkabir yarışmasının sonuçları açıklandığında, kendi içinde baştanbaşa siyasi olan bu kararlar Türkiye'nin hem içinde hem de dışında daha da siyasileştirilmişti. Yarışmanın galibi ve akabinde de inşa edilen abide, bir akropolisin tepesindeki soyut bir Helen tapınağını andırır; öncelikli işlevlerinden birinin Türkiye'yi ve Türk ulusunu temsil etmek olduğu hesaba katıldığında, bu ironik bir durumdur.

Atatürk'ün naaşının Etnografya Müzesi'nden Anıtkabir'e nakli kutlama havasında, 15 sene önceki acıdan artık besbelli uzakta ve geleceğe dönük iyimserlikle dolu bir şenlik gibiydi. Atatürk'ün naaşı tamamlanan Anıtkabir'e artık kesinkes yerleştirildikten sonra, Atatürk'ün ölümünden 15 yıl sonra Türk toplumunun psişesinde anlaşılır bir kapanış gerçekleşmişti. Başka bir düzeyde ise, Anıtkabir'in heykelleri, kabartmaları ve süslemelerinin oluşturduğu deneyim, orayı ziyaret eden herkese Türkiye Cumhuriyeti'nin tarihini aktarıyor (ve bellek inşa ediyor), gelecek nesilleri algılanmış bir ebedilik konusunda eğitiyordu. Ancak, bu tarih tarafsız tarihçiler tarafından nesnel biçimde yazılmış bir tarih değildi. Aksine, Türkiye'de iktidarı ellerinde tutanlar tarafından kıymetli görülen, tasdik edilen ve izin verilen bir tarihti. Daha fiziksel bir açıdan ise, Anıtkabir imgesi ya da şekli bir tür ikon haline geldi. Anıtkabir silueti, bilhassa da şeref holününki, Türk kültürüne aşina herkes tarafından, Atatürk'ün hem faniliğinin hem de ölümsüzlüğünün temsilcisi olarak hemen tanınır. Başka bir deyişle, Atatürk ölmüş olabilir, ama o ve onun ruhu laik ve demokratik Türkiye Cumhuriyeti'nde yaşamaya devam etmektedir. Anıtkabir'in muazzam büyüklüğü ve heybetli boyutları işte bu "yaşamdan daha büyük olma" ifadesini vurgular; bunun neticesinde, kelimenin gerçek anlamıyla abidevilik tanımına uyan çok büyük ölçekli bir inşaat projesi ortaya çıkmıştır.

Atatürk'ün naaşı Anıtkabir'e defnedildikten sonra, hem bu abide hem de Dolmabahçe Sarayı'ndaki yatak odası –anlatıdaki yegâne kalıcı yapılar– yaratıcılarının en baştaki niyetlerini ideolojik olarak korumaları için fiziksel olarak idame ettirilmişse de, çelişkili bir biçimde, söz konusu niyetleri yeni meydan okumalar ve durumlara cevaben yeni temsil ve/veya anlamlarla güncellemektedir. Dolmabahçe Sarayı, Türkiye Cumhuriyeti kurulduktan kısa bir süre sonra resmi olarak müze haline gelmiş ise de 1980'li yıllara kadar halka düzenli bir biçimde açılmamıştı; 1980'ler Türkiye'de bir liberalleştirme dönemiydi ve belki de Atatürk'ün ölümünün bu fiziksel hatırlatıcısına ihtiyaç duyuyordu. Buna karşılık, Atatürk mozolesi yarışma programındaki maddelerde de görüldüğü gibi, en başından itibaren bir müze olarak ya da bir müze bileşenine sahip şekilde planlanmıştı. En baştan itibaren, Anıtkabir'in işlevi Atatürk fikrini ve onun inkılaplarını üç boyutlu bir fiziksel yapıda sabitlemek ya da dondurmaktı. Anıtkabir 1953'te açılır açılmaz, sadece Atatürk'le değil, Türk ulusuyla da ilişkili anma törenlerinin mekânı haline geldi. Anıtkabir özel (ziyaretçi) defterine yazı yazma ve anma çelenkleri bırakma, yetişkinlerin şikâyetlerini dile getirmek ve çocukların Atatürk'e saygılarını sunmak için yaptıkları ziyaretler ve sanki hâlâ hayattaymış gibi Türk halkından kimselerin Atatürk'e yazdıkları mektuplar gibi ritüeller, bu formalitelerin fiziksel belirtileridir.

Değişiklikler açısından, Dolmabahçe'deki yatak odasından fiziksel olarak çok fazla bir şey çıkarılmadı; çıkarmalar daha ziyade, yatak odasının çalışma odası ve tuvalet-banyoya nazaran çok daha fazla vurgulanması yoluyla gerçekleşti. Öte yandan, yıllar içinde Anıtkabir pek çok çıkarma işlemine maruz kaldı; bunların en önemlisi, Onat ve Arda'nın yarışma projesindeki çatı katının çıkarılmasıydı. Orijinal projede bu öğe abidenin üstünde şeref holünün yüksekliği kadar bir çıkıntı yapıyordu ama mali ve yapısal nedenlerle çıkarıldı. Bununla birlikte bu çıkarma işleminin, mimarlarının arzu ettiği gibi abidenin antik döneme ait klasik bir tapınağa benzemesine faydası oldu. Anıtkabir'e dair bu kitapta ayrıntılandırılmış diğer çıkarma ve ekleme işlemleri, özellikle de abidenin Türk Ordusu tarafından idaresi, abidenin sanki her zaman öyleymiş gibi temsil edilmesine çalışmıştır.

Temsil etmenin bir şeyi yeniden sunmak anlamına geldiği akılda tutulursa, söz konusu şeyin –bu bir nesne ya da fikir olabilir– orijinal haliyle yeniden sunumu arasında daima bir fark ya da açıklık vardır. Mustafa Kemal Atatürk'ün mezar mimarisi örneğinde, bu açıklık Atatürk'ün fiziksel yokluğundan daha ötededir. İster gerçek isterse de algılanmış olsun, bu yokluk bazen de ideolojik bir yokluktur. Sonuç itibarıyla, Mustafa Kemal Atatürk'ün mezar mimarisi hakkında bu kitapta sunulan anlatı, Türk ulusal kimliğinin ve belleğinin temsiliyle ilgili çok daha büyük bir yapbozun aslında sadece bir parçasıdır; bu temsilin izleri Atatürk'ün hayattayken kullandığı mimaride, Atatürk'e dair üretilmiş ve üretilmeye devam eden sayısız fotoğraf, heykel ve resimde de sürülebilir. Böyle "yüksek sanat" heveslerinin uzağında, Atatürk'ün, daha gündelik hayata ait eşyalarda –örneğin banknotlar, pullar, piyango biletleri, masa takvimleri, tampon çıkartmaları, kalemler, mektup açacakları, kitap ayraçları, kolyeler, bilezikler, yaka iğneleri, çakmaklar, anahtarlıklar, tişörtler, kahve kupaları, hediyelik kaşıklar ve hatta buzdolabı mıknatıslarında– temsil edilmesi, Atatürk'ün ya da en azından onun temsilinin, Türkiye'de sapasağlam ayakta olduğunun göstergesidir.[1] Hiç şüphesiz, Atatürk'ün imgesi, imzası ve meşhur özdeyişlerinin herhangi bir birleşimini (doğrudan veya dolaylı olarak) çağırmak, günümüz Türkiye toplumunun, Atatürk ve onun büyük başarılarına dair belleği gelecek nesiller için ayakta tutarken başvurduğu birincil yoldur.

---

1 Çok daha uzun bir eşya listesi için bkz. <http://www.krt.com.tr/mgd_web/_mgd.htm> (erişim tarihi 5 Haziran 2012). MGD Atatürk'ün bir lakabı olarak kullanılan "mavi gözlü dev"in kısaltmasıdır.

Kaynakça

Adler, T.P. "Pinter's Night: A Stroll Down Memory Lane." *Modern Drama* 17, no. 4 (1974): 461-5.

Ahmad, F. *The Making of Modern Turkey*. Londra: Routledge, 1993.

Aiken, L. *Dying, Death and Bereavement*. Boston: Allyn and Bacon, 1991.

Akkuş, A. "An Anzac Day Commemoration." *Turkish Daily News*, 21 Nisan 2007, 7.

Aksan, A., der. *Quotations from Mustafa Kemal Atatürk*, İngilizceye çev. Y. Öz. Ankara: Dışişleri Bakanlığı, 1982.

Alsaç, Ü. "The Second Period of National Architecture." *Modern Turkish Architecture* içinde, yay. haz. Renata Holod ve Ahmet Evin. Philadelphia: University of Pennsylvania Press, 1984.

Altar, C. M. "Batı Dünyasından Ünlü Mimarlardan Hans Poelzig, Brauhaus de Groot ve Bruno Taut Vaktiyle." *Atatürk Araştırma Merkezi Dergisi* X, no. 28 (1994): 71-6.

Anderson, B. *Imagined Communities: Reflections on the Origin and Spread of Nationalism*. Londra: Verso, 1983.

Anıtkabir Derneği. *Anıtkabir Özel Defteri (1953'ten Günümüze Anıtkabir'i Ziyaret Eden Yerli ve Yabancı Heyet Başkalarının Atatürk Hakkındaki Duygu ve Düşünceleri)*, cilt 20. Ankara: Anıtkabir Derneği Yayınları, 2001.

Arda, O. "Anıt-Kabir." *Mimarlık ve Sanat* 4-5 (1961): 154-9.

Arıburnu, K. *Milli Mücadele ve İnkılâplarla ilgili Kanunlar: Esbabı Mucibeleri ve Meclis Görüşmeleriyle*. Cilt 1. İstanbul: Güzel İstanbul Yayınevi, 1957.

Arseven, C.E. Türk Sanatı. İstanbul: Akşam, 1928.

——— *Türk Sanatı Tarihi: Menşeinden Bugüne Kadar, Mimari, Heykel, Resim, Süsleme ve Tezyini Sanatlar*. İstanbul: Milli Eğitim Basımevi, 1955.

Atatürk Anıt-Kabir Proje Müsabakası Hakkında Jüri Raporu. Ankara: Başbakanlık Devlet Basımevi, 1942.

Bardakçı, M. 2007. "İnönü Köşk'e Çıktı Ata Heykeli İndi." *Sabah*, 28 Ocak 2007: 18.

Bartlett, F.C. *Remembering: A Study in Experimental and Social Psychology*. Cambridge: Cambridge University Press, 1961 [1932].

Batur, A., der. *Thinking for Atatürk. Two Works: Catafalque and Anıtkabir, Two Architects: Bruno Taut and Emin Onat*. İstanbul: Milli Reassurans Art Gallery (sergi küratörü Amelie Edgü): 1997

Ben-Amos, A. ve Ben-Ari, E. "Resonance and Reverberation: Ritual and Bureaucracy in the State Funerals of the French Third Republic." *Theory and Society* 24, no. 2 (1995): 163-91.

Berger, J. *About Looking.* New York: Vintage International, 1991.

Berger, P.L. ve T. Luckmann. *The Social Construction of Reality: A Treatise in the Sociology of Knowledge.* Garden City, NY: Anchor Books, 1966.

Bergson, H. *Mind-Energy,* çev. H.W. Carr. New York: Henry Holt and Co, 1920.

Berkes, N. *The Development of Secularism in Turkey.* Montreal: McGill University Press, 1964.

Bertram, C. "Housing the Symbolic Universe in Early Republican Turkey: Architecture, Memory and 'the Felt Real.'" *Memory and Architecture* içinde, der. E. Bastéa, 165-90. Albuquerque: University of New Mexico Press: 2004.

Bertram, C. *Imagining the Turkish House: Collective Visions of Home.* Austin: University of Texas Press, 2008.

Boran, T., yönetmen. *906 Rakımlı Tepe* (film), Ankara: Ankara Emniyet Genel Müdürlüğü Haberleşme Daire Başkanlığı Radyo Tv ve Foto Film Şube Müdürlüğü, 2003.

Bozdoğan, S. *Modernism and Nation Building: Turkish Architectural Culture in the Early Republic.* Seattle: University of Washington Press, 2001.

Çağlar, B.K. *Dolmabahçeden Anıt-Kabire. Atatürk Kitaplığı Dizisi* No. 19. İstanbul: Sel Yayınları, 1955.

——— *Bugünün Diliyle Atatürk'ün Söylevleri.* Türk Dil Kurumu Yayınları no. 277. Ankara: Ankara Üniversitesi Yayınları, 1968.

Claflen, G. "Framing Independence Hall: Resisting Purification Through Urban Design." *Places* 13, no. 3 (2000): 60-69.

Colvin, H. *Architecture and the After-Life.* New Haven: Yale University Press, 1991.

Connerton, P. *How Societies Remember.* Cambridge: Cambridge University Press, 1989.

Cross, T.M. ve Leiser, G. *A Brief History of Ankara.* Vacaville, CA: Indian Ford Press, 2000.

Çuha, N. *T. C. Başbakanlık Sosyal Hizmetler ve Çocuk Esirgeme Kurumu Genel Müdürlüğü ve Etnoğrafya Müzesi Binaları: Restitütif Bir Yaklaşım.* Ankara: kendi basımı: 1989(?) (yazarın doktora tezine [*A Restitutive Approach to the Architect A.H. Koyunoğlu's Public Buildings in Ankara*, Orta Doğu Teknik Üniversitesi, 1989] dayanmaktadır.)

Curl, J.S. *A Celebration of Death: An Introduction to Some of the Buildings, Monuments, and Settings of Funerary Architecture in the Western European Tradition.* New York: Scribner, 1980.

Curtis, W.J.R. *Modern Architecture since 1900.* Londra: Phaidon, 1997.

Danto, A. "The Vietnam Veterans Memorial." *The Nation* 241, no. 5 (1985): 152-5.

Delaney, C. "The Hajj: Sacred and Secular." *American Ethnologist* 17, no.3 (1990): 513-30.

Demir, A., der. Mimar Sinan Üniversitesi Anıt-Kabir Yarışma Projeleri Sergisi. İstanbul: Mimar Sinan Üniversitesi Yayınevi, 1984.

Doss, E. *Memorial Mania: Public Feeling in America.* Chicago: University of Chicago Press, 2010.

Eldem, E., küratör. *Death in Istanbul: Death and Its Rituals in Ottoman-Islamic Culture* [sergi kataloğu]. İstanbul: Osmanlı Bankası Arşiv ve Araştırma Merkezi, 2005.

Eldem, S.H. "Yerli Mimariye Doğru." *Arkitekt* 3-4 (1940): 69-74.

――― *Türk Evi Plan Tipleri.* İstanbul: İstanbul Teknik Üniversitesi, 1954.

――― Türk Evi: Osmanlı Dönemi / Turkish Houses: Ottoman Period. İstanbul: Türkiye Anıt Çevre Turizm Değerlerini Koruma Vakfı, 1986.

Ergut, E.A. 2001. "Zeki Sayar." *Mimarlık*, 300, 14.

Ergut, T.E. "The Forming of the National in Architecture." *Journal of the METU Faculty of Architecture* 19, no. 1-2 (1999): 31-43.

Erikson, E.H. *Identity and the Life Cycle.* New York: Norton, 1959.

Ertuğ, Z.T. *Ascending the Throne and 16th Century Ottoman Funeral Ceremonies.* Ankara: Turkish Ministry of Culture, 1993.

Evliyagil, N. *Atatürk and Anıtkabir*, çev. Ellen Yazar. Ankara: Ajans-Türk, 1989.

Firth, R. *Symbols: Public and Private.* Ithaca: Cornell University Press, 1973.

Foucault, M. *The Archaeology of Knowledge.* Londra: Routledge, 1972 (A.M. Sheridan Smith'in *L'archeologie du savoir*'dan çevirisi, 1969).

Freud, S. *The Interpretation of Dreams.* New York: Macmillan, 1913 [1900] (A.A. Brill'in Almanca üçüncü baskısının çevirisi).

Geertz, C. *The Interpretation of Cultures.* New York: Basic Books, 1973.

Gillis, J.R., der. *Commemorations: the Politics of National Identity.* Princeton: Princeton University Press, 1994.

Goodwin, G. "Gardens of the Dead in Ottoman Times." *Muqarnas* 5 (1988): 61-9.

Greenfeld, L. *Nationalism: Five Roads to Modernity.* Cambridge, MA: Harvard University Press, 1992.

Grossberg, L. "Identity and Cultural Studies: Is That All There Is?" *Questions of Cultural Identity* içinde, derleyen S. Hall ve P. du Gay, 87-107. Londra: Sage, 1996.

Gülekli, N.C. *Anıtkabir Rehberi.* Ankara: Kültür Bakanlığı Yayınları, 1981.

Güler, A. "Atatürk'ün Ölümü, Cenaze Töreni ve Defin İşlemi." *Silahlı Kuvvetler Dergisi* 119 no. 366 (2000): 62-72.

Gülersoy, Ç. *Dolmabahçe Sarayı* [*Dolmabahçe Palace*]. İngilizceye çev. Charles E. Adelson. İstanbul: Apa Ofset, 1967.

Gür, F. "Atatürk Heykelleri ve Türkiye'de Resmi Tarihin Görselleşmesi." *Toplum ve Bilim* 90 (Güz 2001): 147-66.

Güreyman, S. "Anıt Kabir." *Mimarlık* 1-6 (1953): 2-11, 79.

Güven, S. "Displaying the *Res Gestae* of Augustus: A Monument of Imperial Image for All." *The Journal of the Society of Architectural Historians* 57, no. 1 (1998): 30-45.

Güzer, C. A. "TBMM Yarışması Üzerine Notlar," *Bir Başkentin Oluşumu: Ankara 1923-1950* içinde, 90-93. Ankara: Türkiye Mimarlar Odası, 1994.

Halbwachs, M. *On Collective Memory.* Chicago: University of Chicago, 1992 (Lewis A. Coser'in *Les Cadres sociaux de la mémoire*'dan çevirisi, 1925).

Hall, S. 1996. "Introduction: Who Needs 'Identity'?" *Questions of Cultural Identity* içinde, der. S. Hall ve P. du Gay, 1-17. Londra: Sage, 1996.

Hart, K. "Images and Aftermaths: The Use and Contextualization of Atatürk Imagery in Political Debates in Turkey," *Political and Legal Anthropology* 22, no. 1 (1999): 66-84.

Hetherington, K. *Expressions of Identity: Space, Performance, Politics.* Londra: Sage, 1998.

Hollier, D. "Architectural Metaphors." *Against Architecture: The Writings of Georges Bataille* içinde, çev. Betsy Wing, 31-6. Cambridge, MA: MIT Press: 1992.

Hobsbawm, E. "The Social Function of the Past: Some Questions." *Past and Present* 55 (1972): 3-17.

―――― *Nations and Nationalism since 1780: Programme, Myth, Reality.* Cambridge: Cambridge University Press, 1990.

Hobsbawm, E. ve Ranger, T., der. *The Invention of Tradition.* Cambridge: Cambridge University Press, 1983.

Hutchinson, J. *Modern Nationalism.* Londra: Fontana, 1994.

Impey, E. ve Parnell, G. *The Tower of London: The Official Illustrated History,* Londra: Merrell Publishers, 2000.

Impey, O. ve MacGregor, A., der. *The Origins of Museums: The Cabinets of Curiosities in Sixteenth- and Seventeenth-Century Europe.* Londra: British Museum Publications Ltd, 2000.

Institut Français d'Architecture. *Les frères Perret. L'oeuvre complète. Les archives d'Auguste Perret (1874-1954) et Gustave Perret (1876-1952) architects entrepreneurs.* Paris: Éditions Norma, 2000.

de Jaucourt, L.C. "Tombeau." *Encyclopédie ou dictionnaire raisonné des sciences, des arts et des metiers* içinde, cilt 16, 398. Stuttgart: Friedrich Fromann Verlag, 1967 [1765].

Kantorowicz, E.H. *The King's Two Bodies: A Study in Medieval Political Theology.* Princeton: Princeton University Press, 1957.

Karal, E.Z. *Atatürk'ten Düşünceler.* Ankara: Türk Tarih Kurumu, 1956.

Keane, J. "More Theses on the Philosophy of History," *Meaning and Context* içinde, der. James Tully, 204-17. Cambridge: Polity Press, 1988.

Keister, D. *Stories in Stone: The Complete Guide to Cemetery Symbolism.* Layton, UT: Gibbs Smith, 2004.

Kezer, Z. "Familiar Things in Strange Places: Ankara's Ethnographic Museum and the Legacy of Islam in Republican Turkey." *Perspectives in Vernacular Architecture 8: People, Power, Places* (2000): 101-16.

King, L. *The Science of Psychology: An Appreciative View.* New York: McGraw-Hill, 2007.

Klein, K.L. "On the Emergence of Memory in Historical Discourse." *Representations* 69 (2000): 127-50.

Kohn, H. *The Idea of Nationalism: A Study of its Origins and Background*. New York: Macmillan, 1944.

Kortan, E. 2007. "Anıtkabir Projesi Üzerine Düşünceler ve Bir Öneri." *Mimarlık* 335 (2007): 61-5.

Koshar, R. *From Monuments to Traces: Artifacts of German Memory*. Los Angeles: University of California Press, 2000.

Kushner, D. *The Rise of Turkish Nationalism, 1876-1908*. Londra: Cass Publishers, 1977.

Kutay, C. *Atatürk'ün Son Günleri*. İstanbul: Boğaziçi Yayınları, 1981.

Leisten, T. "Between Orthodoxy and Exegesis: Some Aspects of Attitudes in the Shari'a toward Funerary Architecture." *Muqarnas* 7 (1990): 12-22.

Mango, A.J. "Atatürk, Gazi Mustafa Kemal (1881-1938)." *İslam Ansiklopedisi* [1946 basımındaki maddenin çevirisi, haz. Iğdemir vd], Ankara: Türkiye UNESCO Ulusal Komisyonu, 1963.

Mannheim, K. "The Problem of Generations." *Essays on the Sociology of Knowledge* içinde, der. P. Kecskemeti, 276-322. Londra: Routledge, 1952 [1928].

Mayor of London. *Revised Supplementary Planning Guidance: London View Management Framework*, London: Greater London Authority, 2010.

Meeker, M.E. 1997. "Once There Was, Once There Wasn't: National Monuments and Interpersonal Exchange." *Rethinking Modernity and National Identity in Turkey* içinde, der. Sibel Bozdoğan ve Reşat Kasaba, 157-91. Seattle: University of Washington Press, 1997.

Melzig, H., der. *Atatürk'ün Başlıca Nutukları 1920-1938*, İstanbul: Ülkü Matbaası, 1942.

Merridale, C. *Night of Stone: Death and Memory in Russia*. Londra: Penguin, 2000.

Middleton, D. ve Edwards, D., der. *Collective Remembering*. Londra: Sage, 1990.

"Milli Savunma Bakanlığı Devlet Mezarlığı Mimari Proje Yarışması." *Mimar* 1 (1984): 36-45.

Misztal, B. A. *Theories of Social Remembering*. Maidenhead: Open University, 2003.

Muhtar, R. 2006. "Atatürk'ün Hayatındaki '19'ların Sırrı," *Vatan*, 10 Kasım 2006: 6.

Mumford, L. *The Culture of Cities*. New York: Harcourt, Brace and Company, 1938.

Navaro-Yashin, Y. *Faces of the State: Secularism and Public Life in Turkey*. Princeton: Princeton University Press, 2002.

Nicolai, B. "Bruno Taut's Reforms at the Academy of Arts: Opening the Path to a New Architecture for Turkey." *Thinking for Atatürk. Two Works: Catafalque and Anıtkabir, Two Architects: Bruno Taut and Emin Onat* içinde, der. Afife Batur, 43-5. İstanbul: Milli Reassurans Art Gallery, 1997.

Nora, P., der. *Realms of Memory: Rethinking the French Past*, çev. Arthur Goldhammer. New York: Columbia University Press, 1996.

Ökten, N. "An Endless Death, An Eternal Mourning: 10 November in Turkey." *The Politics of Public Memory in Turkey* içinde, der. Esra Özyürek, 95-113. Syracuse: Syracuse University Press, 2007.

Önder, M. *Atatürk Evleri, Atatürk Müzeleri*. Ankara: Atatürk Kültür, Dil ve Tarih Yüksek Kurumu, Atatürk Araştırma Merkezi, 1970.

Özcan, N. "Atatürkçülük Bir Yaşam Biçimdir." Silahlı *Kuvvetler Dergisi* 118, no. 362 (1999): 76-7.

Özel, M. "Etnoğrafya Müzesi." *Türkiyemiz* 4, no. 11 (1973): 21-9.

Özyürek, E. "Miniaturizing Atatürk: Privatization of State Imagery and Ideology in Turkey." *American Ethnologist* 31, no. 3 (2004): 374-91.

Pallasmaa, J. *The Eyes of the Skin: Architecture and the Senses*. West Sussex: John Wiley & Sons, 1996.

Papadakis, Y. "Nation, Narrative and Commemoration: Political Ritual in Divided Cyprus." *History and Anthropology* 14, no. 3 (2003): 253-70.

Petzold, H. *Zur Ausschmuckung des Ehrenhofs und des Kongreßsaals des Deutschen Museums, 1928 bis 1958*, Münih: Deutsches Museum, 2008.

Piacentini, M. "Vittorie dell'Architettura Italiana all'Estro: Il Concorso Internazionale pel Monumento all'Ataturk Kemal Pascià ad Ankara," *Architettura: Rassegna di Architettura* 21, no. 11 (1942): 347-67.

Pickering, M. *Stereotyping: The Politics of Representation*. Hampshire: Palgrave, 2001.

Rabasa, A. ve Larrabee, F.S. *The Rise of Political Islam in Turkey*. Santa Monica: Rand Corporation, 2008.

Radley, A. "Artefacts, Memory and a Sense of the Past." *Collective Remembering* içinde, der. D. Middleton ve D. Edwards, 46-59. Londra: Sage, 1990.

Ragon, M. *The Space of Death: A Study of Funerary Architecture, Decoration, and Urbanism*. Charlottesville: University of Virginia Press, 1983.

Renan, E. "What is a Nation?" *Nation and Narration* içinde, derleyen Homi K. Bhaba, 8-21. Londra: Routledge, 1990 [Sorbonne'da 11 Mart 1882'de verilen *"Qu'est-ce qu'une nation?"* başlıklı dersin Martin Thom tarafından çevirisi].

Riegl, A. "The Modern Cult of Monuments: Its Character and Its Origin." Çeviren Kurt Forster ve Diane Ghirardo. *Oppositions* no. 25 (1982): 20-51.

Rowlands, M. "Remembering to Forget: Sublimation as Sacrifice in War Memorials." *The Art of Forgetting* içinde, der. Adrian Forty ve Susanne Küchler, 129-45. Oxford: Berg Publishers, 2001.

Rugg, J. 2000. "Defining the Place of Burial: What Makes a Cemetery a Cemetery?" *Mortality* 5, no. 3 (2000): 259-75.

Sak, S. ve Basa, I. "The Role of the Train Station in the Image Formation of Early Republican Ankara." *Journal of Urban History* 38, no. 4 (2012): 777-802.

Sargın, G. A. "Displaced Memories, or The Architecture of Forgetting and Remembrance." *Environment and Planning D: Society and Space* 22, no. 5 (2004): 659-80.

Savage, K. *Monument Wars: Washington, D.C., the National Mall, and the Transformation of the Memorial Landscape.* Los Angeles: University of California Press, 2011.

Sayar, Z. "Anıtkabir Müsabakası Münasebetiyle." *Arkitekt* 1-2 (1943a): 1-21.

——— "Anıt-Kabir Müsabakası Projeleri." *Arkitekt* 3-4 (1943b): 59-66.

——— "Anıt-Kabir Proje Müsabakası." *Arkitekt* 5-6 (1943c): 106.

Saydam, S. "Atamızın Ölümsüzlüğünün Simgesi: Anıtkabir." *Bütün Dünya* 7, no. 84 (2005): 35-9.

Schwartz, B. "The Social Context of Commemoration: A Study in Collective Memory." *Social Forces* 61, no. 2 (1982): 374-402.

Shaw, W.M.K. *Possessors and Possessed: Museums, Archaeology, and the Visualization of History in the Late Ottoman Empire.* Berkeley: University of California Press, 2003.

Skorupski, J. *Symbol and Theory: A Philosophical Study of Theories of Religion in Social Anthropology.* Cambridge: Cambridge University Press, 1976.

Smith, A. D. *National Identity.* Londra: Penguin, 1991.

Smith, W. *A Dictionary of Greek and Roman Antiquities.* Londra: John Murray, 1875.

Stephenson, J.S. 1994. "Grief and Mourning." *Death and Identity* içinde, derleyen Robert Fulton ve Robert Bendiksen, 136-76. Philadelphia: The Charles Press 1994.

Tankut, G. "The First Attempt at Comprehensive City Planning in the Atatürk Period: Ankara." *Turkish Public Administration Annual* 8 (1981):163-73.

Tansuğ, S. "Ankara Etnoğrafya Müzesi." *Atatürk Araştırma Merkezi Dergisi* VI, no. 18 (1990): 659-63.

Taut, B. *Mimari Bilgisi.* İstanbul: Güzel San'atlar Akademisi, 1938.

Taylak, M. Etnoğrafya'dan Anıtkabir'e: Atatürk'ün Aziz Naaşı'nın Etnoğrafya *Müzesi'nden Anıtkabir'e Nakli.* Ankara: Şekerbank Kültür Yayınları, no. 7 (tarih verilmemekle birlikte, kapağın içindeki Türkiye Cumhuriyeti'nin 75. Yılı logosundan basım yılının 1998 olduğu tahmin edilebilir).

TC Genel Kurmay Başkanlığı. *Anıtkabir Tarihçesi.* Ankara: Genel Kurmay Başkanlığı, 1994.

Todorov, T. 2001. "The Uses and Abuses of Memory." *What Happens to History: The Renewal of Ethics in Contemporary Thought* içinde, der. Howard Marchitello, 11-22. New York: Routledge, 2001.

Trigger, B.G. "Monumental Architecture: A Thermodynamic Explanation of Symbolic Behaviour," *World Archaeology* 22, no. 2 (1990): 119-32.

Ülkütaşır, M.S. *Cumhuriyet'le Birlikte Türkiye'de Folklor ve Etnografya Çalışmaları.* Ankara: Başbakanlık Basımevi, 1972.

Volkan, V.D. *Linking Objects and Linking Phenomena: A Study of Forms, Symptoms, Metapsychology and Therapy of Complicated Mourning.* New York: International Universities Press, 1981.

Volkan, V.D. "Mourning and International Politics." *The Need to Have Enemies and Allies: From Clinical Practice to International Relationships* içinde, 165-85. Northvale, NJ: Jason Aronson, 1988.

Walter, T. *On Bereavement: The Culture of Grief.* Philadelphia: Open University Press, 1999.

Wertsch, J. *Voices of Collective Remembering.* Cambridge: Cambridge University Press, 2002.

Wilson, C.S. "Who Really Cares Where George Washington Slept?" *The Memory of Cities: The Engraving of History in Urban Spaces* içinde, der. Bernard Dieterle ve Yves Clavaron, 315-22. Saint-Etienne: Saint-Etienne University Press, 2003.

Wilson, P.J. *The Domestication of the Human Species.* New Haven: Yale University Press, 1988.

Wittek, P. *The Rise of the Ottoman Empire.* Londra: Royal Asiatic Society of Great Britain and Ireland, 1958.

Yalım, İ. 2001. "Ulus Square as a Representational Form of Collective Memory." Yüksek lisans tezi, Orta Doğu Teknik Üniversitesi, Mimarlık Bölümü, Ankara.

Yazman, A.T. *Atatürk'le Beraber: Devrimler— Olaylar— Anılar.* Ankara: Türkiye İş Bankası Kültür Yayınları, 1969.

Young, J.E. "The Biography of a Memorial Icon: Nathan Rapoport's Warsaw Ghetto Monument." *Representations* 26 (1989): 69-106.

——— "The Counter-Monument: Memory against Itself in Germany Today." *Critical Inquiry* 18, no. 2 (1992): 267-97.

——— *The Texture of Memory: Holocaust Memorials and Meaning.* New Haven: Yale University Press, 1993.

———, der. *The Art of Memory: Holocaust Memorials in History.* Münih: Prestel, 1994.

——— "Memory and Counter-Memory: The End of the Monument in Germany." *Harvard Design Magazine* 9 (1999): 4-13.

Zürcher, E.J. *Turkey: A Modern History.* Londra: I.B. Tauris, 1998.

Dizin

71 numaralı oda 41, 146 *Ayrıca bkz.* Dolmabahçe Sarayı yatak odası

A

Abdülhamid, II. 52
Abdülmecid 37, 39, 44
abide (tanım) 32-3
Akçay, Recai 95, 99, 102-3
Akozan, Feridun 95, 99, 106
Altındağ 90
altı ok 46, 103-4
Anadolu 19, 53-5, 77, 92, 101, 114, 140
Angkor Wat Kompleksi 15
Anıkabir 132, 135
anıt (tanım) 31
Anıtkabir
    anmalar 137-45
    aslanlı yol 113-4, 116, 118-9, 123, 125-6, 137, 143-4, 149, 151
    Barış Kulesi 122
    ekleme ve çıkarmalar 145-57
    İstiklal Kulesi 119-20
    mimari yarışma 92-110
    Misak-ı Milli Kulesi 119, 122
    şeref holü 82, 93, 114, 117, 119-20, 122-6, 132-4, 139-40, 144, 147-9, 151, 153-4, 162-3
    Zafer Kulesi 119
Anıtkabir Müzesi 97
anıt mezar 15-6

Ankara
    Kalesi 83, 89-90, 103, 119
    katafalkı 66, 128
    operası 95
    Ankara Palas 59, 62, 65, 69, 75, 83
    tren garı 48, 83, 136
Ankara Üniversitesi 61, 92, 111
    Dil ve Tarih-Coğrafya Fakültesi 61, 92
Architettura 96-7, 99-100, 170
Arda, Orhan 95-97, 105, 111-4, 116, 118, 120, 147-9, 155, 163
Arda, Ömer 155
Arık, Remzi Oğuz 78
Arkitekt 96-7, 99-110, 113, 117, 124
Aru, Kemal A. 95, 99, 102-3
Atadan, Makbule 66
Atamulu, Hakkı 122
Atatürk
    evleri 134
    heykelleri 20, 53, 118-9
    mezar mimarisi 16-7, 21, 24, 28, 30-1, 35, 37, 55, 60, 69, 86, 137, 160, 163
    Orman Çiftliği 19, 149 *Ayrıca bkz.* Gazi Orman Çiftliği
    portresi 18, 20, 85
    temsilleri 11, 18-21
    anmaları 43, 127, 157
Atatürkçüler 133
Atay, Falih Rıfkı 88, 90-1

Ateş, Necmi 100, 103-4, 114
Aydemir, Mustafa 20
Aydın, Mithat 88, 91

B

Balmumcu, Şevki 71, 95
Balyan ailesi 37
Bankalar Caddesi (Ankara) 70, 81, 83
Bardakçı, Murat 147
Barış Parkı 125, 132, 143, 148, 155-6
Bartlett, Frederic C. 25
Bayar, Celal 47, 65, 67, 85-6
Bediz, Rahmi 100, 104
bellek 13, 21, 28-31, 34-5, 127, 132, 160-2
   kodlaması 25-6
   kolektif bellek 13, 26-7, 31, 139
Belling, Rudolph 88, 122
Benar, Selim 100, 104-5
Berger, John 24-5
Bergson, Henri 27
Bestelmeyer, German 108-10
Beylerbeyi 130
Bilen, Mahmut 62
Bilgehan, Gülsüm 150
Birinci Dünya Savaşı 9, 53, 75, 84, 105-6, 136, 155
Birinci TBMM binası 58
Birinci Ulusal Mimarlık 75, 80, 98
Bonatz, Paul 71, 95, 97, 102, 110, 161
Boran, Tunç 71, 85, 150
Bozdoğan, Sibel 61, 101, 103, 110, 116
Budak, Muzaffer 116
Bush, George W. 144

C

Canıtez, Refet 88

Cenaze Marşı 48, 53, 60, 70
cenaze törenleri
   Anıtkabir'e nakil 81-6
   Ankara katafalkından Etnografya Müzesine 70-3
   İstanbul'dan Ankara'ya nakil 48-52
   asker kullanımı 73
   masrafları 68
   yürüyüş hızları 71
Cimcoz, Salah 88, 90-1
Cross, Toni M. 123
Cumhuriyet Anıtı (Taksim Meydanı) 53

Ç

Çağıl, Münir 88
Çağlar, Behçet Kemal 40, 47-9, 55, 57, 69-70
Çankaya 60, 90-1, 112, 119
   Köşkü 119
   Tepesi 90-1
Çavuşoğlu, Muammer 95
Çelik Gülersoy 41
Çelik Palas Oteli 80

D

Danto, Arthur 34, 42, 79, 86
Devlet Mezarlığı 149
Dışişleri Bakanlığı binası 75
Dilemre, Saim Ali 88
Dolmabahçe Sarayı 9-11, 37-53, 65-9, 80, 124, 127-8, 130-1, 134, 137-8, 146-8, 152, 157, 160, 162
   eklektik üslubu 37
   isim 39
   katafalkı 43-8, 53-4, 62, 65, 128, 160-1
   Muayede Salonu 10-1, 37-8, 43-5, 47-8, 70, 147-8, 160

yatak odası 9, 11, 39, 41-3, 47-8, 91, 124, 127-8, 131-2, 138, 145-6, 160, 162
   saat 41
Doss, Erika 32, 34
Döllgast, Hans 108-9
Dumlupınar Meydan Muharebesi 69
Durkheim, Emile 26

E

Ecevit, Özgür 149
Egli, Ernst 98
Eker, İsmet 88
Eldem, Sedad Hakkı 40, 42, 47, 53, 61, 100-2, 106, 109-11
Elsaesser, Martin 61-2, 98
Emniyet Abidesi (Ankara) 53
Erke, Ülker 135
Erkin, Rükiye 136
Etnografya Müzesi 11-2, 52, 72, 75-84, 87, 91, 98, 124, 128-30, 139, 148, 153, 161-2
   Anıtkabir'e nakil 81-6
   geçici kabir 11, 75-80
Evren, Kenan 139
Extramücadele 132-3, 135

F

Fentress, James 25, 27, 29
Fevzi Çakmak 47, 67
Forty, Adrian 127
Foschini, Arnaldo 95-7, 105-6, 109, 111-2, 114
Foucault, Michel 32
Fransa 48, 53, 95, 97, 117, 120, 122, 139
Franzi, Gino 95, 99, 107
Freud, Sigmund 23, 127
Frigya medeniyeti 92

G

Galata Köprüsü 48, 50, 52
Gazi Orman Çiftliği 49, 87, 89
Geertz, Clifford 138
Gençliğe Hitabe 18, 87, 122
Gençlik Parkı 83, 89
Genelkurmay Başkanlığı 89, 91, 94, 122, 126, 151, 155-6
Gillis, John R. 25
Greenfeld, Liah 29
Grossberg, Lawrence 24
Gülhane Parkı 48, 50-3
   Atatürk heykeli 53
Güven, Ferit Celal 88, 90-91, 123
Güven, Suna 123

H

Hadrianus Mozolesi 15
Halbwachs, Maurice 26, 31
Halikarnas Mozolesi 16, 116
Handan, M. Ali 95, 99, 106, 145
Hart, Kimberly 21
Haussmann, Georges-Eugène 145
Haydarpaşa İstasyonu 53
Hindenburg, Paul von 105
Hitit medeniyeti 77, 92, 103, 118-9, 160
Hobsbawm, Eric 24, 27-8
Ho Chi Minh Mozolesi 17
Holtay, Arif Hikmet 95
Holzmeister, Clemens 59, 88, 90, 98, 104-5, 108, 119
Hutchinson, John 29
Hürriyet 19

İ

İkinci Dünya Savaşı 33-4, 68, 84-5, 97
   Ulusal Anıtı 34

İkinci Meclis binası 10, 59
İkinci Ulusal Mimarlık akımı 101-3, 110, 125
İnan, Afet 136
İnankur, Emin 91
İnönü, İsmet 47, 49, 55, 65, 67-8, 84-6, 147, 149, 154
    Anıtkabir'e defni 150, 152
İnönü Stadyumu 107
İstanbul 18-9, 37, 39-40, 45, 57, 60, 63, 66, 68, 71, 73-6, 82, 88, 97, 101, 107, 110-2, 122, 124, 130, 132-4, 136, 138, 140-2, 144, 147, 161
    Atatürk'ün İstanbul'a gömülmesi önerisi 51-2
    Atatürk'ün ölümü 10-1
    tabutun ziyarete açılması 46
    tabutun geçit töreni 47-55, 66
İstanbul Arkeoloji Müzesi 52
İstanbul Boğazı 39, 42, 45, 51, 53
İstasyon Caddesi (Ankara) 58, 60, 70
İstiklal Madalyası 48, 54, 60
İstiklal Marşı 18
İş Bankası 70, 75
İttihat ve Terakki Partisi 58
İzmir 18, 20, 53, 76, 134
İzmit 10, 48, 51, 53, 55, 57

J

Jansen, Hermann 87-8
John F. Kennedy Anıtı 17, 42

K

Kabatepe 89
Kamçıl, Demirtaş 100
Kansu, Mazhar Müfit 88
Kaplan, Rasih 88, 140

katafalk 10-1, 15, 43-6, 59, 61-9, 124, 161
    Ankara katafalkı 66, 128
    Dolmabahçe katafalkı 43-8, 53-4, 62, 65, 128, 160-1
Kayadelen, Hayri 116
Keane, John 139
Kemalettin Bey 59, 75
Kemalizm 45-6, 65-8, 80, 104, 133, 148, 161
kenotaf mezar 15
kimlik 20-1, 23-31, 34-5, 40, 75, 78, 94, 102-5, 107, 109, 111, 138-9
    ulusal kimlik 13, 29, 30, 34-5, 94, 126-7, 132, 139
Koman, İlhan 120
Kore Savaşı 84, 154
Koyunoğlu, Arif Hikmet 75
Kozanoğlu, Ziya 102
Krippel, Heinrich 52-3
Krüger, Johannes 95-7, 105-6, 110-2, 114
Kurtuluş Savaşı 20, 46, 47, 50, 52-4, 58, 68-9, 89-90, 92, 117-20, 134, 153, 155
kübik üslup 62, 98
Küçükağa, Necip Ali 88
kümbet 101-2, 104, 124

L

lahit 15, 78, 80-1, 103, 107, 116, 134
Lenin Mozolesi 17
Libera, Adalberto 100, 107
Lidya 92
Lincoln, Abraham 33, 44
Lincoln Anıtı 33
Londra 44, 118, 146, 150-1

M

Maillart, Robert 83
Mannheim, Karl 24

Mao Mozolesi 17
memento mori 42, 46, 54, 152
meşaleler 46, 80
Mısır piramitleri 16
Milli Eğitim Bakanlığı 18, 60, 87, 89, 123, 156
milliyetçilik 13, 20-1, 28-30, 46, 98
Mimar 102
mimari
    Batı mimarisi 102, 105
    Doğu mimarisi 63, 103, 105, 113, 125, 161
    kültür 98, 102
    Mısır mimarisi 103-4
    mezar mimarisi (sepulkral) 16-7, 21, 24, 28, 30-1, 35, 37, 55, 60, 69, 86, 137, 160, 163
    Osmanlı mimarisi 98, 102
    Selçuklu mimarisi 101-2, 110, 113, 118
    Türk mimarisi 98, 101, 119
    ve ulusal kimlik 16-20
Mimar Sinan Üniversitesi 97, 100
Miniatürk 133
Mongeri, Giulio 75, 80
Mortaş, Abidin 102
modernizm 98
mukarnas 118
Mumford, Lewis 30, 169
Muzio, Giovanni 95, 99, 104
Müritoğlu, Zühtü 120-1
müzeleştirme 127, 129-31, 134

N
NATO 84, 85
Nora, Pierre 31, 169
Nutuk 52, 143

O
Oğuz Türkleri 92
Onat, Emin 9-7, 101, 105, 111-4, 116, 119-20, 147-9, 163
Osmanlı Bankası 71, 75
Osmanlı İmparatorluğu 9, 37, 39-40, 44, 50-2, 63, 75, 120, 122-3, 129-30, 142-3, 154-5, 160

Ö
Ökten, Nazlı 66, 142
Örgeevren, Süreyya 88, 91
Özal, Turgut 131
Özel, Mehmet 78, 136, 139, 144
Özgüç, Tahsin 92
Özkan, Hüseyin 117-9
Özyürek, Esra 20

P
Pallasmaa, Juhani 30
panteon 17
Pantheon (Roma) 16-7, 107
Panthéon (Paris) 17, 43
Paris 39, 43, 108, 128, 145
Pera Palas 136
Perret, Auguste 101, 108-9
Platonik tekrar 33

R
Radley, Alan 30, 129
Ranger, Terence 27
Rasattepe 91-2
Renan, Ernest 28
Res Gestae 123
Riegl, Alois 32
ritüeller 127, 138, 157, 163
Rohn, Ronald 95, 99, 104

Rowlands, Michael 32-3, 79, 86

S-Ş

Samsun 52-3, 134, 155, 161
Sanlı, Yılmaz 89
Sayar, Zeki 93-4, 102-7, 109-10, 113, 117, 137, 139
Scheerbart, Paul 60
Schinkel, Karl Friedrich 128
Séchan, Charles 39
Selanik 9, 153
Selçuklu medeniyeti 80, 95, 101-2, 110, 113, 118, 120, 133, 153, 160
Sertel, Muhlis 95
SES (Sanat-Edebiyat-Sosyoloji) 114
Siegel, Gwathmey 152
Skorupski, John 138, 171
Smith, Anthony D. 16, 28-9, 40
Söylemezoğlu 95, 99, 102-3
Suman, Nusret 120, 122
Süleyman Şah 153
Şengör, Celal 142

T

Tac Mahal 15
Tadini 104
Tahsin, Bey 87, 92
Taksim Meydanı (İstanbul) 52-3
Tandoğan Meydanı (Ankara) 82
Tandoğan, Nevzat 61
Tarhan, Tevfik 88
Taut, Bruno 10-1, 57, 59-71, 75, 80, 82, 88, 94, 98, 110, 124, 148, 161
  katafalkı 60-2, 67
Taylor, John 146

TBMM 9-10, 38, 44, 48-9, 57-9, 67, 70, 72, 82-4, 87-9, 102, 105, 111-2, 114, 117, 119, 122, 125, 130-1, 133, 139, 141-2, 161
Tek, Vedat 13, 59
Tengbom, Ivar 95
Todorov, Tzvetan 138
Tophane 48
Topkapı Sarayı 39, 45, 50, 52, 129-30, 142
Tren İstasyonu 50, 53
Tümer, Hüsnü 80-1, 148
Türk bayrağı 18-9, 62, 67, 85
Türk Dil Kurumu 39, 131
Türk Ocağı binası 75, 77
Türk Tarih Kurumu 39, 92, 116

U

Uğurlu, Tuluyhan 138-9
Ulus (semt) 29, 46, 49, 52, 57-8, 60, 70, 76, 79, 83, 85
Ulus (gazete) 79, 85, 133
Ulus Meydanı 52, 60, 70, 83
Uras, Boray 140-1

V

Vaccaro, Giuseppe 95, 99, 107
Vago, Joseph 102
Vietnam Gazileri Anıtı 33-4
Vietti-Violi, Paolo 100, 107, 109
Volkan, Vamık 69, 132, 134

W

Wagner, Martin 98
Wicham, Chris 25, 27
Wichinger, Karoly 95
Wilson, Peter J. 137
Wright, Frank Lloyd 152

Y

Yahudi Soykırımı 32
Yaltkaya, Şerefeddin 66
Yavuz (gemi) 10, 48, 53
yerelleştirme 26, 31
Yıldız Sarayı 45, 130
Young, James E. 32
Yunanistan 9, 48, 53, 116, 118, 135, 153

Z

Zafer 48
Zafer Abidesi (Ulus Meydanı) 52, 60
Zakari, Chantal 21
Ziraat Bankası 71, 75, 136

www.ingramcontent.com/pod-product-compliance
Lightning Source LLC
Chambersburg PA
CBHW081229170426
43191CB00036B/2324